Druck von Dr. F. P. Datterer & Cie., Freising-München

Einführung in die Politik

von

Dr. Fritz van Calker
Professor der Rechte in München

München, Berlin, Leipzig 1927
J. Schweitzer Verlag (Arthur Sellier)

Meinen Kindern
gewidmet.

Vorwort.

Das vorliegende Buch entstammt Vorlesungen, die ich unter der Bezeichnung „Einführung in die Politik" im Verlauf mehrerer Semester an der Universität München gehalten habe. Diese Vorlesungen waren in erster Linie für Juristen und Studierende der Volkswirtschaft bestimmt. Ich hatte aber unter meinen Zuhörern im Lauf der Jahre Studierende aus allen Fakultäten und darüber hinaus zumeist auch einzelne dem akademischen Studium längst entwachsene für politische Fragen Interessierte, insbesondere Journalisten, Beamte, alte Parlamentarier; ich wünsche mir einen Leserkreis, der sich in gleicher Weise zusammensetzt, wie einst das Auditorium meiner Vorlesungen!

Die theoretischen Ausführungen dieses Buches sind erwachsen aus praktischen Erfahrungen — Erfahrungen, die ich einst als Mitglied des Gemeinderates der Stadt Straßburg, als Mitglied der Kommission für die Revision der Strafprozeßordnung und insbesondere als Mitglied des Reichstags gemacht habe; ich habe versucht, diese Erfahrungen aus Politik und Rechtsleben systematisch zu erfassen und methodisch zu verwerten. Stärker als dies bisher geschehen, habe ich hierbei die Bedeutung des Rechtsgedankens in der Politik hervorgehoben.

Der Zweck meiner „Einführung" ist nicht der, politische Einzelprobleme zur Erörterung zu bringen, ich möchte vielmehr durch Untersuchung bedeutsamer „Vorfragen der Politik" meine Leser dazu anregen, ernstes Interesse und vorurteilslose Aufmerksamkeit der Wirklichkeit des politischen Geschehens zuzuwenden und sie dazu anleiten, in dem wirren Getrieb der politischen Kämpfe durch Herausarbeitung oberster Prinzipien der Beurteilung und Bewertung methodische Klarheit zu finden! Dem in der praktischen Politik schon Tätigen möchte ich dienlich sein, wenn er sich bemüht, seine eigenen Erfahrungen unter einheitlichen Gesichtspunkten zu ordnen und dadurch diese Erfahrungen zu klären und für die Erfüllung seiner politischen Aufgabe nutzbringend zu machen!

Mein Assistent Herr Referendar Wilhelm Glungler ist bei der Abfassung dieses Buches mein treuer Mitarbeiter gewesen — es sei ihm dafür auch an dieser Stelle herzlicher Dank gesagt!

München, im Mai 1927

F. van Calker.

Inhalt.

Grundlagen.

Seite

1. Abschnitt: Politik als Wissenschaft . . . 1
   - I. Kap. Wesen und Sinn der Politik . . . 1
   - II. Kap. Die Bedeutung der politischen Bildung . . . 9
   - III. Kap. Die Aufgabe der Einführung . . . 14
2. Abschnitt: Politik als Kunst . . . 24
   - I. Kap. Verstand und Gefühl als Grundlagen der Realpolitik . . . 24
   - II. Kap. Das gestaltende Prinzip für das politische Handeln . . . 26
   - III. Kap. Die Aufgabe der Führung . . . 29

Erster Teil: Die Politik als Funktion des Rechts.

1. Abschnitt: Die Wirklichkeit in der Politik . . . 40
   - I. Kap. Die politische Wirklichkeit im allgemeinen . . . 40
     1. Bedeutung der Wirklichkeit für die Politik . . . 40
     2. Die Einstellung des Politikers zur Wirklichkeit . . . 41
     3. Die Erkenntnisquellen der Wirklichkeit . . . 41
     4. Abgrenzung der Wirklichkeit . . . 43
     5. Das heuristische Prinzip für die Erkenntnis der politischen Wirklichkeit . . . 44
   - II. Kap. Die Elemente der politischen Wirklichkeit . . . 45
     1. Überblick . . . 45
     2. Die politische Partei als Ideen- und Interessengemeinschaft . . . 45
     3. Ideen und Interessen als Elemente des politischen Lebens . . . 47
     4. Die Realien der Politik als Elemente der politischen Wirklichkeit 49
   - III. Kap. Die Realien der Politik im besonderen . . . 50
     1. Der Mensch als Reale der Politik . . . 50
        - a) Individualistische und überindividualistische Politik . . . 51
        - b) Optimistische und pessimistische Politik . . . 53
     2. Die Umwelt des Menschen als Reale der Politik . . . 57
        - a) Die natürliche Umwelt . . . 57
        - b) Die kulturgegebene Umwelt . . . 58
2. Abschnitt: Das geltende Recht in der Politik . . . 61
   - I. Kap. Die Rechtsordnung als Reale der Politik . . . 61
   - II. Kap. Die Erkenntnis des geltenden Rechts als Grundlage der Politik (Vitalistische Rechtslehre als Theorie) . . . 70
   - III. Kap. Die Bewertung des geltenden Rechts als Grundlage der Politik (Vitalistische Rechtspolitik als Theorie) . . . 76
3. Abschnitt: Das Rechtsideal in der Politik . . . 82
   - I. Kap. Die Idee als wirkende Macht in der Politik . . . 82
   - II. Kap. Die Idee des Rechts als politische Idee . . . 85
   - III. Kap. Die Idee des Lebens als Prinzip der Rechtspolitik (Vitalistische Rechtspolitik als Praxis) . . . 89

Seite

4. Abschnitt: Die Rechtsgestaltung in der Politik 94

I. Kap. Die Aufgabe der Rechtspolitik 94
II. Kap. Grundlage und Methode der Rechtspolitik 98
III. Kap. Rechtspolitik und Gesetzgebung 103
IV. Kap. Der Weg der Gesetzgebung 107
V. Kap. Rechtspolitik und Rechtsanwendung 114

Zweiter Teil: Staatspolitik und Staatsrecht.

1. Abschnitt: Das Staatsrecht als Funktion der Staatspolitik 121

2. Abschnitt: Die Ideen der Staatspolitik als Prinzipien des Staatsrechts 129

I. Kap. Die Organsouveränität des Volkes als Organisationsprinzip . 133
II. Kap. Das parlamentarische System als Regierungsprinzip . . . 142
III. Kap. Die bundesstaatliche Gliederung als Strukturprinzip . . . 152

3. Abschnitt: Die Staatspolitik als Funktion des Staatsrechts 170

Ergebnisse für die Grundlegung einer richtigen Politik 178

Grundlagen.

Erster Abschnitt.

Politik als Wissenschaft.

I. Kapitel.

Wesen und Sinn der Politik.

Politik ist Einwirkung auf die Gestaltung des Gemeinschaftslebens. Sie ist also ihrem inneren Wesen nach ein Wirken, ein Handeln und zwar ihrem Sinngehalt nach eine schöpferische Tätigkeit. Zum Gegenstand hat sie die Gestaltung des Gemeinschaftslebens. Wir haben bei dieser Formulierung den Begriff der praktischen Politik oder der politischen Praxis im Auge, nicht den Begriff der theoretischen Politik, der politischen Theorie, der wissenschaftlichen Politik. Gegenstand der Wissenschaft, des theoretischen Nachdenkens ist die praktische Politik. Die Politik als Wissenschaft hat also die Politik als Tätigkeit zum Objekt. Mittelbar ist sie so ebenfalls auf die Gestaltung des Gemeinschaftslebens gerichtet, sei es, daß sie rückschauend als historische Politik die Entwicklung des Gemeinschaftslebens verfolgt oder daß sie dem politischen Handeln vorangeht, es vorbereitet und so ihm zur Grundlage dient. In diesem letzteren Sinne können wir von einer politischen Theorie oder einer Politik als Wissenschaft vorzugsweise sprechen.

Die Politik eines Staates ist das Schicksal des Volkes. Denn wie der einzelne durch seine Lebensgestaltung sein Schicksal bestimmt, so bedeutet die Einwirkung auf das Gemeinschaftsleben durch die Politik Schicksalsgestaltung für die Gesamtheit des Staatsvolkes. Die Politik gestaltet das Schicksal der Nation und des Einzelnen zugleich. Sie greift in das öffentliche Leben, aber auch in das Privatleben eines jeden Volksgenossen ein.

Aus diesem Grund hat das neue Verfassungsrecht dem Staatsbürger in erheblichem Umfang die Möglichkeit gegeben, auf die Richtung der Politik Einfluß zu nehmen. Mehr als früher ist er dazu berufen, tätig im öffentlichen Leben mitzuwirken. Ja die Regierung selbst leitet ihre Autorität aus dem Willen des souveränen Staatsvolkes her. Diese erhöhte Wirkungsmöglichkeit bedeutet aber auch eine erhöhte Verantwortung. Das Schicksal ist durch die neue Verfassung dem deutschen Volk in seine eigene Hand gelegt worden. Aber unser Volk ist sich dieser Verantwortung noch immer nicht bewußt und noch immer nicht genügend vorbereitet auf die schwere ihm gestellte Aufgabe. Weiten Schichten fehlt noch heute jeder Sinn für Politik, jedes tiefere Verständnis für politisches Geschehen. Unfruchtbare Kritik ist die Regel, schöpferische Mitarbeit die Ausnahme.

Das darf uns nicht wundern. Denn auch Politik will gelernt sein. Planmäßiges Nachdenken und praktische Erfahrung sind unerläßliche Voraussetzung. Fast will es scheinen, als ob man Politik überhaupt nicht lernen, noch weniger aber lehren könne. Aber wer die politische Wirklichkeit kennt, weiß, daß hier nicht alles Sache genialer Intuition ist, daß vieles in der Politik gelernt sein muß, manches wohl auch lehrbar ist. Jedenfalls bedarf derjenige, der bisher der Politik ferne stand, will er sich in dem ihm fremden Lande zurechtfinden, einer Führung, einer Anleitung. Er muß eingeführt werden in das politische Denken und in die politische Wirklichkeit, in die politische Theorie und in die politische Praxis.

Eben weil die praktische Politik eine Einwirkung auf die Gestaltung des Gemeinschaftslebens ist, erfordert sie eine Einsicht in das Wesen des Gemeinschaftslebens, eine Erfassung des Wesens und des Sinnes des Lebens überhaupt. Soll das Handeln planmäßig und zweckbewußt vor sich gehen, dann muß es sich auf gründlichem Nachdenken über die Ziele, Mittel, Möglichkeiten aufbauen und muß zu diesem Zweck an dem Gesamtbild der Wirklichkeit sich orientieren.

Die praktische Politik als schöpferische Tätigkeit ist eine Kunst. Sie gestaltet wie die bildende Kunst das Leben aber in anderem Sinne als diese. Denn sie greift unmittelbar in ihrer Wirksamkeit in das Gemeinschaftsleben ein und damit in das Völker-, aber auch in das Einzelschicksal. Darum ist sie für den Einzelnen bedeutsam nicht nur in seiner Eigenschaft als Staatsbürger, sondern im Gesamtbereich aller seiner ureigensten Interessen. Die Politik tritt ihm nicht nur von außen gegenüber als ein fremdes Etwas, von dem er sich nach Belieben fernhalten oder dem er sich nähern kann, sie wendet sich nicht nur an seinen Verstand und an sein Gefühl, sondern sie gestaltet, mag er wollen oder nicht, mag er teilnehmen oder nicht, sein Leben, sein Schicksal.

Die Auswirkungen können dabei den Einzelnen in einer Weise treffen, die ihm den Zusammenhang mit den politischen Handlungen und Ereignissen unmittelbar deutlich empfinden läßt. Oft aber erfordert jene Verknüpfung von Ursache und Folge, jenes Zurückführen einer bestimmten, im eignen Lebenskreise verspürten Wirkung auf eine im Bereich der Politik liegende Ursache ein schärferes Zusehen, ein planvolles Nachdenken auf der Grundlage umfassender politischer Bildung. Ohne weiteres wird jedem Staatsbürger der Zusammenhang zwischen dem Steuerbescheid der Finanzbehörde und der Finanzpolitik des Gemeinwesens, wenigstens in seinem tatsächlichen Bestande klar sein. Um aber die Wirkungen der „hohen Politik", der Außenpolitik auf das Einzelschicksal zu erkennen, dazu bedarf es politischer Schulung und politischer Erfahrung, wenn auch außerordentliche Zeiten, wie etwa die Not des Krieges dem Einzelnen jenen Zusammenhang zum erschütternden Erlebnis, zur lebendigen Gewißheit werden lassen, ohne daß hier eingehendes Studium und komplizierte Gedankenverbindungen notwendig wären.

Mag nun aber dem Einzelnen der Zusammenhang seiner Lebensschicksale, der Umwelt, die ihn Tag für Tag umgibt, klar ins Bewußtsein dringen, oder mag er die Politik als etwas empfinden, das ihn persönlich nichts angeht, das ihn peinlich berührt, dessen Betrachtung er nach Möglichkeit ausweicht, keinesfalls vermag er sich den Einwirkungen der Politik zu entziehen. Um aus dem Machtbereich der Politik herauszutreten, müßte er die menschliche Gemeinschaft überhaupt verlassen, sich in staatenloses Gebiet zurückziehen. Denn auch, wenn er sich — im eignen Staate bleibend — nur abschließen wollte von den Einflüssen der Umwelt, den Verkehr mit der menschlichen Gemeinschaft meiden wollte, die ihn umgibt, so könnte er sich doch ihrem Eingreifen nicht entziehen. Er bliebe der Staatsgewalt unterworfen, solange er im räumlichen Herrschaftsbereich des Staates verweilt und sogar das Verlassen des räumlichen Herrschaftsbereiches würde ihn nicht in jeder Beziehung von der Herrschaftssphäre der Staatsgewalt loslösen.

In der Tat kann selbst derjenige, welcher eine politische Betätigung ablehnt, sich fernhalten will von jedem politischen Getriebe, als „Unpolitischer" philosophischen und künstlerischen Gedankengängen und Seelenregungen leben will, sich auch innerlich nie freimachen von jeder Art politischer Einstellung und Denkweise. Wo immer er in der Welt der Realitäten mit dem Gemeinschaftsleben und staatlichen Machtäußerungen in Berührung kommt, wird er in irgendeiner Weise in seinen Interessen beeinflußt. Will er der Welt, die ihn umgibt, nicht schlechthin teilnahmslos gegenüberstehen, sondern das Denken und Handeln der Mitmenschen irgendwie fühlend miterleben, dann gelangt er notwendig zu politischen Werturteilen, seien sie auch noch so primitiver Form. Eine elementare Stimmung wird sich seiner bemächtigen, die irgendwelchen Sachverhalten, die er erlebt, beipflichtend oder ablehnend gegenübertritt. „Es sollte dies oder jenes nicht so sein, es sollte anders gemacht, verhindert werden." Aber schon in einer solchen ursprünglichen Gefühlsreaktion ist die politische Einstellung zweifelsfrei erkennbar. Vollends liegt überall da eine politische Stellungnahme vor, wo Einrichtungen oder Funktionen des öffentlichen Lebens getadelt oder gepriesen werden. Selbst wer etwa nur, abgekehrt von der Welt des Alltags, sich in seiner Phantasie einen Idealstaat formt und diesem alleinige Wertgeltung zuspricht, fällt damit ein politisches Urteil über die Einrichtungen, die tatsächlich vorhanden sind, über den Staat, in dem er lebt. Er billigt — in schlüssiger Gedankenfolge weitergedacht — die Einrichtungen und die Funktionsweise des öffentlichen Lebens, soweit sie jenem Idealstaat entsprechen und er verwirft sie, soweit sie mit seinem Ideal in Widerspruch stehen oder dessen Vollkommenheitsgrad nicht erreichen. Damit ist aber in jedem Falle ein politisches Werturteil gefällt. Freilich zunächst nur gefühlsmäßig, vielfach unterbewußt. Das Werturteil dringt wohl nicht immer in die Verstandessphäre klarer Abwägung, es ist rein gefühlsmäßig vorhanden als Abneigung, Widerwille, oder aber als Befriedigung, Genugtuung, als Verehrung vorhandener, vielleicht altererbter Einrichtungen. Mitunter löst diese stimmungsmäßige Einstellung zu einem seiner Natur nach politischen Sachverhalt, ohne in ihrem psychischen Ablauf den Bereich des Denkens, der verstandesmäßigen Beurteilung zu passieren unmittelbar einen Willensimpuls aus. Dabei ist es möglich, daß der Wille nur als inneres Erlebnis auftritt oder aber sich in politisches Handeln umsetzt. Aber da ein vernünftiges Abwägen, eine kritische Besinnung nicht vorausgegangen ist, kann jener Wille nicht zielsicher und dieses Handeln nicht zielklar sein. Es erschöpft sich aus dem gleichen Grunde meist auch Wille und Tat in einer unter dem Eindruck des Augenblicks bestimmten Gefühlsreaktion. Das politische Werk bleibt unvollendet. Es bleibt dabei nicht etwa im Gedachten stecken, sondern es ist eben überhaupt noch gar nicht Gegenstand des Nachdenkens gewesen.

Demgemäß bewegt sich die politische Erörterung, wie sie uns alltäglich begegnet, auch zumeist in allgemeinen Willensmanifestationen. Da wird die Meinung geäußert, dies oder jenes solle geändert, neu eingeführt, abgeschafft werden. Bisweilen hört man wohl auch nur der Empfindung Ausdruck verleihen, es solle überhaupt etwas geschehen, die politischen Faktoren sollten sich einer Sache annehmen, den Dingen nicht einfach ihren Lauf lassen, sondern gestaltend eingreifen. Je allgemeiner die Formulierung der Wünsche, der politischen Forderungen, desto billiger pflegt die später einsetzende Kritik zu sein. Mit ihr aber wird gewiß niemals gegeizt. Wo stand je ein Führer im öffentlichen Leben, der dem Tadel seiner Zeitgenossen nicht ausgesetzt gewesen wäre? Wann hätte jemals eine Einrichtung des Gemeinwesens ungeteilten Beifall gefunden? Wie wäre dem Ablauf des in Staat oder Gemeinde organisierten Gemeinschaftslebens je uneingeschränkte Bewunderung und Anerkennung zuteil geworden?

Aber die Kritik ist in der Mehrzahl der Fälle unfruchtbar. Sei es, daß sie überhaupt nur dem gefühlsmäßigen Erlebnis Ausdruck verleihen will und nur richtend das historische Geschehen am eigenen mehr oder minder unklar vorgestellten Ideal mißt oder aber daß sie zwar eingestellt ist auf die künftige Gestaltung, die Forderung erhebt, eine bestimmte Richtung der Politik dürfe nicht eingeschlagen werden, ein konkretes Vorhaben solle unterbleiben, dabei aber selbst keine Gestaltung anzugeben weiß, die vor anderen möglichen den Vorzug verdiente.

Das eigentlich schöpferische Handeln bleibt so einem kleinen Kreis von Staatsgenossen überlassen. Nachzudenken über das Was und über das Wie, über Ziel und Weg der Politik wird damit Aufgabe einiger weniger, der Regierenden, der Leitung des Gemeinwesens. Die praktische Politik, die sich in schöpferischem Handeln äußert, kann mit allgemeinen Wünschen Vorstellungen, Gefühlsinhalten nichts anfangen. Konkrete Bedürfnisse stellen konkrete Aufgaben. Konkrete Schwierigkeiten harren konkreter Lösungen. Anordnungen bestimmten klaren Inhalts müssen erlassen und von den Außenstellen verwaltungsmäßig durchgeführt werden.

Die Formulierung bleibt so dem Beamten, dem Juristen überlassen und damit vorbehalten. Aber indem er das Gemeinschaftsleben ordnend gestaltet, schafft er Rechtsnormen, Gesetzentwürfe, Paragraphen.

Denn was ist „Gestaltung des Gemeinschaftslebens"? Trägt sie nur die generellen Züge jeder Lebensgestaltung oder ist sie durch besondere Wesensmerkmale ausgezeichnet? Wir müssen uns hier darüber klar werden, wie überhaupt das Gemeinschaftsleben gestaltet werden kann. Eine unmittelbare physische oder psychische Gestaltung des Gemeinschaftslebens, wie sie beim Individualleben uns entgegentritt, erscheint von vornherein ausgeschlossen. Auch die Zwangsgewalt des Staates muß in zahlreichen Fällen am Widerstand des individuellen Willens scheitern. Der Zwang selbst erscheint als die Ausnahme, als ultima ratio. Die Gestaltung des Gemeinschaftslebens beruht in aller Regel auf psychischer Einwirkung eines leitenden Faktors auf die Gemeinschaft. Diese psychische Einwirkung stellt sich konkret dar als eine Summe von Geboten und Verboten. Alle diese Normen, welche das Gemeinschaftsleben leiten, beherrschen und so gestalten, enthalten in ihrer Zusammenfassung die eigentliche Tendenz des Gemeinschaftslebens, sie drücken einer Zeit oder einer regionalen Gruppe das Gepräge der Eigenart auf. Sie weisen die Wege der Entwicklung, umschließen den Sinngehalt, die Idee des Gemeinschaftslebens. Weil sie so innerhalb und außerhalb der Staaten das Leben der Gesellschaft schlechthin beherrschen, können wir sie Sozialnormen nennen. Als Rechtsnormen bilden sie die Ordnung des Gemeinschaftslebens im Staatsverband. Deshalb stellt sich das Gemeinschaftsleben im Staate als ein rechtlich geordnetes Leben dar und die Gestaltung dieses Lebens ist bestimmt durch den jeweiligen Inhalt der Rechtsordnung. Wer also das Gemeinschaftsleben im Staate, wer die Staatspolitik gestalten will, muß auf die Rechtsgestaltung einwirken und darum ist alle Politik — weit mehr als man sich das gewöhnlich vor Augen hält — Rechtspolitik. Durch Rechtssetzung wirkt der Politiker gestaltend auf das Gemeinschaftsleben ein.

Die praktische Politik hat zum Inhalt Rechtssetzung oder aber eine Tätigkeit, die ihrerseits auf Rechtssetzung abzielt. Erst dadurch, daß ein politischer Willensinhalt rechtssatzmäßig ausgeprägt ist, vermag er sich in der vielgestaltigen Wirklichkeit des Gemeinschaftslebens auszuwirken und zu entfalten. Andernfalls verbleibt es in aller Regel bei müßigem Politisieren, das auf die wirkliche Lebensgestaltung ohne Einfluß ist.

Sogar in der Gestaltung der auswärtigen Beziehungen der Staaten, wo vielfach Macht vor Recht geht, ist es die Form des Rechts, in der sich der politische Wille äußert. Ein „Freundschaftsvertrag" zwischen Staaten ist kein Gefühlsausdruck innerer Zuneigung von Volk zu Volk, sondern ein klar umrissener Normenkomplex, aus dem ganz bestimmte Pflichten und Rechte sich ergeben.

In noch viel höherem Grade zeigt sich die Ausprägung politischer Willensimpulse in Rechtsnormen auf dem Gebiete der inneren Politik. Die praktische Politik im Innern der Staaten vollzieht sich fast ausschließlich in Rechtshandlungen; soweit es sich aber hierbei um die leitende Tätigkeit der politisch maßgeblichen Faktoren handelt, begegnen wir allenthalben Rechtsvorschriften, sei es daß sie von der Volksvertretung in der Form des Gesetzes oder aber von Organen der Exekutive im Verordnungswege erlassen werden. Jeder neue politische Kurs macht sich auf solche Weise bemerkbar, ja er kann sich nur auf diese Art durchsetzen. Das neu gewählte Parlament, das die veränderte politische Einstellung der Massen widerspiegelt, wird alte Gesetze, die bisher der Verwaltung und Rechtsprechung als Unterlage dienten, aufheben oder ändern und neue Gesetze erlassen um den neuen Forderungen des Tages Ausdruck zu verleihen und die neue Richtung der Politik im praktischen Leben zur Geltung zu bringen. Die neuen Gesetze werden das öffentliche Leben beherrschen, sie binden Richter und Verwaltungsbeamte als die Diener des Staates und sichern so einen Gesetzesvollzug, welcher dem neuen politischen Kurs entspricht. Wo aber die Gesetze selbst keine bindende Weisung erteilen, eine Regelung näherer Verwaltungsordnung überlassen, da greifen wiederum Rechtssätze ein um der neuen politischen Richtung eindeutige Bestimmtheit im Vollzug zu sichern. Die Ministerien erlassen Verordnungen. Diese Verordnungen selbst aber sind nichts anderes als der Willensausdruck politischer Macht. Der politische Wille äußert sich eben in dem politischen Machtgebot, dieses Gebot aber ist Rechtssatz.

Damit soll nun freilich nicht die Behauptung aufgestellt werden, daß jedem Machtgebot, welches dem politischen Machthaber gutdünkt, auch in einem höheren ethischen Sinne die Eigenschaft des Rechts, der Rechtlichkeit, der Gerechtigkeit zukommt. Die Faktoren der Politik können zweifellos sich über das sittliche Gebot, die religiöse Vorschrift hinwegsetzen und Anordnungen treffen, die mit dem sittlichen Empfinden in Widerspruch treten. Sie können so den Rechtsunterworfenen in den schwersten Gewissenskonflikt hineintreiben. Sage, Dichtung und Geschichte liefern uns dafür Beispiele der mannigfaltigsten Art. Der tiefere Grund für diese Wahrheit ist in der Tatsache zu finden, daß auch die Rechtssetzung, die Gesetzgebung Menschenwerk ist und damit wie alles Menschenwerk den Stempel der Unvollkommenheit an sich trägt. Die Politik ist nicht nur ihrem Objekt nach mit dem Leben verknüpft, indem sie auf Gestaltung des Gemeinschaftslebens hinwirkt, sondern auch ihrem Subjekt nach, indem sie selbst aus dem Leben herauswächst.

Wenn wir also feststellen, daß die Politik in der Hauptsache auf Rechtsgestaltung gerichtet ist, so haben wir dabei den Begriff des positiven Rechts im Auge. Die Politik führt zur Rechtssetzung, zur Erzeugung positiven Rechts. Selbstverständlich werden sich die politischen Faktoren dabei leiten lassen von gewissen Idealvorstellungen, von der Idee des Rechts, von ihren Vorstellungen über das Recht, das sein soll und das ihrer Ansicht nach mit dem bislang geltenden Recht in Widerspruch steht. Sie wollen das geltende Recht diesem Ideal näher bringen, wollen das Recht vervollkommnen — und durch das Mittel des Rechts das Gemeinschaftsleben selbst. Politik ist also ihrem Sinne nach Vervollkommnungsstreben. Aber ob es gelingt, an objektiven Wertmaßstäben gemessen, im Einzelfall nun wirklich eine Vervollkommnung zu erreichen, ist eine politische Frage von eigener, selbständiger Bedeutung, die das politische Werk, also etwa ein Gesetz zum Objekt kritischer Untersuchung nimmt. Mag dieses Urteil dann ausfallen, wie es will, es vermag in keinem Falle die Positivität des politischen Aktes selbst zu berühren. Auch ein Gesetz, das dem Gerechtigkeitsideal Hohn spricht, ist gesetztes (positives) Recht. In solchem Sinne müssen wir die Bedeutung des geltenden Rechts in der Politik erfassen und dürfen sie jedenfalls nicht vermengen mit dem Problem, welche Bedeutung der Rechtsidee in der Politik zukommt.

Haben wir aber erkannt, daß die Politik auf das Gemeinschaftsleben durch das Mittel der Rechtssetzung gestaltend einwirkt, so ergeben sich daraus für das Verständnis der Politik überhaupt bedeutsame Folgerungen.

Schon in ihrer Eigenschaft als Gestaltung erfordert die Politik eine ganz besondere Art geistiger Einstellung. Wenn anders die Gestaltung sinnvoll, das Handeln zweckorientiert sein soll, sich also nicht als gefühlsmäßig bedingte Reaktion darstellen, sondern als zweckbewußter Willensakt erscheinen will, dann setzt die Politik voraus Plan, Methode, Berechnung, zielklare Vorstellung. Nachdem das Ziel klar erschaut und als erstrebenswert erkannt ist, gilt es, die möglichen Schwierigkeiten ins Auge zu fassen, unerwünschte Nebenfolgen auszuschließen, einen Plan zur Durchführung aufzustellen und dabei alle Chancen der Entwicklung sorgsam abzuwägen.

Noch deutlicher aber wird uns dies, wenn wir berücksichtigen, daß die Politik in einer übergroßen Zahl von Anwendungsfällen, Recht schafft, Rechtsnormen erzeugt. Hier wird es uns sofort einleuchten, daß es mit einer rein gefühlsmäßigen Einstellung zu den politischen Problemen nicht getan ist. Denn das Recht wird mit dem Verstande geschaffen, nicht aus dem Gefühl heraus geformt. Schon bei Rechtshandlungen, die nicht selbst die Hervorbringung von Rechtsnormen zum Gegenstand haben, vielmehr nur Rechtsanwendung auf konkrete Fälle bedeuten, tritt das Gefühl gemeinhin in den Hintergrund und der nüchterne Verstand tritt mit kühler Abwägung der gegebenen Tatsächlichkeiten auf den Plan. Was würde man dazu sagen, wenn jemand im Geschäftsleben eine wirtschaftliche Frage nach Gefühl statt nach ruhiger verstandesklarer Überlegung entscheiden wollte? Wieviel mehr ist es da nötig an die ungleich schwierigere Aufgabe der Rechtssetzung mit allem Scharfsinn heranzutreten und alle Bedürfnisse und Möglichkeiten sorgfältig mit dem Intellekt abzuwägen! Der Gesetzgeber hat sich nicht nur die konkreten Verhältnisse des Einzelfalles vor Augen zu halten, auf den zufällig der Rechtssatz einmal zur Anwendung kommt, sondern den Gesamtbereich aller denkbaren Einzelfälle, will er nicht vorschnell generalisieren und so zu notwendig ungerechten Entscheidungen Anlaß geben.

So selbstverständlich nun auch eine verstandesmäßige Problemstellung und Problemlösung in der Politik erscheint, so zeigt uns doch das Bild der Wirklichkeit in der politischen Arbeit des Tages gar manchen Zug, der die falsche geistige Grundeinstellung zur Politik nur zu deutlich enthüllt. Eine sorgfältige, nüchterne Abwägung, kritische Besinnung ist nur selten anzutreffen. Unvoreingenommenheit ist eine Ausnahme. Die einander gegenüberstehenden Interessen werden nicht nach strengem, objektivem Maßstab abgemessen und in ihrem Wert in kühler Sachlichkeit beurteilt. Sondern vorschnell ist das Werturteil gebildet, bevor noch die Tatsachen richtig ins Auge gefaßt sind. Die Stimmung, das Gefühl waltet, wo sachliche Überlegung die Entscheidungsgrundlage abgeben sollte. Was für die Rechtsanwendung als selbstverständliche

Forderung erscheint, wird bei der Rechtsschöpfung schlechthin beiseite geschoben. Und das psychologische Ergebnis offenbart sich dann in jener seltsamen Umkehrung des Sachverhalts, in dem Verdacht gegenüber dem Richter, daß er nicht nüchterne Rechtserkenntnis und Rechtsanwendung walten lasse, sondern hemmungslos sich seinen politischen Empfindungen und Leidenschaften hingebe. Es ist ein bekannter Rechtsgrundsatz, daß man nicht nur eine Partei hören solle: eines Mannes Rede ist keines Mannes Rede, man muß sie hören alle beede. Aber der Politiker erscheint fast niemals in der Rolle des Richters, der beide Parteien hört und ihren Streit objektiv entscheidet, sondern fast immer als Partei, die das Vorbringen des Gegners kaum anhört, geschweige denn sachlich prüft. Kaum findet man ein Eingehen auf den Standpunkt des politischen Gegners, noch seltener eine gerechte Würdigung seiner Gründe.

Bevor noch die verstandesmäßige Überlegung einsetzt, hat das Gefühl die Entscheidung getroffen. Und dabei hat vielleicht auf das Gefühl nicht einmal die Sachlage selbst, die den Gegenstand der politischen Entscheidung bildet, eingewirkt, sondern nur ein flüchtiger persönlicher Eindruck oder ein sonstiges jenseits des eigentlichen Sachverhalts anknüpfendes Gefühlsmoment! Der Antrag des rechtsstehenden Abgeordneten wird von den Gruppen der Linken manchmal allein schon deshalb abgelehnt, weil er von rechts kommt. Und — so mag wohl der Gedanke sein — was kann aus jener Richtung überhaupt Gutes kommen? Und umgekehrt mag wohl die Vorlage eines links stehenden Ministers von der Rechten abgelehnt werden, weil man mit der Persönlichkeit, mit der politischen Einstellung des Ministers im allgemeinen nicht einverstanden ist. Selbst wenn man sich die Mühe einer sachlichen Prüfung im Einzelfall nimmt, so beherrscht doch mindestens das Vorurteil die Gedankengänge in bedenklicher Weise.

Die gefühlsmäßige Voreingenommenheit gegen den politischen Standpunkt des Gegners läßt diesen entweder als einen Toren oder als einen schlechten Menschen erscheinen, weshalb man sich der Mühe überhoben glaubt, auf seine Meinung noch näher eingehen zu müssen. Ein verhängnisvoller Zirkel! Ein unklar verschwommenes Bild von der gegnerischen Anschauung und Zielsetzung beeinflußt unser Werturteil über seinen Charakter und dieses mangelhaft begründete Werturteil selbst verhindert wiederum ein tieferes Eindringen in die Grundlagen, auf die es sich stützt.

II. Kapitel.

Die Bedeutung der politischen Bildung.

Ein Mangel, der täglich und überall in der praktischen Politik zutage tritt, ist unverkennbar. Es ist der Mangel an politischer

Bildung. Und es ist eine betrübliche Tatsache, daß dieser Mangel auch in gebildeten Kreisen und gerade in gebildeten Kreisen uns überall begegnet. Auch hier ist es wieder ein ähnlicher psychologischer Vorgang: mangelnde politische Einsicht veranlaßt Abneigung gegen die Politik und diese verhindert eine Erweiterung des politischen Gesichtskreises und ein tieferes Eindringen in die politischen Zusammenhänge, was erst eine intensivere Anteilnahme am politischen Leben anregen könnte.

Allgemeine Gründe sind es also, die einer Erweiterung des politischen Gesichtskreises, einem regeren Interesse an politischen Gedankengängen entgegenstehen. Da die Gründe allgemein sind, kann man annehmen, daß sie auch allgemeine Gültigkeit beanspruchen dürfen. Und wenn wir die Politik innerhalb und außerhalb unseres Kulturkreises betrachten, wenn wir die politische Geschichte studieren, allenthalben wird uns die Tatsache begegnen, daß die aktive Politik als Staatsleitung immer in der Hand verhältnismäßig weniger Staatsbürger liegt, während die große Masse des Volkes politisch untätig ist, wenigstens für den regelmäßigen Ablauf des politischen Geschehens. Wahlen, Volksabstimmungen, Aufstände mögen die bedeutsamsten Anstöße für die Richtung der zukünftigen Politik darstellen, sie sind doch gegenüber der Masse der laufenden Staatsgeschäfte, gegenüber dem regelmäßigen Stoff staatsleitender Arbeit Ausnahmen, Zwischenfälle, außerordentliche Erscheinungen. Am ehesten kann man noch bei kleinen selbständigen Gemeinwesen eine aktive Teilnahme der Staatsbürgerschaft an den Staatsgeschäften feststellen, ich denke hier insbesondere an die griechischen Stadtstaaten und an die Kantone der Schweiz mit der besonderen Verfassungsform der Landsgemeinde, wo die Staatsbürger beratend und beschließend die öffentlichen Angelegenheiten selbst erledigten und heute noch verwalten. Aber auch hier ist die hervorragende Bedeutung des politischen Führers und die des Verwaltungsbeamten, der die laufenden Staatsgeschäfte erledigt, unverkennbar. Man könnte also die Frage aufwerfen, ob eine Mitarbeit des Volkes, insbesondere in großen staatlichen Gemeinwesen, überhaupt nötig und ob sie gut sei.

Die Beantwortung dieser Frage hängt naturgemäß von der politischen Einstellung des Einzelnen ab und sie wird bedingt von dessen weltanschaulicher Gesamteinstellung zum Leben. Wer aber erkannt und erst recht wer erlebt hat, wie die öffentlichen Interessen mit den Individualinteressen verflochten sind, wer so den Sinngehalt der Politik als Schicksalsgestaltung erfaßt hat, kann jedenfalls dem politischen Getriebe nicht absolut fernestehen wollen.

Freilich ist der politische Sinn nicht davon allein abhängig. Er gehört zu den Charaktereigenschaften, zu den eigentümlichsten Anlagen des Menschen. Und für deren Entwicklung ist naturgemäß die

Entwicklung des staatlichen Lebens, die politische Tradition von ausschlaggebender Bedeutung. Ein Volk, dessen politische Tradition den Staatsbürger mitten ins öffentliche Leben hineinstellt, wird uns einen viel stärker ausgeprägten politischen Sinn zeigen als ein Volk, das seit Generationen gewöhnt ist, regiert zu werden und von oben herab die Gestaltung des Gemeinwesens zu erwarten und hinzunehmen. Dort verantwortungsbewußtes Miterleben, Eindringen in die politischen Probleme, selbständige Prüfung und Entscheidung; hier vielleicht nicht einmal kritische Würdigung der getroffenen Entscheidung, des eingeschlagenen politischen Kurses, oder wenn schon Kritik, dann doch in aller Regel keine schöpferische Kritik, keine zielstrebende eigene Zwecksetzung.

Es liegt auf der Hand, daß unser deutsches Volk in dieser Beziehung von vornherein anderen Völkern gegenüber im Nachteil ist. Es fehlt ihm die politische Tradition und damit eine gewichtige Stütze für eigene politische Arbeit. Manche nehmen daher auch wohl an, daß das deutsche Volk überhaupt keine Anlage zur Politik habe. Eine solche Folgerung wäre indessen ein Trugschluß. Wenn eine Anlage nicht gepflegt wird, kann sie sich nicht entfalten. Daß aber der politische Sinn innerhalb des deutschen Volkes noch immer nicht in dem wünschenswerten Maße verbreitet ist und sich noch nicht auf die notwendige Höhe entwickelt hat, ist eben eine Folge der mangelnden Entfaltungsmöglichkeit.

Gerade in dieser Hinsicht ist aber durch das neue Verfassungsrecht eine durchgreifende Änderung eingetreten. Indem die Regierung in einer früher unbekannten Bindung an den politischen Willen des volksgewählten Parlaments gekettet ist und in gewissen Fällen außer den Wahlen eine unmittelbare Betätigung der Staatsbürger durch Volksbegehren und Volksentscheidungen vorgesehen ist, erwächst für den Staatsbürger nicht nur die Möglichkeit sondern geradezu die Pflicht staatsbürgerlicher Betätigung. Damit ist aber für den politischen Sinn die Möglichkeit und Notwendigkeit der Entfaltung und Pflege gegeben.

Die vergangenen Jahre haben bewiesen, daß der deutsche Staatsbürger im allgemeinen der Pflicht staatsbürgerlicher Betätigung sich bewußt geworden ist. Harte Lebensnotwendigkeit hat hier geschaffen, was lange Zeit allmählicher Entwicklung vielleicht nicht zu Wege gebracht hätte. Die Entfaltung des politischen Sinnes ist ganz unverkennbar und unbestreitbar. Aber eben die rasche Änderung in der Einstellung zur Politik ist mit großen Gefahren verknüpft und hat schon schwere Schäden gezeitigt. Der Deutsche ist noch heute nicht innerlich mit der Politik verwachsen. Er weiß von ihrer Bedeutung, beteiligt sich an Wahlen und Volksabstimmungen, übt Kritik am politischen Wirken der leitenden und treibenden Kräfte, aber es fehlt ihm das unmittelbare Gefühl dafür, daß alle diese Dinge, die den Gegenstand politischer Entscheidungen bilden, seine eigenen Angelegenheiten sind. Das „Tua res agitur" wirkt auf seinen Verstand, nicht auf sein Gefühl. Er empfindet den lebendigen Zusammenhang zwischen Volk und Staat, zwischen Regierung und Staatsbürger nicht mit voller Deutlichkeit. Das Staatsgefühl, die Staatsgesinnung müssen geweckt werden. Das kann nicht auf einmal geschehen. Ebensowenig können mit einem Male die politischen Führer erstehen, die Deutschland heute braucht. Aber es gibt einen Weg zur Vermittlung von Staatsgesinnung, einen Weg der Erziehung zu politischer Führerschaft. Dieser Weg nimmt seinen Ausgangspunkt im kleinsten politischen Wirkungskreis, der sich am leichtesten überschauen, am unmittelbarsten erleben läßt: in der Gemeinde. Im Gemeinderat, im Stadtrat sollte der deutsche Staatsbürger als Organ der Gemeinschaft sich fühlen und als Organ der Gemeinschaft handeln lernen. Hier ist der Boden zur Pflege echter lebendiger Staatsgesinnung. Wir haben Beweis und Beispiel nicht nur in den Stadtstaaten des klassischen Altertums, sondern im modernen politischen Leben der Schweiz. Auf solche Weise kann sich der Deutsche die politische Erfahrung erwerben, die ihm heute noch fehlt und sich zur Mitarbeit am Staat erziehen.

Der Mangel einer politischen Tradition erschwert dem Deutschen die Aufgabe staatsbürgerlichen Denkens und staatsbürgerlicher Betätigung. Um so notwendiger wird für uns die Aufgabe einer planvollen und eingehenden staatsbürgerlichen Erziehung. Was in anderen Ländern an politischer Erfahrung und damit an politischem Verständnis, an Kenntnissen und Fähigkeiten in bezug auf das öffentliche Leben, mehr auf natürlichem, selbstverständlichem Wege erworben wird, muß bei uns durch systematische Arbeit erreicht werden. Wenn so die Grundlage für politisches Verständnis in staatsbürgerlicher Erziehung geschaffen ist, wird sich ganz von selbst ein regeres Interesse an den Vorgängen des öffentlichen Lebens einstellen und damit der Schatz persönlicher Erfahrung wie auf den übrigen Lebensgebieten mit der Zeit erweitert werden. So wird der Grund gelegt für die Entwicklung und Entfaltung eines politischen Sinnes bei der lebenden und vor allem bei den kommenden Generationen.

Aber noch eine Schwierigkeit gilt es zu überwinden. Man nennt das deutsche Volk das Volk der Dichter und Denker. Das ist ohne Zweifel eine einseitig zugespitzte Übertreibung: Gewiß ist nicht jeder Deutsche der geborene Dichter oder Denker. Aber an jener Formulierung dürfte doch vielleicht dies als richtiger Kern herausgestellt werden können, daß dem deutschen Volk mehr als anderen eine gewisse Einstellung zum Ideellen eigen ist, ein Träumen und Sinnen, das gerade auch in Dingen der Politik weit mehr einem vorgestellten Idealbild sich zuwendet als der gegebenen Wirklichkeit. Doch der politische Sinn erfordert in erster Linie klare Wirklichkeitserkenntnis. Die Dinge so sehen, wie sie tatsächlich sind, das ist die erste Voraussetzung jeder Politik. Aber gerade hierin wird bei uns heute noch viel gesündigt. Die Parteibrille ist es bei den meisten, die sie alle Erscheinungen des öffentlichen Lebens nicht in ihrem Sosein und ihrem wahren Sinngehalt sehen läßt, sondern in einer Verzerrung ihres Wesens und Sinnes. Aber auch unsere ureigenste persönliche Einstellung (ganz abgesehen vom Standpunkt „unserer Partei") kann uns dazu führen, daß wir an Stelle der Dinge, wie sie sind, sie sehen, wie sie sein sollten, oder aber so, wie wir sie erwarten, also etwa den Plan, den Vorschlag, den Gesetzentwurf des politischen Gegners als von vornherein unsinnig, schlecht, gefährlich, ohne ein ruhiges objektives Urteil uns zu bilden in nüchterner Betrachtung der Tatsächlichkeit, ihrer Zusammenhänge, ihres eigenen Sinnes, ihrer Tendenzen und aller möglichen Folgeerscheinungen.

Auch darin haben andere Völker etwas vor uns voraus, indem ihre Charakteranlage und ihre Entwicklungsgeschichte sie weit mehr auf die Wirklichkeit hindrängt. Man denke an den nüchternen Geschäftssinn des Engländers, der sich auch in der praktischen Politik als Wirklichkeitssinn kundgibt. Für die Politik können wir an diesem Vorbild zweifellos lernen. Aber ist es unbedingt das letzte Ideal, die höchste Stufe der Entfaltung des politischen Sinnes? Diese Frage ist zu verneinen.

Denn nicht nur Wirklichkeitssinn erfordert die Politik. Es genügt nicht, die Dinge zu sehen, wie sie geworden sind und sich uns im gegebenen Zeitpunkt darstellen. Wer politisch wirken will, selbst gestaltend eingreifen will ins öffentliche Leben, benötigt außerdem eine schöpferische Kraft, die ihm den Zustand enthüllt, wie er sein soll, und den Weg weist, wie das Ideal zu erreichen ist. Mit einem Wort: Die Politik erfordert Ideen und Ideale.

Eben darum können wir annehmen, daß auch in politischer Beziehung der deutsche Nationalcharakter eine Fülle von Entwicklungsmöglichkeiten in sich schließt. Wenn der Wirklichkeitssinn gepflegt wird und die Erkenntnisgrundlagen ausgebildet werden, dürfen wir hoffen, daß sich auch bei uns ein politischer Sinn herausentwickelt, der das Gemeinschaftsleben vorwärts treibt und aufwärts führt.

Aber eine neue Schwierigkeit taucht auf, eine neue Hemmung stellt sich dem entgegen: Die sprichwörtliche Uneinigkeit und Zerrissenheit. In der Tat können wir hier fast von einer politischen Tradition sprechen. Doch auch hier erblicken wir keine unabänderlich feststehende Tatsache. Wir befinden uns vielmehr in einer Entwicklung, deren Grundlagen wir heute schon zu überschauen vermögen. Die Zerrissenheit ist eine staatspolitische Tatsache, die sich aus der historischen Entwicklung erklärt. Sie ist eine Folgeerscheinung des mangelnden staatlichen Zusammenhalts. Wie konnte sich ein Nationalgefühl herausbilden, solange ihm die konkrete Grundlage in Gestalt der äußerlich zu einem festgefügten staatlichen Bau zusammengeschlossenen Staatseinheit fehlte? Erst mit der Errichtung des Bismarckschen Reiches haben wir einen deutschen Nationalstaat, an dem sich ein deutsches Nationalgefühl entwickeln kann, ein Staatsgefühl, eine Staatsgesinnung, die mehr ist als die bloße Empfindung der Stammeszugehörigkeit.

Damit haben wir festgestellt, daß die Grundlagen für die Entfaltung einer politischen Tätigkeit auch dem Deutschen gegeben sind. Staatsbürgerliche Kenntnisse und politische Bildung, Staatsgesinnung und politische Erfahrung, alles dies zusammengenommen kann uns zur Neubegründung einer deutschen Politik dienen.

Von hier aus gewinnen wir einen tieferen Einblick in die Bedeutung einer „Einführung in die Politik".

III. Kapitel.

Die Aufgabe der Einführung.

Die Aufgabe einer „Einführung" ist nicht identisch mit der einer „politischen Theorie", einer „theoretischen Politik", einer „Politik als Wissenschaft". Sie will weniger und will mehr. Weniger vor allem in stofflicher Beziehung. Die Einführung soll kein kurzer Rundgang durch das Gesamtgebiet der Politik sein. Sie könnte dabei die einzelnen Probleme nur kurz streifen. Eine solche Oberflächlichkeit aber wäre der politischen Bildung viel abträglicher als absolute Unkenntnis; denn sie würde alle Mängel der Halbbildung teilen. Ja sie könnte nicht einmal das Interesse an den Gegenständen wecken, die sie berührt.

Anderseits ist es Aufgabe der Einführung, mehr zu bringen als politische Theorie, anderes als politische Theorie. Ja ich betrachte es sogar als ihre vornehmste Aufgabe, den Blick in erster Linie auf die politische Wirklichkeit zu lenken: gerade mit Rücksicht auf die deutsche Eigenart, die leichter den Weg vom Erlebnis zur Idee als zur Wirklichkeit, zur Objektivität findet. Aber auch aus einem anderen Grunde. Eine Einführung in die Politik kann nicht selbst in dem Sinne „Politik" sein, daß sie einzelne bestimmte politische Ideen vertritt und politisch verficht. Das ist vielmehr die Aufgabe der praktischen Politik, der Staatspolitik sowohl wie ganz besonders der Parteipolitik, in erster Linie aber Aufgabe des Führers im politischen Kampf und des Staatsmannes, der den Staat leitet.

Diese Einführung versucht die Sonderart des politischen Denkens, der politischen Einstellung aufzuhellen. Das politische Urteil soll methodisch vertieft und gefestigt werden. Die Blickwendung auf die politische Wirklichkeit als Ausgangspunkt und Ziel des politischen Denkens soll dabei vor welt- und wirklichkeitsfremder politischer Spekulation bewahren. Aber die Idee der Vervollkommnung als heuristisches Prinzip wird zu sinnvoller Gestaltung der Wirklichkeit in der Richtung auf ein gesichertes Ideal hinleiten.

In solcher Gedankenschulung ist es möglich sich eine politische Bildung zu erringen. Diese wird aber nur durch praktisch-politische Arbeit abgerundet, vertieft und gefestigt. Im kleinen und kleinsten politischen Kreise, im engeren politischen Verband möge der angehende Politiker zu gereiftem Verständnis vordringen, sich praktische politische Kenntnisse und Erfahrungen sammeln. Denn hier stehen sich die Menschen und die Dinge näher, die politischen Begebenheiten lassen sich leichter überschauen, die Tragweite des Entschlusses sicherer ermessen, die Wirkung deutlicher beobachten. Hier kann das Auge an der Betrachtung der politischen Wirklichkeit geschult, hier kann Politik gelernt werden.

Aber wer die Unermeßlichkeit des politischen Geschehens nicht nur gefühlsmäßig erleben sondern verstandesmäßig durchdringen will, bedarf einer methodischen Ordnung. Die Politik als Wissenschaft ist die Voraussetzung planmäßigen praktisch-politischen Urteilens und Handelns. Ohne Politik als Wissenschaft ist Politik als Kunst weder zu verstehen noch zu üben. Politik als Wissenschaft ist aber nicht gleichbedeutend mit politischer Theorie. Politische Theorien haben wir in deutschen Landen allzulange ersonnen, ausgebaut, gepflegt und darüber die eigentliche Politik, die Staatskunst versäumt. Politik als Wissenschaft ist aber nicht träumerische Phantasterei, ideologische Spielerei, kein müßiges Tändeln mit Theorien, sondern bewußt planvolles Nachdenken über die Aufgaben und Ziele der praktischen Politik, über die Methode praktisch-politischer Arbeit.

Der geniale Staatsmann wird diese Methode ohne weiteres seinem Handeln zugrunde legen. Richtiges politisches Denken zeichnet gerade ihn vor dem Unpolitischen aus und sichert seinem Handeln den Erfolg. Der geborene Führer bedarf in diesem Sinne keiner Einführung sondern an seinem Handeln kann geradezu Politik studiert werden. Die Analyse seines Denkens und Handelns ist unmittelbare Einführung in die Politik. Aber auch der erfahrene Staatsmann wird gerne von Zeit zu Zeit sein Zielstreben orientieren, bewußt nachdenken über Sinn und Zweck seines Handelns. Er wird das Bedürfnis nach systematischer Umsicht und methodischer Einsicht fühlen. Nicht um das Wissen, die Erfahrung, die Kenntnis politischer Tatsachen und Geschehensabläufe allein handelt es sich, sondern um die dauernde Vergegenwärtigung der Zusammenhänge; ein stetiges lebendiges Gesamtbild der Politik ist zu erstreben von einheitlichem Blickpunkt aus.

Diesen Blickpunkt vermittelt unsere Weltanschauung, unsere Lebensauffassung, unser Staatsbegriff. Für den Politiker kann nur eine Staatsauffassung in Betracht kommen, die seinem Schaffen adäquat ist. Eine formal-logische Konstruktion kann ihn niemals befriedigen. Ihm ist der Staat eine Wirklichkeitserscheinung, eine Lebensgemeinschaft, ein Organismus mit eigenem Lebensziel. Das Sinnstreben seines Werkes verknüpft sich mit der Zielrichtung der Gemeinschaft: dies ist der Kern einer organisch-vitalistischen Staatslehre.

Die wissenschaftlich begründete Einstellung auf die Wirklichkeit, bewußt vollzogen, kann uns jene natürliche Einstellung ersetzen, die auf angeborenem und anerzogenem Wirklichkeitssinn beruht und die wir bei anderen Völkern als Ergebnis einer Charaktereigentümlichkeit und einer spezifischen Verfassungsgeschichte vorfinden. Sie kann in uns jenen Wirklichkeitssinn zur Entfaltung bringen, die bisher nicht genützte und nicht gepflegte Anlage ausbilden und ausnutzen.

Mitten im lebendigen Werden der politischen Wirklichkeit steht die Rechtsschöpfung als prägnantester Ausdruck des Gemeinschaftswillens und damit der Lebenskraft, die in ihm wirkt. So verstehen wir das Recht als kulturelle Lebensäußerung, die zugleich die Gestaltung des Gemeinschaftslebens zum Inhalt hat. Ursprung, Gegenstand und Ziel alles Rechts weist uns auf das organische Leben der im Staat organisierten Volksgemeinschaft hin. Darum vermittelt uns erst die Auffassung vom Recht als einer Willensprägung der Gemeinschaft eine abschließende Erkenntnis seiner Bedeutung. Eine Staats- und Rechtslehre, die hievon ausgeht, bildet die geeignete Grundlage, auf der eine Politik als Wissenschaft aufgebaut werden kann.

Eine doppelte Wechselbeziehung verknüpft Recht und Politik. Die praktische Politik als Lebenserscheinung entfaltet sich in Rechtssätzen; sie findet hier eine Ausdrucksform, zugleich aber eine Bindung; der von der Politik geprägte Rechtssatz wirkt autoritativ zurück auf das politische Handeln. Die Politik als Wissenschaft gründet sich auf die Staats- und Rechtslehre, wirkt aber zugleich ebenfalls zurück auf die wissenschaftlichen Forschungen über Staat und Recht, insoferne sie den Gegenstand dieser Forschungen neuartig beleuchtet und seinen Wert bestimmt.

Eben deshalb verknüpfen den Juristen vielfache gedankliche Relationen mit der Politik. Ist doch der Gegenstand seiner eigentlichen Arbeit ein Erzeugnis der Politik und kann losgelöst von der Politik kaum restlos begriffen werden. Aber auch die Methode seines Denkens weist ihn auf die Politik. Das politische Denken knüpft an das juristische und dieses an jenes an. Wenn beide auch in ihrem innersten Wesen verschieden sind und nie zusammengeworfen werden dürfen, so sind doch beide Betrachtungsweisen aufeinander angewiesen — die Einseitigkeit einer jeden bedarf der Ergänzung durch die andere. Der Politiker, der irgendwelche neue Gestaltungen vorschlägt, findet fast allemal eine positivrechtliche Regelung als politische Realität vor, an die er anknüpfen muß, die er ändert, weiterbildet, umformt, ergänzt, ausbaut. Die Erkenntnis des geltenden Rechtszustandes ist unerläßliche Voraussetzung für die schöpferische Rechtsgestaltung. Anderseits begegnet der Jurist auf Schritt und Tritt der notwendig ergänzenden Rechtswertbetrachtung neben der Rechtswirklichkeitsbetrachtung. Er wird sich zur Auslegung des positiven Rechts der „Motive" bedienen, d. h. er geht den politischen Erwägungen nach, die dazu geführt haben einen Rechtssatz gerade so und nicht anders zu gestalten. Aber er wird immer wieder von einem unbefriedigenden Recht, das er anwenden muß, weil es *gilt*, vorzudringen streben zu einem Idealrecht, das er anwenden möchte, weil es gelten *sollte*. Darum ist der Jurist auch in erster Linie dazu berufen, aus der unmittelbaren praktischen Erfahrung heraus Vorschläge für die Reform des bestehenden Rechts zu machen. Diese Vorschläge, die ihm das Rechtsleben aufdrängt, wird er als *praktisches Bedürfnis* begründen, sie als *zweckmäßig* rechtfertigen. Er darf aber dabei nicht stehen bleiben, sondern muß sie in die größeren Zusammenhänge des Rechtslebens und der Rechtsidee hineinstellen, mit anderen Worten, er muß seine Vorschläge *wissenschaftlich* begründen, systematisch verarbeiten, auf ihre letzten Konsequenzen prüfen und auf ihre Prinzipien zurückführen. Dann aber treibt er *Politik als Wissenschaft* und *praktische Politik* zugleich.

So wird es verständlich, wenn der *Jurist* den Zugang zur Politik sucht und darum eingeführt sein will in die Staatskunst. Die Arbeit des Tages bringt ihn jede Stunde mit Fragen der Politik in Berührung, da die Politik so innig mit dem Recht verknüpft ist. Aber abgesehen davon wird der Jurist auch häufig in Stellungen gelangen, in denen er dazu berufen ist als treibende oder leitende Kraft in der Politik zu wirken. Der Jurist als Verwaltungsbeamter steht mitten in der praktischen Politik. Je höher seine Stellung in der Verwaltung ist, desto mehr kann sie als politische Führerstellung aufgefaßt werden. Die Notwendigkeit politischer Einsicht ist für den Juristen in *jeder* Stellung gegeben.

Die deutliche Wechselbeziehung zwischen Recht und Politik muß nun aber auch den Versuch nahelegen, eine *Einführung in die Politik von der Basis des Rechts aus* zu entwickeln. Darum will die vorliegende Darstellung auf der Grundlage juristischer Lehren in politische Gedankengänge einführen, Aufgabe, Sinn und Methode der

Politik durch Aufweisung der Zusammenhänge und der Verschiedenheiten zwischen Recht und Politik klarstellen. Es ist hier nicht beabsichtigt in breiter Umschau die einzelnen politischen Probleme aneinanderzureihen oder auch nur die wichtigsten Hauptfragen der aktuellen Politik zu skizzieren. Die Politik schlechthin, die Gesamtheit alles politischen Wirkens, die letzte Orientierung aller Politik fassen wir ins Auge und versuchen dabei die Prinzipien der Politik zu ergründen. Die Einführung bezweckt also zu politischem Denken anzuleiten. Sie will nicht politische Fragen beantworten, sondern zu richtiger Fragestellung und methodisch richtiger Problemlösung führen. Bevor kritische Wertung versucht wird oder schöpferische Tat sich am politischen Einzelwerk erproben mag, gilt es, die Sonderart politischen Denkens zu erfassen, das politische Urteil zu schärfen, die politische Arbeit überhaupt methodisch zu vertiefen. Das pol tische Denken soll grundsätzlich zu bewußtem, planmäßigem Nachdenken und zielklarem Wollen geführt werden.

Das politische Denken knüpft an das juristische Denken an, wie das politische Werk in der Hauptsache Rechtsgestaltung zum Ziele hat. Aber es weicht von diesem doch auch im innersten Wesen ab. Es ist andersartig. Darum ist Rechtsbetrachtung nicht der notwendige Ausgangspunkt für eine Einführung in die Politik. Denn die Politik ist allumfassend. Sie hat das gesamte menschliche Leben zum Gegenstand. Wege zur Politik führen darum von allen Enden dieses Lebens und Auswirkungen der Politik sind in allen Lebensverhältnissen zu verspüren. Der allgemeine Ausgangspunkt ist also Betrachtung der Wirklichkeit. Indem wir den Wirklichkeitsgehalt der Politik ins Auge fassen, gelangen wir zu wahrhafter Realpolitik.

Denn die Wirklichkeit des Lebens gilt es zu gestalten. Sie ist jedem Politiker gegeben und seine erste Aufgabe besteht darin, diese Wirklichkeit unvoreingenommen in ihrer Totalität zu erkennen. Die politische Wirklichkeit umschließt im einzelnen als politisch und namentlich rechtspolitisch relevante Tatbestandselemente („Realien"), die Menschen, welche das Staatsvolk bilden, die Umwelt, in welcher sie leben, die Rechtsordnung, welche ihr Handeln bestimmt. Die Mittel der Einwirkung auf diese Wirklichkeit, deren sich die Politik bedient, sind verschieden. Verwaltungsakte und Gesetzgebungsakte können es sein. Politische Akte von grundsätzlicher Bedeutung werden im Weg der Gesetzgebung erlassen. Meist wird es sich um ein formelles Gesetz handeln; in weitem Umfang wird aber auch in Verordnungen der politische Wille sich kundgeben. Das Recht als Reale der Politik und als Mittel der Politik ist so ein politischer Faktor bedeutsamster Art. Immer wenn die Politik konkrete Form annimmt, sich zu einem greifbaren Kern verdichtet, enthält sie rechtspolitische Forderungen. Wir können also geradezu behaupten, daß sie nicht nur in ihrer tatsächlichen Entfaltung, sondern ihrer inneren Natur nach zum Tätigkeitsbereich des Juristen gehört.

Von hier aus gesehen bestätigt sich erneut die Notwendigkeit politischer Bildung für den Juristen, an den sich ja die vorliegende Darstellung in erster Linie wendet. Es ergibt sich aber aus diesem Sachverhalt auch die Bedeutung des Juristen als Führer in der Politik: Selbst geleitet vom Sinn des Rechtes und gestützt auf die Kenntnis des Rechts und der Wirklichkeit, kann der Jurist als Führer Sachdienliches aus seinem Arbeitsbereich beisteuern. Er verdankt dies dem Gegenstand seiner Beschäftigung und der Methode seiner Arbeit: er lenkt den Blick auf das Wesentliche innerhalb der Wirklichkeit und auf die Rechtsordnung als Realität sowie als Gegenstand politischer Gestaltung. Durch eine Vervollkommnung der geltenden Rechtsordnung sucht er auf das Gemeinschaftsleben selbst im Sinne der Vervollkommnung einzuwirken. Aus der Rechtsphilosophie aber entnimmt er die Richtung des Weges einer richtigen Politik.

Immer wird für den Juristen die Rechtspolitik im Vordergrund des Interesses stehen. Er sieht die Politik, vor allem die Staatspolitik als Funktion des Rechts und das Recht als Funktion der Politik. Durch Rechtsbetrachtung verschafft er sich Klarheit in politischen Fragen. Da er die Bedeutung des Rechts für die Gestaltung des Gemeinschaftslebens ermißt, wird er auf das Gemeinschaftsleben durch Rechtsschöpfungsakte einzuwirken suchen. Gewohnt die Wirklichkeit des Lebens unter der zusammenfassenden Ordnung des Rechts zu erkennen und zu bewerten, wird er mit geschultem Blick das Gesamtgebiet der politischen Wirklichkeit klar überschauen. Durch die ständige Vergegenwärtigung der Funktionsbeziehung zwischen Recht und Politik gelangt er zu tieferem Verständnis der Tragweite des Rechts und der Zusammenhänge und Mittel der Politik.

Politik und Recht wirken gestaltend auf die Gesamtheit des Gemeinschaftslebens. Jede Lebensäußerung ist ihrem Einfluß zugänglich. Die Gesetzgebungspolitik ist so umfassend wie das Gesetz. Was möglicher Stoff der Gesetzgebung, das ist auch Objekt der Gesetzgebungspolitik. Die übergroße Fülle dieses Stoffes zwingt uns zu einer Beschränkung in der Darstellung. Wir wollen das Staatsrecht als Grundlage der Staatspolitik in den Mittelpunkt der Betrachtung rücken. Da es die grundlegende Organisation, die Struktur des Gemeinwesens zum Gegenstand hat, weist es eine besonders enge Beziehung zur Politik auf: denn abgesehen von den jedem Rechtsgebiet eigentümlichen Zusammenhängen mit der Politik, bezeichnet das Staatsrecht die Formen, in denen sich die Einwirkung auf die Gestaltung des Gemeinschaftslebens und die Regelung des Gemeinschaftslebens vollzieht. Das Staatsrecht soll daher in seinen Grundzügen vorgeführt werden und zwar in seiner funktionalen Beziehung zur Staatspolitik.

Die Erfahrung des akademischen Unterrichts zeigt, daß es notwendig ist den Gedankengehalt des geltenden Staatsrechts auf seine elementaren Grundzüge zurückzuführen und auf solcher Grundlage eine Überschau über die Gesamtheit der Normen zu gewähren, unter denen sich unser politisches Leben in Reich und Ländern entfaltet.

Es gilt im wirren Getriebe des parteipolitischen Tageskampfes sich von Zeit zu Zeit einmal auf die leitenden Ideen zu besinnen, welche der gegenwärtigen Gestaltung dieses Staatslebens Ursprung und Inhalt gaben. Erst wenn man diese Zusammenhänge klar durchdacht hat, gelangt man zu einem Verständnis des Sinngehaltes der Verfassung überhaupt und ihrer einzelnen Bestimmungen.

Man gewinnt aber auch erst auf diesem Boden die Objektivität des politischen Urteils, die über parteigebundene Engherzigkeit zu jener Weite des Horizonts vorzudringen strebt, die den wahren Staatsmann auszeichnet.

Wir lernen den Staat als lebendiges Gefüge kennen, wir sehen Staatsform und Staatsrecht im Dienst des letzten Endzweckes alles Lebens. Eine solche Staats- und Rechtsbetrachtung schärft den Sinn für staatsbürgerliche Verantwortlichkeit, die abseits von unfruchtbarer Kritik und abseits von planlosem Spielen mit revolutionären Ideen dem Einzelnen seine Aufgabe zum Bewußtsein bringt, die für jeden lautet: Mitarbeit an dem Werk des Aufbaus einer besseren Zukunft auf den Trümmern einer schicksalsschweren Vergangenheit.

Von solchem Blickpunkt gesehen gründet sich auch der Verfassungsbau auf staatspolitische Prinzipien, die selbst unmittelbar aus dem Lebensinhalt des Staatsvolkes geformt, sein Lebensziel schöpferisch gestalten. Der Lebenssinn, der in der Politik sich auswirkt, gibt dem Recht seine Prägung. So lassen sich aus der rechtlichen Ordnung des staatlichen Gemeinwesens die staatspolitischen Grundlagen herauslesen, die Leitgedanken, auf denen — bewußt oder unbewußt — alle Einzelbestimmungen letzten Endes beruhen.

Diese staatspolitischen Grundlagen zeigen uns die Struktur, den Sinngehalt des Verfassungswerkes. Sie lehren uns die Verfassung als Ganzes verstehen und damit erst den Ausgangspunkt gewinnen, der zur Vervollkommnung des heutigen staatlichen Aufbaues weiterführt. Denn die geltende Rechtsordnung, auch die verfassungsmäßige Ordnung des Staatslebens, ist die staatspolitische Grundlage für alle zukünftige Gestaltung des Staatslebens.

Die Gestaltung des Staatslebens selbst ist Aufgabe der Politik, sie ist das Werk des Politikers, des Staatsmanns. Eine Einführung in die Politik kann aber freilich keine Staatsmänner schaffen. Sie müssen geboren sein. Intuition und Sinn für Wirklichkeit geben dem geborenen Staatsmann das Gepräge. Aber eine gründliche Kenntnis der staatlichen Organisation und der verwaltungsmäßigen Zusammenhänge ist Voraussetzung seines Wirkens und des politischen Verständnisses jener, die in der praktischen politischen Tagesarbeit in enger umgrenztem Wirkungsbereich einer allgemeinen politischen Anleitung bedürfen.

Es zeigt sich, daß gerade an der Verfassungspolitik Wesensaufgabe und Ziele der Politik überhaupt deutlich veranschaulicht werden können. Wer sich mit ihr näher beschäftigt, sieht gar bald, daß vieles an der Politik die persönliche Erfahrungsmöglichkeit übersteigt, auch nicht rein intuitiv gewonnen werden kann. Hier wird die Bedeutung der Politik als Wissenschaft offenkundig, hier zeigt sich die Notwendigkeit einer wissenschaftlichen Einführung in die politische Wirklichkeit.

Die Politik als Wissenschaft lenkt den Blick methodisch auf die Wirklichkeit, die Welt der politischen Tatsachen. Damit lernen wir zugleich Zusammenhänge bewußt und sicher erfassen, die anderwärts beim Lernen aus Erfahrung und Beobachtung nur auf unterbewußtem Wege als Ergebnis in unser Bewußtsein dringen. Wie der Jurist erst lernen muß eine konkrete Lebenstatsache oder einen konkreten Geschehensablauf sinnvoll zu erfassen, indem die Blickrichtung auf den juristischen Tatbestand sein Beobachtungsvermögen für die Tatumstände des Lebens schärft, so kann derjenige, welchem sich das gesamte Getriebe der Politik mit den ihr eigenen Zielsetzungen und Zweckmäßigkeitstendenzen erschlossen hat, den politischen Tatbestand erst sinnbewußt in sich aufnehmen.

Diese Form der Betrachtung, die sich so aus juristisch-politischer Bildung ergibt, ist wesensverschieden von der naiven Betrachtung der politischen Erscheinungen und sie ist gegenüber der naiven Betrachtung veredelt, nicht etwa — wie man vielleicht meinen möchte — gekünstelt.

Denn indem die politische Erziehung den Blick auf die Wirklichkeit lenkt, den politischen Tatbestand erkennen lehrt, wendet sie sich nun unmittelbar an den Verstand. Einen politischen Sachverhalt als politischen Tatbestand sehen, ist nämlich unzweifelhaft eine Leistung des Intellekts. Ja die Sonderart dieses Sehens ist geradezu dadurch gekennzeichnet, daß es sich hier um eine rein intellektuelle Apperzeption handelt. Denn der ungeschulte Blick sieht in der politischen Wirklichkeit gefühlsbetont, mit parteimäßiger oder individueller Wertung; er sieht, was ihn zufällig interessiert, was ihm gefällt und er sieht die Dinge so, wie sie ihm gefallen, nicht so, wie sie sind. Erst die bewußte Zurückdrängung dieser gefühlsmäßigen Verzerrungen, Trübungen, Umfärbungen, Verdunkelungen enthüllt uns die politische Realität als politischen Tatbestand.

Die Erkenntnis des politischen Tatbestandes ist aber die erste und wichtigste Voraussetzung des politischen Denkens. Eine Einführung in das politische Denken muß davon ihren Ausgang nehmen. Das politische Denken hat zur eigentümlichen Grundlage die Betrachtung des politischen Tatbestandes, seine sinnbewußte Erfassung. Die eigenartige Betrachtungsform des Politikers, die sich von der naiven Betrachtungsform durch unbestechliche Objektivität und systematischen Sinn, durch vorurteilsfreie Nüchternheit und sachliche Ruhe, durch Sonderung des Typischen vom Zufälligen, durch markante Hervorhebung des Wichtigen aus Nebensächlichem auszeichnet, erscheint gebunden an den Gegenstand des politischen Denkens. Aber das politische Denken selbst erhebt sich über diesen Gegenstand, gleichwie das juristische Denken sich nicht in Erkenntnis des Tatbestandes erschöpft. Hier trennt sich aber dann das juristische und politische Denken. Denn das politische Denken ist frei, das juristische gebunden, jenes ist zweckstrebend, dieses unberührt vom Zweckgedanken. Das richterliche Urteil mag hier als der Typus des juristischen Denkens dem politischen Denken gegenübergestellt werden. Denn der dem Verwaltungsakt zugrundeliegende Denkvorgang ist schon anderer Art, er nähert sich stark dem politischen Denken und der Gesetzgebungsakt als ein Ausfluß juristischer Gedankenarbeit ist vollends durch und durch politisch gedacht und vorbedacht. Aber der Richter ist normgebunden. Er findet seine Entscheidung im Gesetz vorgezeichnet. Hier liegt vor ihm die Welt seiner Werte, streng umrissen vom Willensakt des Gesetzgebers. Damit sind seinem Denken willkürlich Grenzen gezogen, soweit es sich als juristisches Denken im eigentlichen Sinne darstellt und nicht als Erwägung de lege ferenda in das Gebiet des politischen Denkens hinausgreift. Das politische Denken aber ist bewußt zweckbezogen, zielgerichtet auf höchste und letzte Werte, wie sie in der Weltanschauung zum Ausdruck gelangen. Es hat mit dem juristischen Denken nur den Ausgangspunkt gemein: den nüchtern verstandesmäßig erkennbaren und herauszuarbeitenden Tatbestand.

Wenn wir fordern, daß das Gefühl aus der Wirklichkeitsbeobachtung verschwinde, so wollen wir das Gefühl nicht schlechterdings aus der Politik verweisen. Es hat selbstverständlich auch in der Politik seine tatsächliche Bedeutung und seine sinngemäße Berechtigung. Aber diese Bedeutung und die Berechtigung des Gefühlserlebnisses liegen nicht bei der Tatsachenbeobachtung, sondern bei der schöpferischen Neuformung politischer Ideen, sohin im Bereich der politischen Zielsetzung. Hier wäre gedankliche Konstruktion auf rein intellektueller Grundlage ein müßiges Spiel, Gedankenakrobatik ohne Sinn und ohne praktisches Ergebnis. Die politische Idee wächst aus dem politischen Gefühl, aus der Staatsgesinnung heraus und wird vom politischen Gefühl zur lebendigen Erscheinung gestaltet. Das Gefühl begeistert zur politischen Tat und das Gefühl einigt die Massen zu politischen Verbänden. Völkerhaß und Völkerversöhnung sind tatsächliche Grundstrebungen in der Auswärtigen Politik. Sie können angefacht, gepflegt, verdrängt werden. Vaterlandsliebe und Feindeshaß sind mächtige Triebkräfte im nationalen Dasein.

Wieder kann uns eine Parallele zwischen Recht und Politik die wahre Bedeutung, das innerste Wesen dieses Sachverhalts aufzeigen: Auch im Recht spielt das Gefühl eine unermeßliche Rolle. Das Rechtsgefühl läßt uns ohne umständliche Erforschung der Rechtslage im Leben den Pfad des Rechtes wandeln, es spricht als Gewissen zum Verbrecher und hält ihm den Rechtsbruch vor, das Rechtsgefühl legt uns eine Streitentscheidung nahe, es beherrscht unser Werturteil über das geltende Recht und stellt uns das Recht, das sein soll, als rechtspolitisches Ziel vor Augen.

Aber wie das politische Gefühl so hat auch das Rechtsgefühl nicht nur eine irrationale sondern auch eine rationale Wurzel. Wie es nach der einen Richtung die Rechtsidee schöpferisch gestaltet, so wurzelt es nach der anderen Richtung im Recht, das ist also in der Wirklichkeit.

Hier hat es einen empirischen Komplex zur Unterlage, der individuell durchaus verschieden aufgebaut sein kann. Theoretische Rechtskenntnisse und praktische Rechtserfahrung liefern den Stoff. Und eben deshalb ist das Rechtsgefühl selbst intellektueller Beeinflussung zugänglich. Es läßt sich wie jedes Gefühl bilden und ausbilden. Mit Erweiterung der empirischen Grundlage wird das Rechtsgefühl sicherer und gefestigter. Eben das gleiche gilt vom politischen Gefühl. Nicht allein im Reiche der Idee ist es eingebettet, nicht restlos von Ideal und Phantasiegebilden erfüllt. Wirklichkeitseindrücke verbleiben als Erfahrungsschatz und geben die Grundlage für die gefühlsmäßige Verarbeitung. Wirklichkeitsbeobachtung auf methodisch gesichertem Wege kann darum auch das politische Gefühl inhaltlich bereichern und in seinem Bestande sichern.

Ein solches veredeltes Gefühl muß sich mit geschultem Intellekt verbinden um politische Fähigkeiten zu entwickeln, um die Politik zu dem zu machen, was sie sein sollte: zur Staatskunst.

Zweiter Abschnitt.

Politik als Kunst.

I. Kapitel.

Verstand und Gefühl als Grundlagen der Realpolitik.

Bei den wahrhaft großen Staatsmännern aller Zeiten finden wir stets Verstand und Gefühl in hervorragender Weise vereinigt. Neben einer schöpferischen Intuition, die neue Ziele schaut und neue Wege bahnt, einen klaren Blick für die Wirklichkeit und ein nüchternes verstandesmäßiges Abwägen aller politischen Möglichkeiten: in diesem Sinne eine wahre Kunst des Möglichen. Keine Kunst, die mit Unmöglichem spielt, weil ihr zwar nicht die Ideen fehlen, aber das Verständnis für die Voraussetzungen, Mittel, Wege der Durchführung und mitunter sogar die Fähigkeit einer richtigen Einschätzung der Durchführbarkeit überhaupt. — Aber auch keine Technik, der alle Möglichkeiten geläufig sind, der aber die schöpferische Kraft fehlt, diese Möglichkeiten zu Wirklichkeiten zu gestalten, weil sie kein Gestaltungsprinzip sieht, weil ihr die Formidee mangelt.

Solch eine Kunst des Möglichen hat uns der Mann gezeigt, der dieses Wort geprägt hat: Bismarck.

Er war Realpolitiker im wahrsten Sinne des Wortes. Denn er hatte ein scharfes Auge für die Realitäten des politischen Lebens und Wirkens. Er erkannte die Bedingtheiten alles politischen Strebens, die Voraussetzungen und die Mittel des politischen Erfolges. Er war ein Meister der politischen Technik. Verstandesmäßige nüchterne Würdigung der Möglichkeiten und Notwendigkeiten war ihm Selbstverständlichkeit. Er wußte seine Entschließungen den Forderungen und Aufgaben des Tages anzupassen, das augenblicklich Erreichbare zu fordern und durchzusetzen, die Kunst der Selbstbeschränkung sicherte ihm den einmal erreichten Erfolg. Aber er war niemals von den politischen Tatsachen und Konstellationen, die sich ihm darboten, beengt, gebunden, beherrscht. Er stand immer über ihnen. Das aber war nicht allein eine Leistung politischer Technik, Routine, Virtuosität, sondern echte Staatskunst. Die Beherrschung der Tatsachenwelt ist immer und überall nur möglich auf dem Weg über die Idee: die politische Praxis als Staatskunst kann sie daher niemals entbehren. Bismarck aber hatte zur Grundlage seiner gesamten politischen Arbeit klar umrissene Ziele, kühne Ideen, die doch aus der Wirklichkeit erwachsen für die Wirklichkeit berechnet waren, die unmittelbar von der Tendenz beseelt waren sich in Wirklichkeit umzusetzen. Wirklichkeitssinn und Ideenreichtum waren Bismarck in gleicher Weise eigen. Die Weite seines Blickes umspannte das Reich der Wirklichkeit, den Gesamtbereich der Tatsächlichkeit und der praktisch erreichbaren Möglichkeiten; aber sie ragte hinein in das Reich der Idee. Er verknüpfte dieses mit jenem Reiche in schöpferischem Wirken, indem er die Wirklichkeit selbst nach Ideen gestaltete. Mit den Ideen weckte er die Begeisterung und als Führer erkämpfte er die Verwirklichung der Ideen. Mit der Tiefe des Gefühles erschaute er das Gestaltbild der Zukunft, mit der Kraft des Willens strebte er solchem Ziele nach, geleitet und gestützt von durchdringendem Verstande. So ist er uns ein leuchtendes Vorbild für Vereinigung von Verstandes- und Gefühlspolitik, Real- und Idealpolitik: intuitives Erfassen des politischen Zieles auf der Grundlage einer ausgeprägten Weltanschauung, dann aber klares, verstandesmäßiges Herausarbeiten, konkretes Gestalten, sorgsames Durchdenken der Konsequenzen, bedächtiges Überlegen der Werthaftigkeit des Zieles und verantwortungsbewußtes Abwägen der Opfer, mit denen es erkauft werden muß.

Die Bedeutung des Intellekts für die Politik liegt also vornehmlich in der konkreten Ausprägung des politischen Zieles, in seiner Formulierung, dann aber in der Auswahl und Handhabung der Mittel. Die politische Entscheidung selbst bedarf in jedem Falle einer verstandesmäßigen Grundlage.

Aber indem ein politisches Streben, das zunächst wohl nur in ganz allgemeinen Umrissen als Gefühlsinhalt auftritt, sich zu klar umschriebenen Formen verdichtet, indem der Verstand das durchdenkt und formuliert, was der Wille aus dem gefühlsmäßigen Erleben geschöpft und gestaltet hat, gewinnt der Inhalt des politischen Strebens fast immer die Form des Rechtssatzes. Aus dem „es sollte" wird ein „du sollst" und die formulierte Rechtsnorm wendet sich an einen genau bezeichneten Adressaten. Der Wunsch wird zum Befehl und erst dadurch wird er politische Realität. Denn bloßes Wünschen ist noch keine Politik, auch die Äußerung von Wünschen ist noch nicht Politik, selbst dann nicht, wenn sie sich auf das Gemeinschaftsleben der Menschen im Staate beziehen. Es ist nur ein undurchdachtes Politisieren. Politik aber ist ein durchdachtes, ein zu Ende gedachtes und geformtes Gestalten, kein passives Erleben, keine bloße Stimmung und Stimmungsäußerung, sondern schöpferisches Wirken. Es ist getragen von Willensimpulsen. Soll jedoch dieser Wille nicht blind wüten oder tastend irren, dann bedarf er der Leitung durch den Intellekt, muß sich aufbauen auf rationalen Denkprozessen.

Das so geläuterte und geklärte politische Wollen läßt zielsicher die politische Tat reifen. Die politische Theorie geht in solchem Sinne allemal dem politischen Wirken voran, wenn sie freilich dann auch noch nach dessen Abschluß den Verlauf nachdenkend überblickt, die Folgen und Nebenfolgen abwägt und damit wiederum eine wissenschaftliche Erfahrungsgrundlage für künftiges politisches Wirken setzt. Viel wesentlicher als dieses Nachdenken über ein abgelaufenes politisches Ereignis, seine Ursachen, seine Folgen, seine mannigfachen Verknüpfungen mit politischen Zuständen und Handlungen des umgebenden öffentlichen Lebens ist indessen das Bedenken, Überlegen, Abwägen des politischen Planes als Vorstufe und Grundlage des politischen Handelns. Die intellektuelle Erfassung des politischen Tatbestandes geht so der lebendigen politischen Wirklichkeit voraus und folgt ihr nach. Handelt es sich dabei um eine Blickwendung nach der Zukunft, um ein Erwägen von Möglichkeiten, Chancen auf der Grundlage der gegebenen und klar erkannten Wirklichkeit, so liegt darin allein noch nicht der gestaltende, schöpferische Akt aller politischen Betätigung. Viel eher kommt hier die Erfahrung des einzelnen Staatsmannes und der aus langjähriger Tradition erwachsene praktisch-politische Sinn zur Geltung. Mit steigender Zahl von Wirklichkeitseindrücken wächst die Erfahrungsmasse und damit das Material für kombinierende Verarbeitung, aber auch die Fähigkeit zu solcher Kombination. Die schöpferische Intuition aber ist wesentlich bedingt durch die leitenden Ideen und vorschwebenden Ideale und durch die Fähigkeit, die gegebene Wirklichkeit mit jenem Reich der Idee zu verknüpfen, — nicht nur in kühn geschautem Traumbild ohne Realisierungsmöglichkeit, sondern in unmittelbarer praktischer Formgebung, die Ideen und Ideale in der Wirklichkeit wirken läßt.

Denn dieses ist der Sinn der Politik, ableitbar aus ihrem Wesen als Einwirkung auf die Gestaltung des Gemeinschaftslebens: Verwirklichung der Lebensprinzipien der Gemeinschaft.

II. Kapitel.

Das gestaltende Prinzip für das politische Handeln.

Auf rationaler und irrationaler Grundlage wird das Gemeinschaftsleben gestaltet. Lebensgestaltung ist Inhalt und Ziel der Politik. Damit wird der Sinngehalt des Lebens selbst zum Formgedanken, zum Gestaltprinzip für die Politik. Dies aber setzt voraus, daß wir im Leben einen Naturvorgang eigener, sinnbeseelter Art erblicken, daß wir die Politik auf einer Weltanschauung aufbauen, die das Leben zum Mittelpunkt der Erscheinungswelt erhebt.

Denn wer politisch wirken will, bedarf einer Zielsetzung auf weltanschaulich gesicherter Grundlage. Er kann unmöglich mit dem bloßen Werden sich abfinden, das von der Tat abdrängt in die Beschaulichkeit. Er kann es nicht dem Spiel waltender Naturkräfte überlassen, wie seine, seines Volkes Zukunft sich gestalten soll. Er kann eingreifen: und darum muß er es.

Er sieht im Leben keinen materiellen Geschehensablauf, zwangsläufig fortgetrieben von mechanischen Impulsen, zwangsgebunden durch den Zustand der Umwelt. Allenthalben, wo wir von Leben reden und es in Gegensatz stellen zur „unbelebten Natur", empfinden wir mit dem Gefühl der Evidenz ein Sinnstreben, eine Zielverfolgung, eine Zwecksetzung. Eine eigene Lebenskraft drängt dem Lebensziele zu, das sich dem nachdenkenden Verstande als der Sinngehalt des Lebens enthüllt. Solche Wechselwirkung zwischen Sein und Sinn, Sinnstreben alles Seins und Sinnerlebnis im Sein betrachten wir als den Kern jedes Lebens. Entelechie können wir in Anlehnung an Aristoteles jenes Lebensprinzip nennen und die Weltanschauung, die auf so gearteter Lebenserfassung beruht, Vitalismus.

Damit ist der Vitalismus selbst als gestaltendes Prinzip für das politische Handeln anerkannt. Soll das politische Handeln nicht planlos von Augenblicksstimmungen geleitet sein, in unkontrollierbarem Gefühlserleben seinen Ausgangspunkt und seine unmittelbare Wirkungsgrundlage besitzen, dann bedarf es einer stetigen Orientierung am Leben als dem Gestaltungselement der Wirklichkeit. Das politische Einzelfaktum wird am Sinn des Lebens als letztem Wertmaßstab gemessen und darum auf solche Wertung schon im Plane, in der Anlage, in der Zielsetzung und in der Formgebung für die politische Idee abgestellt.

Wer die Wirklichkeit schöpferisch gestalten will, muß den tiefsten Sinn, die einheitliche Tendenz der lebendigen Wirklichkeit erfaßt haben und muß den Blick immer und immer wieder freimachen von den Gebundenheiten der Realität, ihn zu dem letzten in unerreichbarer Ferne leuchtenden Ziele hinrichten. Nur so vermag er die Wirklichkeit mit genialer Kraft zu meistern, indem er sie ständig überschaut, nicht nur im Sinn eines umfassenden Umblicks im Reich der Wirklichkeit, sondern gerade auch im Sinn einer darüber hinausschauenden gedanklichen Einstellung auf die Idee. Darin zeigt sich die Genialität des politischen Führers, daß er gewissermaßen seine Zeitgenossen um Haupteslänge überragt und dadurch über den Gesichtskreis der Masse hinaussieht, das ferne Ziel vor Augen hat und selbst ihm zustrebend, die Nation ihm zuführt. Gewiß, ihn bindet die Wirklichkeit, sein Wirken ist als Menschenwerk erdgebunden und gerade er erkennt deutlicher als andere diese Gebundenheit. Aber in kühnem Gedankenfluge eilt er dem Ideal entgegen und langsam, Schritt für Schritt, gestaltet er die Wirklichkeit nach dem Ideal, bricht sich Bahn zum Ziel.

Wem der Vitalismus gestaltendes Prinzip für das politische Handeln ist, der sieht im politischen Tatbestand die Verknüpfung mit dem Allgemeinen, er sieht die einzelne Lebenserscheinung, das einzelne Lebensbedürfnis als einen Sonderfall im Gemeinschaftsleben. Damit weitet sich sein Blick über Individualinteressen und Kirchturmbelange hinaus zur Erkenntnis dessen, was der Nation, was dem Staate nottut.

Indem er politisch wirkt, gestaltet er sinnstrebend das Leben des Einzelnen und des Volkes, erkennt er sein Werk als Lebensformung. Dabei spürt er dem Sinn des Lebens selbst nach, um diejenige Gestaltung zu finden, die dem Stoff, den er zu formen hat, angemessen ist.

Selbsterhaltung und Selbstentfaltung ist dieser Lebenssinn, das Ziel, dem alles Leben zustrebt. Dies also ist der Inhalt jenes Zielstrebens, das wir als das eigentliche Wesensmerkmal des Lebens erkannt haben: Leben ist Sinnstreben; Lebenssinn ist Entfaltung auf der Grundlage der Erhaltung.

Selbsterhaltung ist Erhaltung des Lebensträgers, des Individuums und der Art. Selbsterhaltung als Prinzip des Gemeinschaftslebens und damit als Ziel der Politik ist Erhaltung der im Staat als organischer Lebenseinheit zusammengeschlossenen Nation. Ihr Dasein zu sichern, ihre Entfaltung zu pflegen ist letzte Aufgabe, pragmatischer Inhalt der Politik.

Selbstentfaltung ist organisches Wachstum, also nicht das, was man im politischen Sprachgebrauch vielfach als Expansion bezeichnet. Selbstentfaltung ist weniger und mehr. Weniger: denn unter den Begriff der Expansionspolitik fällt auch jene Überspannung außenpolitischer Wirksamkeit, die das Ziel über dem Mittel vergißt, die Expansion um der Expansion willen betreibt, ohne Berechtigung durch ein elementares Lebensbedürfnis. Mehr: denn Entfaltung ist nicht nur Ausdehnung, räumliche Erweiterung des Herrschaftskreises, sondern auch jede kulturelle Aufbauarbeit im Innern des Gemeinwesens.

Erhaltung der Individuums und der Art, Entfaltung als organisches Wachsen nach außen und als Entwicklung der im Lebensträger enthaltenen Lebensmöglichkeiten ist Inhalt und Sinn alles Lebens und damit auch des Gemeinschaftslebens im Staate. Will die Politik einwirken auf die Gestaltung des Gemeinschaftslebens, dann muß sie den Lebensvorgang in seinem tiefsten Wesen erfassen, dem Gemeinschaftsleben einen solchen Inhalt geben, daß es fortschreitend und aufwärtsstrebend seinem höchsten und letzten Ziele entgegengeführt wird.

Solche Besinnung, die in der Tagesarbeit immer wieder anknüpft an die leitenden Ideen unseres gesamten Daseins, ist nicht müßige Spekulation, sondern praktische Orientierung. Soll die Politik nicht rein opportunistisch eingestellt sein, sondern als wahre Staatskunst das Staatsleben gestalten, dann bedarf sie jederzeit einer solchen Orientierung, eines Aufblicks und Fernblicks aus den beengenden Tatsachen und Geschehensabläufen nach Ideen und nach Idealen.

Wird aber die Politik unmittelbar am Lebensziel und Lebenssinne selbst orientiert, dann erweist sich der Vitalismus als gestaltendes Prinzip für das politische Handeln. Der Gedanke der Entelechie gibt den frohen und sicheren Glauben an die gesunden, vorwärts und aufwärts führenden Kräfte in Volk und Staat, an den Sieg des Göttlichen. So wirkt die Weltanschauung unmittelbar auf die Lebensgestaltung, auf die lebendige politische Wirklichkeit, wie sie der Staatsmann sieht und formt. Vitalistische Politik ist schöpferisch wirkende Staatskunst. Von theoretischer Besinnung führt sie unmittelbar zu praktischer Arbeit und sie verleiht dieser praktischen Arbeit das Pathos und die Würde des ethischen Gedankens.

Gestaltung des Gemeinschaftslebens auf Grund einer wahrhaftigen und tiefen Erkenntnis des Gemeinschaftslebens seinem Sosein und seinem Ziele nach, das bedeutet vitalistische Politik als Praxis.

III. Kapitel.

Die Aufgabe der Führung.

Gestaltung des Gemeinschaftslebens auf Grund einer wahrhaftigen und tiefen Erkenntnis des Gemeinschaftslebens nach klar durchdachtem Plan in unbeirrtem Streben auf ein sicher gegründetes Ziel, das ist die allgemeinste Aufgabe der politischen Führung. Inhaltsschwer ist die Forderung, die sich für eine vitalistische Politik als Praxis ergibt. Fast unerreichbar menschlichem Mühen. Aber eben darum ist die Politik nicht ein Geschäft des Alltags, wenn sie auch die tausendfältigen Lebenskreise des Alltags zum Gegenstand hat und ihre Wirkung auf sie alle erstreckt. Der politische Führer leitet die Kräfte, die im Gemeinschaftsleben nach individueller Entfaltung drängen, zur Entfaltung des organischen Lebens der Gemeinschaft selbst. Die Interessen der Gemeinschaft stehen ihm über denen der einzelnen Glieder; denn in ihm verdichtet sich die wirkende Kraft des Gemeinschaftslebens, die Entelechie der politischen Gemeinschaft kommt in ihm zum Ausdruck.

Aber wo ist der Führer, der unserem deutschen Volk aus eigener schöpferischer Kraft heraus das ihm bestimmte Ziel zu enthüllen und den Weg zu diesem Ziele zu weisen vermag?

Von allen Seiten hören wir diesen lauten und sehnsüchtigen Ruf nach dem Führer, den ein gütiges Schicksal unserem Volk zu Hilfe schicken möge. Wir warten und versäumen viel Zeit in untätigem Warten, vergeuden viel Kraft in unzulänglichem Streben, in kleinlichem, kurzsichtigem Kampf, in führerlosem Suchen nach dem richtigen Weg. Da sollten wir uns besinnen, ob nicht wenigstens eine Führung möglich ist, die nach tauglichem Plan die in unserem Volk sich regenden Kräfte zusammenfaßt. Auf den unendlich vielen Einzelwegen, die unser Volk zu gehen hat, können und müssen wegkundige, gewissenhafte, mutige und kraftvolle Organe dieser Führung als Unterführer in einheitlichem Zusammenwirken den Weg zum allgemeinen Aufstieg zeigen und uns die Gefahren des Abgrundes, an dem wir stehen, überwinden helfen. In unserem treuen und pflichteifrigen **Beamtentum** haben wir, wie wohl kein anderes Volk auf dieser Erde, eine solche Führung besessen. Dieses Beamtentum ist zwar durch Krieg und Nachkriegswirren in seiner einheitlichen Arbeit bedenklich gestört; Hemmungen wirken heute noch fort, aber der Verwaltungsorganismus als ganzer hat sich doch als lebenskräftig erwiesen, er wird unzweifelhaft gesunden und seine Aufgaben in alter Kraft und mit gleicher Tadellosigkeit erfüllen, wenn nur erst wieder von innen und von außen die notwendigen Vorbedingungen dazu geschaffen sind. Als kluger, weitblickender und tapferer Pionier deutscher Staatsgesinnung wird dann der deutsche Beamte unser Volk einer besseren Zukunft entgegenführen.

Innerhalb dieser Führung durch das Beamtentum sind die Aufgaben nach Zuständigkeiten verteilt und in ihrer Bedeutung mannigfaltig abgestuft. Die Aufgabe, die dabei zu allen Zeiten dem **Juristen** zufällt, ist groß und verantwortungsvoll. Möge der deutsche Jurist auch in Zukunft sich dieser Aufgabe bewußt und fähig erweisen! Damit dies möglich sei, muß der Jurist mehr als jeder andere in unserem Volk die Aufstiegsmöglichkeiten, aber auch die Gefahren klar erkennen und dann mit sicherem und unbeirrbarem Pflichtbewußtsein auf der gefestigten Grundlage einer lebendigen Weltanschauung und einer treuen Staatsgesinnung seine persönliche Aufgabe zu erfüllen streben: durch seine Wissenschaft kann er dafür die richtige Einstellung finden. Auf den Erkenntnissen seiner Wissenschaft aufbauend, gelangt er zu schöpferischer Weiterformung und gewinnt die Fähigkeit wegsicherer Führung. Die Rechtswissenschaft verknüpft die berufliche Arbeit eines jeden Tages in ihren zahllosen Besonderheiten und die allgemeine Perspektive einer Welt- und Lebensanschauung, in der sein Denken und Wollen in allen Wirren und Stürmen der Zeit sicheren Grund findet. Darum muß der Jurist immer und immer wieder zurückgreifen auf seine **Weltanschauung** und den lebendigen Zusammenhang dieser Weltanschauung mit seiner Berufsarbeit herstellen. Dann vermag er die Aufgaben seines Berufes sinnvoll und sinnbewußt zu erfüllen, von Rechtsanwendung zur Erfüllung der Rechtsidee vorzudringen und in der Idee des Rechts die Bahn ewigen Aufstiegs zu finden; auf allen Gebieten seiner Wirkungsmöglichkeit sieht er die **Vervollkommnung** als Ziel vor Augen. Seine eigene Leistung und Zwecksetzung, das Zusammenleben und Zusammenwirken der Rechtsgemeinschaft und ihrer einzelnen Glieder wird er nach dem Gesichtspunkt der Vervollkommnung messen und weiterbilden.

Mit dieser Einstellung tritt der Jurist in den Kampf des Lebens: als leitender Staatsmann, als Verwaltungsbeamter, als Richter, als Anwalt. In jedem Lebenskreise hat er Gelegenheit zur Führung im

Kleinen oder im Großen, in der Lebensgestaltung des Einzelnen oder in der Schicksalsbestimmung eines ganzen Volkes. Freilich kann er diese Aufgaben der Führung nicht als Kenner toter Rechtssätze erfüllen; denn die Funktion der Führung reicht weit hinaus über das Prinzip einer normgebundenen Anwendung positiven Rechts. Der Jurist muß darum seine Wissenschaft weiter und tiefer erfassen. Er muß aus ihr nicht nur Wissensstoff zu schöpfen suchen, sondern auf diesem Wege dem Sinn des Lebens nachspüren und er kann dies, wenn er zu dem Sinngehalt des Rechts vordringt.

Wenn dann Pflicht oder Neigung den Juristen zur Politik unmittelbar heranzieht, eröffnet sich ihm gerade hier ein Betätigungsfeld, in dem er die in Rechts- und Lebenserkenntnis gewonnene Erfahrung nutzbar machen kann für die Gestaltung des Gemeinschaftslebens in dem allgemeinen Sinn des Vervollkommnungsgedankens. Jede Änderung und jede Gestaltungsrichtung, die er vorschlägt oder an der er mitwirkt, wird planvoll und zielbewußt darauf ausgehen, Mängel zu beseitigen, die als solche festgestellt worden sind. So wird der Weg der Vervollkommnung Schritt für Schritt vorwärts führen. Das Sinnstreben drängt zur Erschließung neuer Aufgaben, zur Entdeckung neuer möglicher Wege der Vervollkommnung. Mit der Kraft des Enthusiasmus wird dann ein unerschrockener sicherer Führer für den neuen Weg werben, den das Leben selbst seinem ahnungsvollen Spürsinn enthüllt hat. Denn neue Wege der Politik können niemals am grünen Tisch in theoretischem Grübeln gefunden werden. Nur die unmittelbare Anschauung der Wirklichkeit, das Leben unserer Zeit mit allen seinen Nöten und Wirren zeigt uns den Ausweg und den Aufstieg zur Höhe. Voraussetzung dafür ist freilich, daß sich der Führer von der drückenden Gewalt und Last des Alltags nicht niederwerfen und nicht hemmen läßt, sondern das Leben und das Schicksal in seinem Sosein unter allen Umständen bejaht. Ein unzerstörbares Vertrauen auf die Entfaltung der Lebenskräfte gerade in den Kämpfen unserer Zeit, durch die unser Volk sich hindurchringen muß, verleiht das Gefühl der Sicherheit und ermöglicht die Lebensbejahung. Seiner Verantwortung als Staatsbürger bewußt, wird dann jeder Volksgenosse handelnd mitarbeiten an der Vervollkommnung des Staatslebens. Auf solche Kräfte gestützt, kann der Führer in ständigen und unermüdlichen Versuchen das Schicksal zu meistern trachten.

Eine ungeheuere Schwierigkeit steht dieser Bemühung entgegen. Der Weg der Vervollkommnung kann mit dem Verstande in seinem Verlauf nach vorwärts nur auf wenige Schritte erkannt werden; wer meint, nur aus der Vernunft den richtigen Weg in die Zukunft durch kühne Konstruktionen theoretisch ermitteln zu können, wird bald erkennen müssen, daß er trotz besten Strebens auf dürre Heide geraten ist oder sich in eine Sackgasse verloren hat. Der neue Gedanke und damit der Hinweis auf neue Wege und Ziele wird in der Politik wie überall bei schöpferischer menschlicher Tätigkeit seinen Urgrund im Unbewußten haben. Tritt eine neue politische Idee in irgendwelcher Form nach außen hin in die Erscheinung, so gilt es, ihren Sinn zu erfassen, ihre Tragweite zu erkennen und ihr Prinzip bewußt zu verwirklichen. In seinem Wissen um die tatsächliche und rechtliche Gestaltung des Gemeinschaftslebens und um die möglichen Entwicklungswege wird der als Jurist gebildete und erzogene Staatsmann mehr als andere die Aufgabe in sich fühlen, den Angelpunkt der neuen Entwicklung aufzufinden und von hier aus in der neu gefundenen Richtung weiter zu streben. Die Fähigkeit genialer Einfühlung einerseits und scharfer juristisch geschulter Verstand anderseits müssen zusammentreffen, um dem Politiker intuitives Vorwärtsdringen und gleichzeitig kühles und nüchternes Überdenken der Wirklichkeit zu ermöglichen. Der Führer zeichnet sich dann dadurch aus, daß er an Stelle rein gefühlsmäßiger Abwägung und Willensbildung bewußt-planvoll in schöpferischer Gestaltung auf die Ordnung des Gemeinschaftslebens und seine Zielsetzung einwirkt.

Einer solch erhabenen Aufgabe gegenüber erscheinen die Kräfte und Fähigkeiten der Menschen unzulänglich und es ist daher der Zweifel begreiflich, ob gerade der Jurist, dem man so oft den Vorwurf entgegenbringt, daß er die Form über die Sache stelle, daß er als vertrockneter Bureaukrat dem Leben und der Welt fremd gegenüberstehe, die Fähigkeit habe, diese Aufgabe zu lösen. Das Bedenken verstärkt sich, wenn wir sehen, daß die Stellung des Juristen zu den Problemen der Politik heute von inneren Kämpfen und Hemmungen erschüttert scheint. Die nahe Beziehung zwischen Politik und Recht, ihre objektive Sinnverknüpfung und ihre subjektive Vereinigung im Denken des Juristen führen zu einem inneren Gegensatz, wenn die Grenzlinie zwischen beiden Gebieten nicht sorgfältig beobachtet wird. Ihrem Wesen nach sind ja beide Gebiete trotz tausendfacher Berührung grundverschieden.

Das positive Recht will dem gegebenen Zustand in seiner augenblicklichen Form und Lage Sicherheit verschaffen: es sanktioniert die bestehende Regelung des Gemeinschaftslebens und läßt mitunter sogar das Normative aus der Kraft des Faktischen herauswachsen. Darin liegt die Würde des positiven Rechts, aber zugleich eine unverkennbare Gefahr: unter seiner Herrschaft kann das Rechtsleben, in beengende Form gepreßt, erstarren, die Form wird inhaltsleer und triumphiert über den Sinn, das Mittel erhebt sich zum Selbstzweck und setzt sich als solcher durch, ohne sich seiner sekundären Rolle bewußt zu bleiben. Das positive Recht wird dann zur Lebensverneinung, es verhindert jede neue Gestaltung, jedes Weiterwachsen, jede Fortbildung, jede Entfaltung. Dem Änderungswillen tritt es mit seinem „Nein" entgegen. Die Politik aber ist in ihrer Tendenz nach gerade entgegengesetzt bestrebt, neue Gestaltungen zu versuchen und durchzuführen; der Entfaltungswille beseelt alle ihre Tätigkeit; sie ist daher im Grunde immer geneigt zu einer Änderung, die im Sinn der Fortbildung des gegebenen Zustandes vorgeschlagen wird, „Ja" zu sagen.

Daraus leitet sich der innere Gegensatz her, den der Politiker als Jurist und der Jurist als Politiker durchzukämpfen hat, um zu einer endgültigen Einstellung nach der einen oder anderen Seite hin zu gelangen. Wer zu Rechtsanwendung berufen ist, an den stellt das positive Recht die Forderung, daß er sich bei der Erfüllung seiner Aufgabe streng an die ihm vorgezeichneten Normen gebunden fühle: er darf weder nach rechts noch nach links schauen, der Gedanke politischer Zwecksetzung muß ihm fern bleiben, jedem Verdacht einer Ausdeutung in politischer Absicht muß er vorbeugen, politische Affekte unterdrücken und ausschalten. Dem geborenen Politiker wird es darum schwer fallen, „Recht" zu sprechen. Er wird als Richter den Politiker nie vollständig verleugnen können trotz bester Absicht und trotz willensstarken Strebens nach gefühlsfreier Objektivität. Umgekehrt wird der Jurist, als Politiker, in seiner Gedankenbildung Schwierigkeiten begegnen, die auf ganz anderem Gebiet zu suchen sind. Er hat als Jurist die tief eingewurzelte Gewohnheit, das Bestehende als solches, weil es besteht und ihm wie jedem Rechtsunterworfenen gebietet, zu achten. Da mag er sich, wenn er pflichtgemäß darauf ausgeht, den bestehenden Zustand zu bessern, durch jene typisch-juristische Einstellung gehemmt fühlen.

Denn die Einstellung des Juristen und des Politikers zu ein und demselben Problem ist ihrem Wesen nach grundverschieden: der Jurist wendet das gegebene Recht an, der Politiker ändert es; der Jurist richtet nach dem Recht, der Politiker richtet über das Recht. So ist es von größter Bedeutung, daß namentlich dann, wenn Fragen der Rechtspolitik erörtert werden, eine klare Scheidung der beiden möglichen Gesichtspunkte eintritt: lex lata und lex ferenda sind miteinander zu konfrontieren, die Rechtspolitik stellt dem Recht, wie es ist, das Recht, wie es sein soll, gegenüber.

Gerade in dieser Gegenüberstellung und der daraus abgeleiteten Forderung eines „richtigen" Rechts liegt die höchste und schönste Aufgabe, die dem Juristen als Politiker überhaupt begegnen kann. In der praktischen Gesetzgebungspolitik kann er alle die Kenntnisse, die wissenschaftliches Nachdenken und praktische Erfahrungen ihm vermittelt haben, zusammenfassen und auf den einen Gedanken des Seinsollenden konzentrieren, um bewußt das bestehende Recht zu vervollkommnen. Aber gerade als Rechtspolitiker muß der Jurist auf seiner Weltanschauung aufzubauen suchen und diese planvoll durchzusetzen sich bemühen; was er über Idee und Ideal des Rechts gedacht, wird in den Stunden schöpferischer Rechtsformung ihm vor Augen kommen; jetzt hat er die Möglichkeit, Gemeinschaftsleben in dem Sinne zu gestalten, der als Lebenssinn sich ihm offenbart hat. Für den gewissenhaften ernsten Richter und Politiker wird dieses Problem immer wieder auftauchen und er wird bei der Lösung der Aufgaben eines jeden Tages stets auf die allgemeinen Grundlagen seiner Weltanschauung zurückgreifen. Jeder, der einmal vor eine grundsätzliche Entscheidung der Politik gestellt ist, fühlt sich innerlich genötigt, die politische Entscheidung in Zusammenhang zu bringen mit seiner Weltanschauung und sie als eine Folgerung aus der Idee des Rechts und aus seiner eigenen Weltanschauung abzuleiten. Wenn er überzeugt ist, dabei eine volle Harmonie zu erringen, dann wird ihm dies eine befriedigende, ja eine beglückende Empfindung sein. Gewiß kann er aus der Rechtsidee keine Zauberformel für alle Fälle ableiten, die ihm dann für die konkrete Entscheidung ohne weiteres zur Verfügung steht, aber das gefundene Prinzip zeigt ihm doch die Möglichkeit einer Orientierung unter einheitlichem Gesichtspunkt. Der ordnende Gedanke, die verstandesmäßige Abwägung tritt an die Stelle der gefühlsmäßigen Willensbeeinflussung, die Politik wird intellektualisiert und rationalisiert und das ist es, was wir zur Lösung der uns obliegenden Aufgaben zuvörderst brauchen. Der Rechtspolitiker findet in dem Prinzip der Vervollkommnung eine Anweisung, wie er jeweils Mängel des geltenden Rechts erkennen und welche Mängel er als solche aufzeigen kann, das Prinzip führt ihn zu Vorschlägen, durch welche eine Änderung im Sinn der Behebung jener Mängel erreichbar ist; und ob die Richtung der Vervollkommnung eingehalten ist, das kann der Rechtspolitiker ebenfalls aus der Weltanschauung entnehmen: die immer weiter durchgeführte Übereinstimmung der Rechtsnorm mit der ethischen Norm als Postulat der Rechtspolitik gibt ihm den geeigneten Anhaltspunkt.

Durch das methodische Prinzip, das dem Vervollkommnungsgedanken innewohnt, findet der Jurist als Führer bei der Lösung jeder Art politischer Aufgaben den Weg, der zum Vollkommenheitsideal hinstrebt. Aus dem Sinngehalt des Rechts kennt er die Ziele praktischer Rechtspolitik, aus dem Sinngehalt des Lebens die Ziele der Politik überhaupt. Diese Ziele nicht nur mit dem Verstande zu erfassen, sondern auch tatkräftig zu verwirklichen, ist seine Aufgabe. Als Sachverständiger freilich ist der Jurist, wenn er sich den Aufgaben der Politik zuwendet, in erster Linie dazu berufen, eine Vervollkommnung seines eigenen Arbeitsgegenstandes, also des Rechts herbeizuführen. Doch wird er nicht selten Gelegenheit haben, mit seinen besonderen Fähigkeiten und Kenntnissen auch auf anderen Gebieten der Politik dem Gemeinwohl zu dienen. Dann darf er sich nicht ängstlich durch Zuständigkeitssorgen beengt auf Probleme der Rechtsgestaltung zurückziehen und seine Mitarbeit an der Lösung anderer Fragen der praktischen Politik des Tages verweigern; er wird sich vielmehr verpflichtet fühlen, überall, wo er Fehler sieht und Besserungsmöglichkeiten erkennt, die Schäden und Mängel aufzudecken und zu beheben. Als Diener des Staates und als Diener des Rechts wird er sich den Aufgaben, die heute jedem Staatsbürger gestellt sind, nicht entziehen.

Diese Aufgaben sind Aufgaben praktischer Staatspolitik. Eine Politik, die sich durchsetzen will, kann aber unmöglich auf die treibenden Kräfte und Mächte in ihrer modernen Organisation verzichten. Die praktische Politik muß die heutigen taktischen Verbände als politische Machtträger erkennen. Wer als Führer wirken will, muß die taktische Schichtung auszunützen verstehen. Er darf diese Erscheinung der politischen Wirklichkeit nicht übersehen oder in ihrer Bedeutung unterschätzen, muß sie vielmehr seiner praktischen Arbeit zugrunde legen. Die heutige Politik ist größtenteils Parteipolitik. Nur auf dem Weg über die Parteien ist eine politische Durchsetzung irgendeines Vorschlages möglich. Darum muß jeder Politiker zur Erfüllung seiner Aufgaben und zur Verwirklichung seiner Ziele mit der nun einmal gegebenen Einrichtung jener taktischen Machtverbände arbeiten, mag er innerlich in seinem Werturteil über die politischen Parteien stehen, wie er will.

Die Sonderart des Juristen bringt nun gerade hier eigenartige Schwierigkeiten mit sich, die den Juristen mehr als andere beengen. In mancher Beziehung mag er deshalb zum Parteipolitiker weniger geeignet erscheinen. Indessen läßt sich ein allgemeines Urteil hier wohl kaum fällen. Denn im konkreten Einzelfall wird dieser mehr und jener minder befähigt sich erweisen. Aber darum handelt es sich für unsere Untersuchung auch gar nicht. Wir wollen vielmehr feststellen, wie der Jurist als solcher kraft seiner besonderen Vorbildung und Einstellung den Anforderungen der Partei gerecht werden und wie er der Parteipolitik dienen kann.

Der Jurist mag gelegentlich für seine Partei unbequem sein; denn er hat das Bestreben, auch als Parteimann objektiv bleiben zu wollen. Er hält es für möglich, daß auch der politische Gegner ausnahmsweise einmal recht haben könnte und solches Ketzertum mag ihn gelegentlich bei den eigenen Parteifreunden unbeliebt machen. Aber seine praktische Tätigkeit, vor allem in der Stellung als Richter, drängt ihn dazu, unter allen Umständen gerecht sein zu wollen. Und so kann es sein, daß der Jurist sogar einmal den Standpunkt des Gegners als berechtigt anerkennt und innerhalb der eigenen Partei verficht. Dazu kommt die teils angeborene, teils anerzogene Neigung des Juristen gegenüber einer vorgetragenen Meinung zunächst einmal den entgegengesetzten Standpunkt einzunehmen und das kann wirklich manchmal zu unnötigen und ärgerlichen Reibungen führen.

Doch ist der Jurist anderseits sicher auch imstande, gerade als Parteipolitiker Gutes zu wirken; er weiß, wie all die Gegensätze, all die verschiedenartigen Strebungen, die er in den einzelnen Parteien vor sich sieht, kausal entstanden sind. So erkennt er, daß unter all dem Falschen einseitig Übertriebenen, das der Gegner vorbringt, vielleicht auch ein Körnlein Wahrheit steckt, dessen Erkenntnis eine Überbrückung der Gegensätze zu praktischer Zusammenarbeit ermöglicht. Seine Erziehung und seine Berufsausbildung hat den Juristen gelehrt, hinter die Außenseite politischer Schlagworte zu blicken und den Sinn zu erspähen, der die Richtung zu praktischer Lösung politischer Probleme weist. So vermag er leidenschaftsloser an die politischen Gegensätze heranzutreten, sie in kritischer Besinnung zu klären und sie, wenn auch nicht auszugleichen, so doch zu mildern. Dazu befähigt ihn vor allem der feste Zusammenhang mit seiner tiefinnerlich erfaßten Weltanschauung; hieraus erwächst ihm Kraft und Begeisterung zu hilfreichem Mitarbeiten. Die Wege, die auf allen Gebieten der Politik zur Vervollkommnung führen, sind vielgestaltig; in allen Parteien kämpfen nicht nur schlechte, sondern auch gute Menschen um die Zukunft der Nation und dieser Kampf um die Vervollkommnung für die Vervollkommnung ist notwendig im Sinn der Idee des ewigen Aufstiegs. Das sieht der Jurist und wird daher, wenn er als parteipolitischer Führer waltet, den Parteikampf sachlicher gestalten und ihn in seiner Schärfe mildern und veredeln.

Der Kampf freilich wogt fort. Heute wie ehedem stehen wir in einem Kampf aller gegen alle. Der Streit ist heftiger entbrannt als seit langem. Er wird geschürt und neu entfacht, wo er zur Ruhe kommen will. Die Gegner stehen einander bewaffnet und oftmals haßerfüllt gegenüber. Mächtige Interessen geben Konfliktsstoff an den verschiedensten Teilen der Erde. Nur eine eigentümliche Verteilung der Kräfte und ein eigenartiger Parallellismus der Kräfte hindert den unmittelbaren Ausbruch kriegerischer Zusammenstöße. Nicht anders ist das Bild im Inneren der Staaten. Die durch die soziale Regelung geschaffene Ordnung wird mehr und mehr erschüttert, wenn auch kein gewaltsamer Angriff ihr unmittelbare Vernichtung droht. Politik und Recht, Religion, Moral und Sitte erscheinen jenseits jener elementaren Gewalten und können kaum Mittel der Hilfe gegen den drohenden Untergang gewähren. Müde Resignation und dumpfe Verzweiflung, Verbrechen und Wahnsinn drohen unsere Welt ihrem Ende zuzuführen.

Wollen wir nicht untätig zusehen, sondern zur Verteidigung unseres schwer bedrohten Staatslebens alle Waffen herbeitragen, die unser Wissen uns schmiedet und die unser Schauen uns finden läßt!

Als Juristen schöpfen wir aus der Idee des Rechts selbst die Gedanken, die uns aus den Abgründen unserer Zeit wiederum zur Höhe hinaufführen. Dieser Aufstieg wird kommen. Dafür bürgt uns der Wille zum Leben, der in unserem Volk noch nicht erstorben ist: der Lebensdrang pocht in den Pulsen, und wo das Herz in aller Not noch so kräftig schlägt, da ist auch der Wille zum Aufstieg nicht untergegangen. Aufgabe des Führers ist es, diesen Willen zu lenken, die Verwirrung zu klären, welche die allzuvielen sich kreuzenden politischen Bestrebungen in unserem Volke angerichtet haben. Die Führung muß der Nation ein einheitliches Ziel setzen und ihren Willen in der Richtung auf dieses Ziel zusammenfassen. Noch ist dieser Wille zu vielgestaltig, nicht einheitlich, das Volk noch zerrissen in politischer Leidenschaft und auseinanderstrebend auf den verschiedensten Wegen, ohne Klarheit über das Ziel, dem es nachjagt.

Wir müssen zu einem Gesamtwillen der Nation gelangen; nur wenn wir ihn erringen, wird unser Volk die neue Kraft zum Aufstieg besitzen. Unsere alte Neigung zur Eigenbrötelei, Rechthaberei, Besserwisserei müssen wir unterdrücken und im Dienst der Gemeinschaft gemeinsam arbeiten. Jeder ist geneigt, nur sich selbst für den allein wirklich echten Patrioten zu halten und dem Nachbarn die „wirkliche Vaterlandsliebe" abzusprechen, wenn dieser nicht politisch ganz genau denselben Weg zu gehen bereit ist. Solcher Einseitigkeit gegenüber müssen wir uns zu der Überzeugung durchringen, daß die Liebe zum Vaterland eine Selbstverständlichkeit ist. Unsere geschichtliche Entwicklung mag es zum Teil verschuldet haben, daß diese Überzeugung noch nicht zu einem politischen Gemeingut geworden ist. Heute muß endlich unsere Zeit mit ihrem furchtbaren Elend unserem Volk das Vaterland als Schicksalsgemeinschaft erkennen lassen. Denn es liegt ja doch klar vor aller Augen, daß jeder Volksgenosse als Mitglied unseres Staatsverbandes von der Behandlung mitbetroffen ist, die die Nation von außen her erfährt. Darum ist es notwendig, daß jeder Volksgenosse jeden anderen unterstützt, nicht aber hindert und bekämpft. Wer den Volksgenossen, der zwar eine andere Fahne trägt, aber doch auch seinerseits in heißer Liebe zu dem gemeinsamen Vaterland steht, als Ketzerrichter aus der Gemeinschaft der „guten" Patrioten auszustoßen trachtet, der begeht unter allen Umständen ein schweres Unrecht, auch wenn er in bester Absicht handelt; er schädigt objektiv die Interessen des Vaterlandes, statt ihnen zu dienen. Die Vaterlandsliebe muß auch in unserem Volk, wie dies in den meisten anderen Nationen längst der Fall ist, zur Selbstverständlichkeit werden und bei jedermann als selbstverständlich vorausgesetzt werden: dann erst ist eine feste Grundlage geschaffen, von welcher aus der Führer unser Volk vorwärts und aufwärts leiten kann.

Der Sinn der Vaterlandsliebe ist begründet in dem unbedingten Willen zu restloser Hingabe an die Nation: jedes nur persönliche Interesse, jede einseitige Anschauung einer Gruppe, einer Klasse, einer Partei, wird eingeordnet in die von der Nation zu erstrebende Zielrichtung, Eigenwünsche treten zurück gegenüber den gemeinsamen Interessen des Vaterlandes. In der Bereitschaft, die ganze Richtung und den ganzen Inhalt des persönlichen Lebens in unbedingtem Einklang zu halten mit dem, was für den Aufstieg der Nation nützlich und notwendig ist und schließlich auch das Leben hinzugeben fürs Vaterland — darin liegt das Wesen der Vaterlandsliebe. Wie der Selbsterhaltungswille und der Arterhaltungstrieb ordnet sie sich dem lebendigen Geschehen ein, im tiefsten Grunde des Lebens hat auch sie ihre Wurzeln, alle Wachstumsmöglichkeit und alle Kraft wird durch diese Wurzeln aufgenommen und allen Zweigen zugeführt. Deshalb ist dem Wurzellosen niemals fester Halt gegeben: da Saft und Kraft ihm fehlen, wird er von den Stürmen des Lebens niedergeworfen. Die Vaterlandsliebe aber ist in dem großen Bauplan des Lebens ein Mittel zum ewigen Aufstieg in der Hand des Führers.

Der nationale Aufstieg wird der ganzen Menschengemeinschaft zugute kommen. Der Führer, der die Nation emporführt, dient damit zugleich der Menschheit. So überbrücken sich die scheinbar unüberbrückbaren Gegensätze: Staatsbürgertum einerseits und Weltbürgertum anderseits. Staatsbürgerliche und weltbürgerliche Tendenzen sind letztlich keine Gegensätze, müssen es jedenfalls nicht sein. Denn nicht nur die Vaterlandsliebe, sondern auch die Liebe zur gesamten menschlichen Gemeinschaft entstammt der Tiefe des Lebens selber, auch sie ist eine Äußerung dieses Lebens. Eine vitalistische Auffassung erschließt uns dieses Problem: wie die biologische Grundlage aller Vervollkommnung das Leben der Zelle ist, so ist das Leben einer jeden Nation die Grundlage für die Vervollkommnung der Menschheit. Nur im Aufstieg und durch den Aufstieg aller einzelnen Nationen kann die Menschengemeinschaft dem Vollkommenheitsideal zustreben. Wird eine der Nationen in ihrem Aufstieg gehemmt und geschädigt, so wirkt sich dies immer auch auf die Gesamtheit aus und mit dem Untergang einer Nation erleidet stets auch die Gesamtheit einen unersetzlichen Verlust. Deshalb ist die Förderung des Interesses der Nation die erste Aufgabe des Führers. Wer die Nation gefährdet, weil er sich durch seine weltbürgerlichen Ansichten und Absichten hierzu verführen läßt, der handelt in einem verhängnisvollen Irrtum und begeht ein Verbrechen gegen Volk und Vaterland. Wir Deutsche leisten dadurch am meisten für die Völker der Erde, daß wir gute Deutsche sind.

Wer als Jurist die Erscheinungen des staatlichen Geschehens vor sich sieht und in ihnen Äußerungen des Lebens erblickt, dessen Aufgabe ist es, als Führer klar und unbeirrt durch Affekte die Bedeutung aller in der Gegenwart wirkenden Lebenskräfte zu erkennen und zu benützen. Er erkennt sie als Elemente der politischen Wirklichkeit und benützt sie als Mittel der Politik. Von der Idee des Rechts geleitet, ist aber der Jurist ganz besonders dazu berufen, die nationale Zusammenarbeit wie die internationalen Beziehungen auf dem Gedanken des Rechtsfriedens und der Gerechtigkeit aufzubauen. Die Auffassung der Politik als einer Lebenserscheinung rechtfertigt und fordert eine solche Einstellung zu den Grundfragen der inneren und äußeren Politik. Denn der Gedanke der Lebenserhaltung und Lebensentfaltung als staatspolitischer Wertmaßstab läßt die Notwendigkeit einer rechtlichen Ausgestaltung des Zusammenlebens der Nationen rational begründet erscheinen wie er die Leitung des Gemeinschaftslebens im Innern des Staatsverbandes unter einen einheitlich ordnenden Gesichtspunkt stellt. Die Betonung des Rechtsgedankens in der inneren und äußeren Politik dient dem kulturellen und wirtschaftlichen Aufstieg. Sie erst ermöglicht eine höhere Lebensentfaltung durch Sicherung des individuellen Lebenskreises der Einzelnen wie der Staaten. Freilich dürfen wir uns nicht etwa der Illusion hingeben, als ob das Recht jemals von allen Menschen für die persönlich-individuelle und die staatliche Lebensbetätigung unter allen Umständen als bindend anerkannt und befolgt werden wird. Denn die Lebenstendenzen der Einzelnen wie der Staaten gehen auseinander und geraten notwendig in praktischen Gegensatz, der durch das ideelle Postulat der Harmonie niemals vollkommen ausgeschaltet werden kann. Mit dieser harten Lebenstatsache muß der Führer rechnen und den daraus entstehenden Gefahren vorbeugen. Deshalb muß er sich auch stets bewußt bleiben, daß zwar nicht Macht vor Recht geht, daß aber Recht ohne Macht sich in der Wirklichkeit nicht durchsetzt; er darf nicht wirklichkeitsfremd Idealpolitik treiben, sondern muß immer und überall mit der Wirklichkeit rechnen, so wie sie ist. Aber er wird mit dieser Wirklichkeit das Ideal in Verbindung bringen, die als richtig erkannte Idee im Auge behalten und ihr stetig zustreben. Der Idee der Lebensgemeinschaft im Sinne des Rechtsgedankens bei allen Maßnahmen der inneren und auswärtigen Politik zu dienen, das ist die Aufgabe der politischen Führung.

Erster Teil.

Die Politik als Funktion des Rechts.

Erster Abschnitt:

Die Wirklichkeit in der Politik.

I. Kapitel.

Die politische Wirklichkeit im allgemeinen.

1. Die Bedeutung der Wirklichkeit für die Politik.

Die praktische Politik hat die Gestaltung des Staatslebens zum Inhalt und zum Ziel. Damit ist jede politische Arbeit mittelbar oder unmittelbar auf Aktivität in der Wirklichkeit gerichtet. So, wie diese sich jeweils darstellt, ist sie das Objekt der politischen Betätigung; eine neue Wirklichkeit, eine lebendige Zukunft zu formen ist das Ziel der Politik; keineswegs erschöpft sie sich in gedanklichen Abstraktionen. Auch die politische Theorie ist an der Wirklichkeit orientiert und auf die politische Wirklichkeit berechnet, wenn anders sie Anspruch erheben kann, politischen Wert zu besitzen. Denn auch sie hat zum Gegenstand das Gemeinschaftsleben in seinem wirklichen Bestande, nicht nur in seinem möglichen Ablauf; sie unterscheidet sich von der politischen Praxis nur wie das Nachdenken vom Handeln.

Man kann geradezu den Wert der politischen Betätigung überhaupt nach ihrem Wirklichkeitsgehalt messen, sei es nun politische Theorie oder politische Praxis.

Denn eine politische Theorie ohne Wirklichkeitsgehalt verliert den festen Boden, sie ist weltfremd und lebensfremd. Nicht an der Praxis orientiert und auf die Praxis berechnet ist sie für die Praxis wertlos: Worte, Systeme ohne realisierbaren Kern. Auf einem gedachten, konstruierten Weltbild aufgebaut, kann sie nur für eine gedachte Welt Geltung erlangen, nicht für die harte Wirklichkeit des Tages, die scheinbar unentwirrbar und systemlos als die politische Wirklichkeit uns entgegentritt.

Ein politisches Handeln ohne Wirklichkeitsgehalt ist vollends ohne jeden Sinn. Kann eine Utopie als politische Theorie vielleicht allenfalls noch Anregung bieten oder einen gewissen selbständigen ästhetischen Formwert tragen, so wirkt sie als politische Tat phantastisch-traumhaft und tastet blind in dem ihr viel zu engen Raum der Wirklichkeit, um allenthalben sich zu stoßen.

2. Die Einstellung des Politikers zur Wirklichkeit.

Der Staatsmann aber, der zielstrebend die Welt der Tatsachen formen will, muß diese Tatsachen, die Gebundenheit an die Wirklichkeit erkennen. Er muß vor allem die Dinge so sehen, wie sie sind, nicht wie er sie wünscht oder fürchtet. Haß und Liebe, Argwohn und Verehrung verzerren nicht nur die Charaktere der Staatsmänner, sondern auch ihre Taten und sogar die Tatsachen, die sie umgaben oder uns umgeben. Solche Trübung des Urteils muß der Politiker planmäßig zu vermeiden trachten. Indem er den politischen Tatbestand ins Auge faßt, muß er wie der Jurist bei der Erfassung des juristischen Tatbestandes nicht nur das Wesentliche aus der Fülle der Gegebenheit herausholen, sondern vor allem auch bei der Sichtung und Beurteilung des Stoffes seiner Arbeit den Dingen und den Menschen auf den Grund sehen, sie in ihrer wirklichen Wesenheit aufnehmen, auf sich einwirken lassen — um sie selbst gestalten zu können. Die Wirklichkeit in ihrem gesamten Umfang gilt es zu betrachten, den Blick vor Unerfreulichem nicht zu schließen, die Bedeutung des Angenehmen, Erwünschten, Gebilligten nicht zu überschätzen. Aber wie oft steckt selbst ein leitender Staatsmann seinen Kopf nach Art des afrikanischen Vogels in den Sand, schließt gewaltsam die Augen vor drohendem Unheil, statt das Unheil scharf ins Auge zu fassen und ihm tatkräftig zu begegnen! Wie oft glauben wir anderseits aus unbedeutenden Anzeichen eine Hoffnung nähren zu können, die sich in der Folge als unbegründet erweist, weil der Wunsch der Vater des Gedankens war. Man denke hier nur — um ein Beispiel anzuführen — an die maßlose Überschätzung von Nachrichten über Kriegsmüdigkeit oder Schwinden der militärischen Kräfte des Gegners in einer Zeit des Krieges; wie kritiklos werden solche Nachrichten aufgenommen und wie gerne werden sie geglaubt!

Demgegenüber zeichnet sich der wahre Staatsmann aus durch klaren Blick für die Erscheinungen der politischen Wirklichkeit. Er sieht die Dinge so, wie sie sind, und er stellt sie, so wie sie sind, als Faktoren in Rechnung. Dabei genügt es keineswegs, das Gesamtbild der Wirklichkeit zu überschauen. Es ist dies vielmehr nur eine der Voraussetzungen staatsmännischen Erfolges. Ebenso wichtig ist richtige Abwägung und Einschätzung der politischen Gegebenheiten und Möglichkeiten, aufgebaut auf einem sicheren Werturteil über alle Einzelheiten der politischen Wirklichkeit.

3. Die Erkenntnisquellen der Wirklichkeit.

In der Wirklichkeit findet der Staatsmann die Grundlagen seiner Arbeit, das erkenntnismäßige Fundament seiner schöpferischen

Tätigkeit. Unermeßliche Gebiete liegen da vor seinen Augen. Ihre umfassende Erkenntnis und Durcharbeitung überschreitet bei weitem die Kräfte des einzelnen, nur die Zusammenfassung der Einzelforschung kann die wissenschaftlichen Grundlagen der Politik zusammentragen. Neben die „Politik als Wissenschaft", die politische Theorie treten Allgemeine Staatslehre, Allgemeines Staatsrecht, die speziellen Rechtsdisziplinen und die einzelnen Fachgebiete der Sozial- und Wirtschaftswissenschaften. Sie alle liefern Bausteine für das System einer umfassenden politischen Theorie.

Die Wissenschaft kann dem Politiker als planvolle systematische Wirklichkeitserkenntnis wertvolles Material an die Hand geben. In ganz besonderem Maße gilt dies von der Geschichtswissenschaft, von der Weltgeschichte, der „politischen" Geschichte, die mitunter wohl geradezu als „historische Politik" auftritt, aber auch von Rechtsgeschichte, Wirtschaftsgeschichte, Kulturgeschichte. Aus der Vergangenheit kann der Staatsmann für die Gegenwart lernen. Freilich muß er sich davor hüten, allzu rasch und oberflächlich Parallelen zu ziehen, er darf niemals die Individualität des politischen Tatbestandes aus den Augen verlieren. Was ehedem unter anderen Bedingungen, Begleitumständen, unter der Herrschaft anderer Ideenrichtungen galt, möglich und notwendig war, kann heute politisch unklug, falsch, unmöglich sein. Immer können daher historische Vorbilder, Analogien nur in allgemeinen Umrissen als Anregungen Verwendung finden, zu kritischer Besinnung, erschöpfender Tatbestandserfassung Anlaß geben, Möglichkeiten offenbaren und zur Abwägung gegebener Chancen dienlich sein. Der generelle Sinn aller historischen Politik wie aller wissenschaftlichen Politik überhaupt ist es, den Gesichtskreis über den Rahmen individueller Erfahrung hinaus zu erweitern.

Solch eine Erweiterung des Gesichtskreises bedeutet vor allem das Studium ausländischer Einrichtungen und Vorbilder. Handelt es sich dabei — wie vielfach in der Politik — um Rechtseinrichtungen, dann ist es die Aufgabe der vergleichenden Rechtswissenschaft, uns jene Kenntnisse zu vermitteln. So erscheint gerade auch die Rechtsvergleichung als ein wertvolles Hilfsmittel der Politik. Und sie wird in der Tat in weitem Umfang, vielleicht aber noch immer nicht in ausreichendem Maße der politischen Praxis nutzbar gemacht. Als man im Deutschen Reiche zu Anfang dieses Jahrhunderts daran ging, das Strafrecht in grundlegender Weise zu reformieren, da schuf man zunächst ein umfassendes Werk der Rechtsvergleichung als Unterlage für die Neuschöpfung: die Vergleichende Darstellung des Deutschen und ausländischen Strafrechts (1909) in 16 Bänden. Freilich müssen die Vorbilder, die wir in ausländischen Einrichtungen und Gesetzen vorfinden, mit Kritik aufgenommen werden.

Wenn die Mehrzahl der ausländischen Vorbilder die gleiche Einrichtung oder den gleichen Rechtssatz aufweist, ja wenn etwa alle Vorbilder übereinstimmen, so mag das dem Politiker desjenigen Landes, in dem jene Einrichtung oder jener Rechtssatz noch nicht oder in anderer Weise verwirklicht ist, die Überlegung sehr nahelegen, ob das ausländische Vorbild eingeführt werden soll. Niemals aber ist die Frage, die hier aufgeworfen werden muß, allein durch das Vorbild, durch das Vorhandensein des Vorbildes schon entschieden. Das Sein entscheidet nie über den Wert und kann nirgends einen Wertmaßstab enthalten. Auch die überwiegende Zahl oder die völlige Übereinstimmung in den anderorts gefundenen Vorbildern kann die Entscheidung nicht festlegen. Jene Einrichtungen oder Gesetze können trotzdem schlecht, unzweckmäßig, ungesund sein, an sich — oder aber (was vielleicht vergessen wird) — für die Verhältnisse des eigenen Landes ungeeignet. Oft mag auch die Einrichtung selbst zu billigen, die mit ihrer Übernahme hervorgerufene Änderung jedoch unerwünscht, schädlich sein. So kann es vorkommen, daß in irgendeinem Lande eine Strafbestimmung singulär auftritt, während andere Länder eine gleiche Strafdrohung nicht kennen. Darin liegt nicht ohne weiteres die Billigung des in dem einen Land unter Strafe gestellten Verhaltens; der ausländische Gesetzgeber kann vielmehr nur auf die Strafsanktion verzichtet haben, die Repression und die Prävention der Moral, der Sitte überlassen haben. Nun kann man sehr wohl das Fehlen der Strafbestimmung an sich billigen, ihrer Aufhebung jedoch entgegentreten dort, wo eine solche Strafbestimmung schon einmal besteht. Denn die Aufhebung würde eine Verwirrung schaffen, den Eindruck hervorrufen, als ob das, was künftig nicht mehr unter Strafe gestellt wird, nun auch erlaubt, lobenswert, moralisch sei. Dieses Beispiel zeigt uns deutlich, welche Vorsicht bei Übernahme ausländischer Vorbilder geübt werden muß, wie die Erweiterung des Gesichtskreises zugleich neue Gefahrenquellen einschließt.

4. Abgrenzung der Wirklichkeit.

Der Fehler, welcher darin liegt, daß dem Sein als solchem unbesehen und ungeprüft ein mehr oder minder großer Sollwert zugeschrieben wird, begegnet uns nicht nur — wie in dem eben erwähnten Fall — in Gestalt einer kritiklosen Anlehnung an fremde Vorbilder, wenn freilich gerade diese Eigentümlichkeit für den Deutschen besonders verhängnisvoll war und ist. Er kann vielmehr ganz allgemein formuliert werden als eine Überspannung des Wirklichkeitsstrebens: Das Sein hört auf, nur als Grundlage für politische Weiterarbeit, als Material für die schöpferische Tätigkeit des Staatsmannes zu gelten, es beansprucht einen Eigenwert. Das Faktische erlangt nicht nur, indem es sich psychologisch durchsetzt, normative Geltung, sondern es tritt von vornherein mit dem Anspruch der Werthaftigkeit auf. Man glaubt aus den Entwicklungstendenzen wertbetonte Entwicklungsziele ableiten zu können. Allein schon daraus, daß sich in der *Vergangenheit* eine bestimmte Entwicklungslinie aufzeigen läßt, glaubt man eine politische *Forderung* ableiten zu können des Inhalts, daß jene Entwicklungslinie bewußt zu verwirklichen sei. Was als kausalgesetzlicher Geschehensablauf in der Vergangenheit erkannt ist, wird über die Gegenwart hinaus in die Zukunft projiziert, aber nicht nur als unentrinnbares Geschick, sondern geradezu als Ideal. Die Entwicklungstendenz wird zum Entwicklungssinn. Man vergißt dabei, daß Entwicklungslinien niemals geradlinig verlaufen, daß besondere Ursachen neue Richtungen bedingen, man vergißt über der kausalgesetzlichen Betrachtungsweise die finale, teleologische, man mißt das Leben nach dem Leblosen, man verkennt das wesenhaft Lebendige aller historischen Entwicklung, vor allem der *politischen* Entwicklung.

Damit hängt endlich der *Grundirrtum* zusammen, der die Trennungslinie zwischen Sein und Soll, zwischen Wirklichkeit und Wert, zwischen Realem und Idealem *überhaupt* verwischt.

Wieder suchen wir nach einem Denkprinzip zur Ordnung der politischen Vorstellungen, des politischen Sinnens, nach einem Leitgedanken, der jene Abwege erkennen und vermeiden läßt. Und wir finden ein solches Prinzip abermals in der Idee des Lebens.

5. Das heuristische Prinzip für die Erkenntnis der politischen Wirklichkeit.

Wir haben die Idee des Lebens bereits als gestaltendes Prinzip für das politische *Handeln* kennen gelernt; wir haben gesehen, daß praktische Politik als Arbeit am Leben aus dem Leben herauswächst und Lebensgestaltung zum Ziele hat. Die Idee des Lebens ist aber auch *Erkenntnisprinzip*. Wir sehen die Wirklichkeit in der Politik als *lebendige* Wirklichkeit, die Voraussetzungen für politische Arbeit als Gegebenheiten des Gemeinschaftslebens, die Zielsetzungen als Orientierung des Gemeinschaftslebens und die tatsächliche politische Wirksamkeit als Gestaltung des Gemeinschaftslebens. So wird das ganze Bild, das sich dem politischen *Denken* entrollt, ein Bild des *Lebens*. Wer es deutet, muß es als *Lebensbild* deuten und wird so dem Fehler entgehen, daß er die Dinge über den Menschen stellt und damit die politische Wirklichkeit einseitig erfaßt. Er wird die Einzelheiten in das Gefüge des Gemeinschaftslebens hineinstellen und in dieser allgemeinen Wertbeziehung neu beleuchtet finden. Die Idee des Lebens als heuristisches Prinzip läßt alle Politik als Lebensgestaltung erkennen. Die politischen Seinszusammenhänge, die objektiven Gegebenheiten der Politik treten deutlich in ihrer speziellen Bedeutung für das Gemeinschaftsleben hervor. Diese Betrachtungsweise beantwortet die Frage der jeweiligen Bedeutung der politischen Wirklichkeitselemente nach ihrem Wert, ihrer Zweckbeziehung zum Gemeinschaftsleben und nach ihrem Zusammenhang mit dem Sinngehalt dieses Gemeinschaftslebens.

II. Kapitel.

Die Elemente der politischen Wirklichkeit.

1. Überblick.

Welche Realitäten können aber überhaupt politische Bedeutung erlangen? Eine Einschränkung läßt sich hier nicht vollziehen. Es kommt lediglich auf die Zweckbestimmung an. Psychische und physische Wirklichkeitselemente können es sein: Zustände, Machtlagen, Güter, vor allem aber Handlungen und Willensrichtungen, aufgebaut auf Weltanschauung und Lebensbedürfnis, Ideen und Interessen. In den Interessen konzentriert sich die materielle politische Realität. Sie bilden vor allem das Kernstück des politischen Tatbestandes. Zusammen mit den Ideen wirken sie als parteibildende Faktoren.

2. Die Partei als Ideen- und Interessengemeinschaft.

Die politische Partei ist eine taktische Vereinigung von Menschen mit gleichen Interessen oder gleicher Weltanschauung zu dem Zweck, jene Interessen oder diese Weltanschauung politisch gemeinsam zur Auswirkung und Anerkennung zu bringen. Damit ist auch die Partei als Erscheinung der politischen Wirklichkeit eine Erscheinungsform des Gemeinschaftslebens. Die Parteien wachsen aus dem Gemeinschaftsleben organisch heraus, da sie ideellen und materiellen Bedürfnissen des Gemeinschaftslebens zu dienen bestimmt sind. So sind sie eine notwendige Erscheinung des sozialen Lebensprozesses. Sie können aufgefaßt werden als die unmittelbare Verkörperung und politische Organisation der das Gemeinschaftsleben beherrschenden Ideen und Interessen. Deshalb hat jede Partei eine Ideologie wie sie andererseits durch Betonung besonderer wirtschaftlicher Interessenrichtungen gekennzeichnet ist. Keine große Partei kann eines dieser Elemente entbehren. Weder die Idee noch die Interessen können allein eine große Masse zu einer taktischen Einheit sammeln und zusammenhalten.

Da aber in der politischen Partei nicht sowohl Ideen und Interessen an sich zum Ausdruck kommen als vielmehr die von ihnen getragenen Willensströmungen, so erscheint die Partei noch in einer anderen Beziehung als Lebenserscheinung, als eine organische Bildung innerhalb des Gemeinschaftslebens. Die Partei sammelt aus der an sich ungeordneten und ungegliederten Masse gemeinsame Willensimpulse, die zu einheitlichem Ziel hindrängen und garantiert den Willensimpulsen durch die Zusammenfassung die Möglichkeit einer Realisierung, sie erzeugt die notwendige politische Stoßkraft, durch welche Interessen wahrgenommen, Ideen verwirklicht werden können. So erscheint sie gewissermaßen als Brunnenstube, denn die politischen Willensimpulse und Kräfte werden in der Partei wie Quellen gefaßt, ummauert und überdacht. Wo sie außerhalb solcher Zusammenfassung sich betätigen, kann der Wille kaum zur Tat reifen, werden Kräfte vielfach nutzlos vergeudet; wer abseits steht, bleibt mit seinen Vorschlägen, Anregungen, Zielsetzungen meist unbeachtet, jedenfalls wird er aber nicht durchdringen, mag sein Wille noch so untadelig, sein Ziel noch so erstrebenswert, seine Anregung noch so wertvoll sein. Der politische Gedanke, der sich nicht in müßigem Politisieren erschöpfen will, sondern praktische Durchsetzung anstrebt, bedarf einer Fassung, wie die Quelle, die nicht ungenützt versickern soll. Er bedarf aber auch, will er seinen vollen Wert zur Geltung bringen, einer Ummauerung und Überdachung. Damit sollen nicht nur die kompakten politischen Massen gemeint sein, die den politischen Gedanken des Einzelnen, des Parteigenossen, stützen und dank ihrer politischen Stoßkraft durchsetzen, sondern vor allem die Organisation, innerhalb deren der politische Vorschlag geklärt wird, die politische Anregung ausreift. Gerade dadurch, daß der politische Einzelwille hineingestellt wird in das Wollen und Streben einer bunt zusammengewürfelten Menge mit tausendfach verschiedenen Einzelzielen, Interessen, Rücksichten, paßt er sich den Notwendigkeiten der politischen Wirklichkeit an. Die Individualschöpfung ordnet sich den Erfordernissen des Gemeinschaftslebens ein. Erst wenn sie als Bedürfnis des Gemeinschaftlebens herausgestellt ist, wird sie als Forderung von der politischen Masse anerkannt und vertreten. Damit werden zugleich die Gefahren vermieden, die den natürlichen Ablauf bedrohen. Idealistische Traumideen haben kaum Aussicht auf Anerkennung in der Partei, sie drängt vielmehr schon beim Entstehen der politischen Forderung auf Herausarbeitung eines realpolitischen Kernes. Dadurch wirkt sie im Sinne einer Entfaltung des Gemeinschaftslebens in praktisch fruchtbaren Lebensäußerungen.

Die grundsätzlichen Lebenstendenzen der Gemeinschaft kommen in der staatlichen Organisation zum Ausdruck. In großen Demokratien, wo eine unmittelbare Volksherrschaft, eine beratende und beschließende Teilnahme des Gesamtvolkes an den Staatsgeschäften unmöglich ist, wirken jene Tendenzen, die erstmals in den Parteien zu einer taktischen Vereinigung zusammengeschlossen auftreten, durch das Mittel des Parlaments auf die Staatsleitung. Im Parlament ist es die Fraktion, welche gewissermaßen ein Abbild der Partei darstellt und die in der Partei zunächst zusammengefaßten Tendenzen in dem als ständiges Bindeglied zwischen Staatsvolk und Staatsleitung wirkenden Staatsorgan zur Geltung bringt. Durch das Mittel des Parlaments überträgt sich in der mittelbaren Demokratie der Wille des als souverän gedachten

Staatsvolkes auf die Staatsleitung. Denn der regelmäßige Niederschlag der politischen Willensäußerungen, das Gesetz, wird vom Parlament als dem Gesetzgeber beschlossen. Die Rechtsprechung ist an dieses Gesetz durch das sog. parlamentarische Regierungssystem an den Willen gebunden. Und auch die dritte Staatsfunktion, die Verwaltung, ist des Parlaments gebunden. Der Wille des Parlaments, der sich so in der parlamentarisch regierten Demokratie, wie wir sie heute in Deutschland in Reich und Ländern haben, auf allen Gebieten staatlicher Tätigkeit durchsetzt, soll aber den Willen des Staatsvolkes verkörpern, die parlamentarische Mehrheit, die Mehrheit der Staatsbürgerschaft repräsentieren. Durch diese Organisation des Staates entfaltet sich das politische Wollen des Volkes. Die Politik der leitenden und treibenden Kräfte des Gemeinwesens geht in ihren Grundlagen zurück auf die im Gemeinschaftsleben unmittelbar wirkenden Tendenzen. Sie steht in Zusammenhang mit den tatsächlichen Verhältnissen, aus denen die Bedürfnisse des Gemeinschaftslebens entspringen.

3. Ideen und Interessen als Elemente des politischen Lebens.

Die Politik wächst aus dem Leben heraus und baut sich aus dem Leben auf.

Dies ist zunächst eine Tatsache, die wir in der politischen Wirklichkeit vorfinden, immer und überall, mit Notwendigkeit begründet im Wesen der Politik, des Staates, des Gemeinschaftslebens und dargestellt in der verfassungsmäßigen Struktur des Gemeinwesens. Es ist darum eine notwendige Grundlage und Bindung jeder Politik. Wer die Politik wissenschaftlich erfassen, ihre Beziehungen und Zusammenhänge klarstellen und verdeutlichen will, der muß sein Augenmerk bewußt auf jene Tatsache lenken. Für den praktisch handelnden Staatsmann aber ist es zu spät, wenn er erst beim Scheitern einer politischen Aktion jene Zusammenhänge gewahrt, in denen sich ihm der Grund des Mißerfolges enthüllt.

Wir wollen darum das Bild der Wirklichkeit, wie es dem Staatsmann entgegentritt, planmäßig zu umfassen trachten. Wir wollen diese Grundlagen der Politik in einer kurzen Überschau uns vorführen. Indem die Idee des Lebens als heuristisches Prinzip uns auf die Wirklichkeit des Gemeinschaftslebens als Grundlage jeder politischen Gestaltung hinweist, lehrt sie uns auch die Bedeutung der Elemente jener Wirklichkeit für das Staatsleben, die Staatspolitik begreifen.

Wir finden unmittelbar in der politischen Wirklichkeit das Material vor, womit jedes politische Werk aufgebaut werden muß. Dieses

Material prägt dem Werk von vornherein ein eigenes Strukturprinzip auf. Wer seine Eigenart nicht beachtet, dessen Werk kann entweder überhaupt nicht zur Vollendung gelangen oder aber nur von kurzem Bestande sein. Denn die politische Wirklichkeit setzt eben dem Staatsmann von vornherein gewisse Bedingungen, die von ihm ungestraft nicht übersehen werden dürfen.

Überblickt man nun den Gesamtbereich der politischen Wirklichkeit und prüft dabei, welche Faktoren überhaupt die Politik beeinflussen oder aber als Objekt möglicher politischer Betätigung gelten können, so findet man, daß es einerseits das Reich der Idee ist und anderseits das Reich der Tatsachen, der konkreten Gegebenheiten. Aus Ideen und realen Gegebenheiten baut sich das Material der Politik und die treibende Kraft in der Politik auf. In diesem Sinne gehören sie beide zu dem umfassendsten Begriff der politischen Wirklichkeit. Die Ideen walten und wirken hier ebenso machtvoll und deutlich wie die körperlich, stofflich gegebenen Dinge, die materiellen Bedürfnisse und Interessen. Indem sie als politische Mächte auftreten, sich in Wille und Tat umsetzen, erscheinen sie fast noch bedeutungsvoller als alle anderen Faktoren der Politik. Sie sind es vor allem, die den Anstoß zu grundlegenden Änderungen geben. In der Idee liegt die schöpferische Kraft, die das politische Werk erzeugt.

Darum haben wir auch Ideen und Interessen als die entscheidenden Triebkräfte alles politischen Geschehens gekennzeichnet. Aber die Interessen sind es nicht allein, die den Ideen gegenübertreten. Es ist vielmehr die ganze stoffliche Welt, die Materie, das Körperliche, das erdgebunden den Flug der Gedanken hemmt und der politischen Tat Grenzen und Ziele setzt. Darum kann eine Politik, die berechnend planvoll erreichbare Ziele setzen will und diese Ziele allen möglichen Hindernissen entgegen mit allen möglichen Mitteln erreichen will, niemals eine reine Idealpolitik sein, sondern sie muß jener Erdgebundenheit Rechnung tragen. Sie muß die Menschen und die Dinge, so wie sie sind und so wie sie sich voraussichtlich verhalten werden, in ihren großen Plan einstellen. Nur in solcher Weise schreitet sie zielsicher vorwärts, unbeirrt und ungebrochen von den Hindernissen, die der Stoff dem Geiste entgegenstellt.

Dabei ist es aber auch nicht Materie allein und nicht die Materie schlechthin, die der politischen Idee sich entgegenstellt: die Menschen sind es selbst, und außer den Menschen das „Milieu", in dem sie leben, das natürliche und das soziale. All dies zusammen ist Objekt der politischen Betätigung. Denn jeder, der politisch wirkt, will ja das Gemeinschaftsleben der Menschen gestalten und damit werden eben die Menschen selbst und ihre Umgebung, wie sie das Gemeinschaftsleben erzeugen, Gegenstand der Politik.

4. Die Realien der Politik als Elemente der politischen Wirklichkeit.

Den Gesamtbereich von natürlichen und kulturellen Gegebenheiten, der als politische Wirklichkeit der gestaltsuchenden Idee sich darbietet, können wir als die Realien der Politik bezeichnen.

Realien der Politik sind die objektiven Gegebenheiten der politischen Wirklichkeit, die Gesamtheit der Faktoren, mit denen der Politiker in der ihn umgebenden Welt unter allen Umständen zu rechnen hat. Sie sind Ausgangspunkt und Material für jede politische Arbeit; denn sie stellen sich dar als die tatsächlichen Verhältnisse, als die realen Mächte, mit denen unter jeder menschlichen Vergesellschaftung gerechnet werden muß. Es sind im Grunde genommen und in der Hauptsache jene Wirklichkeitselemente, die auch der Gesetzgebung zugrunde liegen. Die Realien der Gesetzgebung bilden den Kern der Realien der Politik. Deshalb möchte ich den von Eugen Huber für die Gesetzgebungspolitik geprägten Begriff für die Politik überhaupt verwenden. Der Schöpfer des Schweizer Zivilgesetzbuches hat als Jurist und Politiker ein tiefes Verständnis für die politische Wirklichkeit als Grundlage der Gesetzgebung bewiesen. Es ist sein unbestreitbares Verdienst, die Momente herausgestellt zu haben, „mit denen die Gesetzgebung sich jederzeit abfinden muß, die also für die Gesetzgebung so notwendig sind, wie die Idee des Rechts selber" (Recht und Rechtsverwirklichung, Basel 1920 S. 283). Diese Momente stehen über der zufälligen Erscheinung im Gegensatz zu tatsächlichen Interessen und Bedürfnissen, die nur zufällig vorhanden sind und durch eine natürliche Entwicklung bald so bald anders gestaltet werden. Die Realien liegen allen Interessen und Bedürfnissen zugrunde und bestimmen sie in ihrer konkreten Erscheinungsform. Damit bestimmen sie von außen, wie die Ideen von innen mit Notwendigkeit die Gesetzgebung. Sie bilden aber darüber hinaus entscheidende Faktoren für die Politik schlechthin.

So erscheint alles politische Geschehen durch die Realien der Politik und durch die politischen Ideen eindeutig bestimmt und damit wird unsere Auffassung von der Politik hinausgehoben über eine rein kausalmechanische Betrachtungsweise. Wir räumen zwar den Realien als den Elementen der politischen Wirklichkeit die ihnen zukommende Bedeutung ein, aber wir verkennen anderseits nicht, daß es sich bei allen Werken und Erscheinungsformen der Politik um Lebensvorgänge mit eigener innerer Lebensgesetzlichkeit handelt, die keineswegs von außen her allein schon zwangsläufig festgelegt werden können. Wir sehen die Politik sich aus der Idee des Lebens heraus entfalten, wir erkennen alles politische Formen und Werden als Folgewirkung eines immanenten Lebensprinzips.

Dieses werdende Formen und dieses gestaltende Werden, das wir allerorts in der Politik beobachten, ist die Ausstrahlung eines innersten Lebenskernes, eines Formgedankens, der alle politische Wirklichkeit beherrscht.

Damit lernen wir die Elemente der politischen Wirklichkeit in einem neuen Lichte sehen, wir erkennen den tieferen Sinn der Realien in ihrer Verknüpfung mit dem Sinn des Lebens, dem sie selbst Dasein und Sinn verdanken.

So enthüllt sich uns eine neuartige Sinnbeziehung, die den Realien der Politik eine Werthaftigkeit eigenen Gepräges verleiht. Die Realien wirken nicht nur von außen gestaltend auf die Politik und binden nicht nur äußerlich die Regelung des Gemeinschaftslebens, sondern es wirkt sich eine innere Gesetzlichkeit in ihnen aus, die aus dem Lebensprinzip selbst hervorwächst. Die Realien formen also die Politik von außen her und gleichzeitig von innen aus dem ureigensten Sinn, aus der Entelechie eines jeden politischen Geschehens heraus.

Diese Sinnbeziehung wird uns deutlicher, wenn wir die einzelnen Realien der Politik für sich betrachten und ihren Sinngehalt, ihre Bedeutung für das Gemeinschaftsleben und sohin für die Politik erkennen.

III. Kapitel.

Die Realien der Politik im besonderen.

1. Der Mensch als Reale der Politik.

Der Mensch und seine Umwelt sind die Realien der Politik, die konkreten Gegebenheiten, mit denen jeder Politiker zu rechnen hat. Die Umwelt, die durch Natur und Kultur bestimmt ist, tritt zurück hinter dem Menschen als dem ersten Reale der Politik, der die Umwelt in weitem Umfang zu gestalten berufen ist. Der Mensch erscheint daher als erstes und wichtigstes Reale der Politik. Als Individuum und als Glied der Gemeinschaft,, als selbständiger Lebensträger und als Bestandteil der Lebenseinheit „Staat" wird er für die Politik bedeutsam. Denn die Politik will das Gemeinschaftsleben der Menschen gestalten und darum muß sie ausgehen von dem Menschen als Wirklichkeitserscheinung. Selbstverständlich erscheint diese Folgerung, aber doch wird sie in der Politik täglich und stündlich tausendfach übersehen. Dabei wollen wir gar nicht einmal an jene Form der Ideal- oder Phantasiepolitik denken, die nur Ideen, weltfernen Gedankengebilden nachjagt und dabei übersieht, daß Politik Menschenwerk ist und Menschenschicksal formt. Denn auch in einer Politik, die bewußtermaßen Realpolitik sein will, wird oft der Mensch als Reale der Politik vergessen oder nicht richtig eingeschätzt. Es kann sein, daß der Politiker einzig ein Ziel des Gemeinschaftslebens vor Augen hat und dabei verkennt, daß die Glieder dieses Gemeinschaftslebens Einzelmenschen, Einzelpersönlichkeiten sind mit eigenen Interessen, mit eigenem Persönlichkeitsbewußtsein, mit einem Sonderstreben, das auf der Entelechie des individuellen Organismus beruht. Solches geschieht vornehmlich dann, wenn der Politiker reine Außenpolitik betreibt ohne die inneren Lebensbedürfnisse und Lebensnotwendigkeiten zu berücksichtigen. Der Staatsmann, der die Masse als Macht gebraucht und dabei den Menschen als individuellen Lebensträger außer acht läßt, treibt in Wahrheit keine Realpolitik. Nicht anders aber ist es, wenn der Staatsmann den Wald vor Bäumen nicht sieht, wenn er das größtmögliche Glück des einzelnen oder einer größtmöglichen Zahl von einzelnen verfolgt und dabei den organischen Zusammenhang der Gemeinschaft aus den Augen verliert: in diesem Falle übersieht er die Tatsache des Gemeinschaftslebens, vergißt, daß dieses Gemeinschaftsleben ein eigenes Zielstreben in sich schließt, daß der Staat eine eigene Lebenseinheit, einen Organismus mit eigener Entelechie darstellt, dessen Sein und Werden niemals erfaßt werden kann und erst recht niemals schöpferisch gestaltet werden kann, wenn man ihn nicht als organische Einheit, als selbständigen Lebensträger in Ganzheitsbeziehung zu individuellen Lebensträgern begreift.

a) Individualistische und überindividualistische Politik.

Der Mensch als Lebenseinheit und als organischer Bestandteil der höheren Lebenseinheit Staat bildet den Ausgangspunkt für die Gestaltung des Gemeinschaftslebens und ist darum erstes und wichtigstes Reale der Politik. Je nachdem der Mensch dem nachsinnenden Verstande und dem erlebenden Gefühl vornehmlich als Organismus oder — um in der Sprache des Bildes zu reden — als Zelle des umfassenden Organismus erscheint, je nachdem die eine oder die andere Einstellung in den Vordergrund tritt, in demselben Maße verändert sich die ganze politische Grundeinstellung, die parteipolitische Orientierung. Die Ideologie der politischen Parteien geht letztlich in ihrer entscheidenden Spaltung auf jene Verschiedenartigkeit der staatsphilosophischen Grundauffassung zurück.

Wem der einzelne wesentliche Lebensträger im staatlichen Organismus ist, für den stehen der Staat und seine ganze Lebensordnung im Dienste des einzelnen, sei es ihrer materiellen Wohlfahrt oder aber ihrer individuellen Lebensentfaltung. Die Idee des Staates und die Idee des Rechtes sind aufgebaut auf dem Lebenssinn der Individualpersönlichkeit. Staat und Recht haben keinen Eigenwert, sondern sind in ihrer Werthaftigkeit nur auf dem Individualwert aufgebaut, erhalten Sinngehalt und ethische Würde erst aus der Zurückführung auf das Einzeldasein. Diese individualistische Staatsauffassung sieht demnach im Staat nicht eine organische Einheit mit eigenem Lebenssinn und selbständigem Daseinsziel, sondern nur eine Verbindung von einzelnen, eine Gesellschaft von Individuen, zusammengeschlossen durch einen Vertrag. Die Lehre vom Staatsvertrag, wie sie etwa von J. J. Rousseau formuliert worden ist, ist die staatsphilosophische Grundlage aller individualistischen Politik. Für sie ist immer nur der Staat wertvoll und nur der Staat verwirklicht den Sinn des Staates überhaupt, in welchem sich das Zusammenleben der Staatsgenossen unter dem Bilde des Vertrages denken läßt. Denn für den Individualisten ist der Staat um des Einzelnen, nicht der Einzelne um der Gemeinschaft willen vorhanden.

Anders die überindividualistische oder universalistische Staatsauffassung: ihre Grundlehre läßt sich im wesentlichen in dem Bilde des Organismus zusammendrängen. Der Einzelne hat keine selbständige Bedeutung, keinen individuellen Lebenssinn und darum keinen individuellen Lebenswert. Er ist nur eine Zelle in dem Organismus des Gemeinschaftslebens. Durch die Gemeinschaft erst gewinnt sein Leben Inhalt und Bedeutung. Er braucht, um überhaupt wesenhaft leben zu können, die Gemeinschaft, er kann in diesem Sinn ohne die Gemeinschaft gar nicht „leben". Die Gemeinschaft aber mit ihrem eigenen überindividuellen Lebenssinn braucht den einzelnen als solchen nicht; der einzelne verschwindet in der organischen Masse. Ja mitunter fordert die Gemeinschaft, daß der einzelne sein Leben dem Gemeinschaftsleben opfere und damit überwindet die überindividualistische Auffassung schlechterdings jede Vorstellung von eigentlichem Eigenwert des Individuums. Ihr ist die Gemeinschaft alles, der einzelne nichts — es sei denn als Aufbauzelle der allein wesenhaften Lebenseinheit Staat. Von solchem Standpunkt gesehen tritt in den Vordergrund der politischen Wirksamkeit, was den Staat als Ganzes formt, das Leben, das Sein oder Nichtsein in der Gemeinschaft bedeutet. Die Außenpolitik dominiert. Die Innenpolitik tritt zurück oder ist nur dazu bestimmt, die Außenpolitik zu ermöglichen und zu unterstützen. Das Staatenschicksal ist allein „Schicksal"; Glück, Wohlfahrt, Lebensmöglichkeit, Lebensentfaltung des Einzelnen interessieren nur unter dem Gesichtspunkt der Macht des Staates, sind nur Machtmittel, Bedingung für die organische Entfaltung des Gemeinwesens. Staat und Recht dienen nicht dem einzelnen, sondern dieser dem Staat. Nicht die Masse eines selbsttätigen, selbstwollenden Staatsvolkes bildet das wesentliche Element des Staates, sondern die organische Zusammenfassung der rechtsunterworfenen Staatsbürger.

Als Prototyp der überindividualistischen Staatsauffassung kann uns die parteipolitische Einstellung des Konservatismus gelten; die individualistische Grundauffassung finden wir bei der liberalen und bei der demokratischen Richtung. Doch wird eine einseitige Zuspitzung hier wie dort in der politischen Praxis vermieden. Mit Recht!

Denn weder als Individuum noch als Gemeinschaftsglied kann der Mensch als politische Realität in unbedingter Einseitigkeit betrachtet werden. Je schärfer eine Grundeinstellung sich nach dieser oder jener Richtung ausprägt und so entweder den Gemeinschaftsgedanken oder die Idee der Einzelpersönlichkeit ausschließlich betont, desto weiter entfernt sie sich vom wirklichen Leben. Denn hier tritt uns als Reale der Politik weder das isolierte Individuum noch die individualitätenerstickende Masse gegenüber, sondern als Mensch in seiner eigenartigen Doppelstellung als Einzelpersönlichkeit und als Gemeinschaftsglied.

b) Optimistische und pessimistische Politik.

In der Doppelstellung des Individuums als organische Ganzheit und als Bestandteil einer umfassenderen soziologischen Ganzheit liegt für die praktische politische Arbeit eine unabsehbare Fülle von Schwierigkeiten und Gefahren. Selbst wenn wir davon absehen, daß gerade die Verknüpfung des Individuums mit der Gemeinschaft den eigentlichen Kern aller Politik darstellt und damit das reichste Feld politischer Betätigung, aber auch die schwierigsten Probleme in sich schließt, stoßen wir sofort schon bei der Betrachtung des Individuums als eines Objektes der Politik auf zahlreiche und bedeutsame Fragen. Sie erscheinen auf den ersten Blick elementar, ihre Bedeutung ist so sinnfällig, daß sie anscheinend der Erörterung gar nicht bedürfen. Aber die Erfahrung lehrt, daß schon bei solchen politischen Entscheidungen, die gewissermaßen von den Realien der Politik geradezu vorgezeichnet sind, dem Politiker fast zwangsläufig nahegelegt werden, grundsätzliche Irrtümer und Fehler unterlaufen, die das politische Werk in seinen Fundamenten bedrohen. So kommt es, daß gerade solche elementare Irrtümer sich in der Gestaltung des Gemeinschaftslebens in umfangreichster und durchgreifendster Weise auswirken.

Das erste Problem von derart grundsätzlicher, elementarer Bedeutung besteht in der Einschätzung des menschlichen Charakters. Der Staatsmann, der regelnd eingreift in die Lebensgestaltung des Individuums, muß sich von diesem Individuum eine ganz bestimmte Vorstellung machen. Dabei ist zunächst von allen Verschiedenheiten der Menschen untereinander, wie sie durch Alter, Geschlecht, Stand, Beruf, Weltanschauung, Körperkraft oder geistige Fähigkeit bedingt sind, abzusehen. Der Mensch, das Individuum erscheint uns an dieser Stelle als Objekt politischer Betätigung; wir lassen auch seine eigene Bedeutung als gestaltendes Element im Gemeinschaftsleben, als Subjekt der Politik, unberücksichtigt; denn davon ist erst im Zusammenhang mit der menschlichen Gemeinschaft als politischem Wirklichkeitsfaktor zu sprechen.

Wie erscheint nun der Mensch als Individuum tatsächlich dem Politiker und wie sollte er sich ihm darstellen?

Die Erfahrung zeigt uns zwei Grundtypen der politischen Einstellung zum Menschen als Individuum, die man als optimistisch einerseits und als pessimistisch anderseits kennzeichnen kann. Der pessimistischen Auffassung erscheint der Mensch körperlich schwach und seelisch haltlos oder aber erfüllt von einer robusten zerstörenden Kraft und einem gefahrvoll drohenden Wollen, geleitet von unverständigem Sinn zu unvernünftigen Taten. Es gilt die Bestie im Menschen zu bändigen, in Schranken zu halten oder aber den unverständig Schwachen allerorts zu stützen und zu leiten. Beides erscheint als Aufgabe des Staates. Zu diesem Zweck greift er ständig und überall in die individuelle Lebenssphäre ein, beengt den individuellen Rechtskreis, hemmend und zwangsweise fürsorgend, leitet das Individuum kraft seiner überlegenen Einsicht und seines geläuterten Willens, nötigenfalls ohne oder gegen den individuellen Willen, zu Wohlfahrt und Glück. Wir kennen diesen Staat als den Polizeistaat des 17. und 18. Jahrhunderts. Die adäquate Ausdrucksform dieses Gedankens im Verfassungsrecht ist die absolute Monarchie. Der Monarch identifiziert sich mit dem Staat und auch dann, wenn er sich als dessen ersten Diener fühlt, kennt er doch keine Autorität neben oder über sich. Selbstbewußt und selbstherrlich lenkt er die Geschicke des Staates und gestaltet in denkbar weitestgehendem Maße auch das Geschick des einzelnen. Diesem aber bleibt kaum ein Spielraum zu selbständiger Lebensbetätigung, eigener Zielsetzung. Nicht einmal im Bereich religiösen Denkens und Bekennens ist er frei; denn nach dem Grundsatz „Cujus regio ejus religio“ bestimmt der Landesherr seinen Glauben. Sein Wollen findet Schranken nicht in der eigenen Vernunft, sondern in der als einzig vorhanden gedachten Vernunft der Gemeinschaft, verkörpert in der Autorität der Regierung. Ausgangspunkt dieser ganzen Gedankenreihe, die bestimmend war für die rechtliche Gestaltung einer ganzen Epoche und damit für deren politisches Gestaltbild, war aber jenes pessimistische Vorurteil vom „beschränkten Untertanenverstand“, jene Grundeinstellung zum Individuum, welcher der Mensch töricht, schwach, schlecht erschien.

Da bäumte sich die französische Revolution gegen den Absolutismus auf. Das Selbstbewußtsein des Individuums erwachte und forderte seine Rechte. Die Lehre von der Volkssouveränität wurde verkündet und zur politischen Forderung erhoben. Das Volk aber, das nun selbst das Gemeinschaftsleben zu gestalten strebte, ging aus von der gläubigen Hingabe an die optimistische Überzeugung: der Mensch ist gut. Es muß ihm nur Betätigungsfreiheit gelassen werden zur Entfaltung seiner

Kräfte. Dann kann dem neuerweckten schöpferischen Bewußtsein das politische Werk erstehen, das jenen Glaubenssatz zur lebendigen Wirklichkeit werden läßt. Darum Freiheit und Gleichheit! Gleiche Entwicklungsmöglichkeit für jeden, Freiheit von staatlichem Zwang und staatlicher Bevormundung. Die Rechtsordnung zieht sich nach Möglichkeit vor dem Lebenskreis des Individuums zurück. Sie darf ihn höchstens schützen, keineswegs aber beschränken. Die Idee des reinen Rechtsstaates bereitet dem Polizeistaat ein jähes Ende.

Aber hier wie dort ist die Einseitigkeit unverkennbar. Hier wie dort sehen wir die Idealpolitik in weiter Entfernung von der politischen Wirklichkeit, die ganz anders aussieht und darum eine ganz andere Einstellung von uns erfordert.

Der Mensch ist nicht nur gut und nicht nur böse. Aufbauende und zerstörende Tendenzen beseelen ihn und brechen sich in seinem Wirken Bahn. Jene gilt es zu fördern, zu ungestörter Entfaltung herauswachsen zu lassen, diese aber zu ersticken oder niederzuringen.

So tritt die Gemeinschaft fördernd und hemmend dem Individuum gegenüber: zwingende Polizeigewalt und freie Wohlfahrtspflege werden Teilstücke aller Verwaltung, Ziel und Mittel politischer Wirksamkeit. Sinnvoller Ausgleich zwischen Individualinteressen und Gemeinschaftstendenzen schafft einen Ausgleich zwischen der Idee des Polizeistaats und der Idee des Rechtsstaats. Grundlage für solche politische Arbeit aber ist die Einsicht in das Wesen, in die individuelle Natur des Menschen. Der Mensch, so wie er ist, als Erscheinung der politischen Wirklichkeit, steht vor dem Politiker. Vom Menschen muß dieser ausgehen, will er nicht eine lebensfremde Idealpolitik, sondern eine lebenswirkliche Realpolitik treiben.

Nicht minder als die typisch-menschliche Eigenart ist für den Politiker die Sonderart des einzelnen Menschen bestimmend. Die Menschen stellen keine unterschiedslose Masse dar, sondern weisen Besonderheiten auf. Dieser Differenzierung muß der Politiker Rechnung tragen. Hier liegt der letzte Grund für eine unabsehbare Fülle von politischen Irrtümern und Fehlern. Wenige Beispiele müssen uns genügen. Wer die politische Gleichstellung der Geschlechter fordert, darf die natürlichen Geschlechtsunterschiede nicht vergessen; wer die Grenze für die aktive staatsbürgerliche Betätigung festsetzt, darf die natürliche Entwicklung des Individuums, die Altersgrenze für die Reife des Charakters und Verstandes nicht unberücksichtigt lassen; wer die rechtliche Verantwortlichkeit des Menschen für seine Handlungen umgrenzt, muß die Entwicklung seiner Einsicht in die Tragweite dieser Handlung und die Entwicklung der Selbständigkeit seines Wollens sich vor Augen halten. Kurzum, überall tritt der Mensch als Typus und als Individuum mit ganz bestimmter Eigenart als Reale der Politik in Erscheinung.

In beiden Fällen handelt es sich aber um den Menschen als Einzelwesen, der teils typisch-menschliche, teils individuell oder generell besonders geartete Wesenszüge aufweist, die von dem praktisch wirkenden Staatsmann berücksichtigt werden müssen. Dazu kommt aber außerdem als bedeutsamer Faktor für das politische Handeln der Mensch in Verbindung mit anderen Menschen. Der Mensch ist uns nämlich nicht nur in seiner anthropologischen Einzelexistenz als Reale der Politik gegeben, sondern in nicht minder bedeutsamer Weise auch als soziologische Existenz, als kollektivistische Existenz. Dem Politiker, der das Gemeinschaftsleben gestalten will, treten hier als unmittelbar gegebene Tatsachen die menschlichen Gemeinschaften gegenüber, welche die Politik nicht erst schafft, sondern bereits vorfindet. Zwar kann die Politik auch hier gestaltend eingreifen, sie muß aber jedenfalls zunächst einmal von der Tatsache der Vergesellschaftung der Menschen ausgehen. Der Staatsmann muß bedenken, daß von Natur, also schon ohne sein Eingreifen, menschliche Gemeinschaften vorhanden sind, die von ihm eine Stellungnahme in irgendeiner Form erheischen. Als Beispiel sei angeführt die natürliche Gemeinschaft von Mann und Frau, Eltern und Kindern, Blutsverwandten überhaupt, Hausgenossen, Siedlungsgemeinschaften. In allen diesen Fällen sehen wir eine zunächst ohne rechtliche Ordnung entstehende Gemeinschaft von Menschen erwachsen, die in umfassenderer ranghöherer Ganzheit als naturgewordene „nationale" Gemeinschaft sich zusammenfügt. Wie wenig dabei zunächst Recht und Staat, also das eigentlich politische Wirken mitspricht oder gar als schöpferischer Urheber dieser Gemeinschaften in Betracht kommen, sieht man, wenn durch die Politik solche natürliche Gemeinschaften ignoriert oder vergewaltigt werden. Wenn politisches Machtgebot ein stammverwandtes Volk in seinem Anschlußwillen hemmt, tritt die Naturgewalt jener Realität erst recht deutlich in Erscheinung. Umgekehrt kann die Stammesgemeinschaft durch gewaltsame Einverleibung in einen stammesfremden Staat nicht gebrochen werden: es bildet sich eine Irredenta und offenbart die Stärke der naturgegebenen Gemeinschaft, ihre Bedeutung als politischer Faktor, als Reale der Politik. Ein anderes Beispiel sehen wir etwa in der Rechtsstellung der unehelichen Kinder, die gerade augenblicklich ein aktuelles Problem der Gesetzgebungspolitik bildet. Wenn § 1589 Abs. II BGB. verfügt: „Ein uneheliches Kind und dessen Vater gelten nicht als verwandt", so kann damit doch niemals die natürliche Tatsache der Verwandtschaft aus der Welt geschafft werden und der Gesetzgeber muß demnach jenem Reale der Politik auch in den verschiedensten Beziehungen (z. B. im Strafrecht) Rechnung tragen.

Hier wie überall fordern die Lebenstatsachen vom Staatsmann bei der Lebensgestaltung als Realien der Politik Beachtung.

2. Die Umwelt des Menschen als Reale der Politik.

Der Staatsmann, der das Gemeinschaftsleben der Menschen zu gestalten trachtet, muß den Menschen als Einzelexistenz und als Gemeinschaftsglied erkennen und bewerten. Selbst die umfassendste Menschenkenntnis und das tiefste Eindringen in die Naturgebundenheiten des menschlichen Gemeinschaftslebens können ihm aber allein den politischen Erfolg noch nicht garantieren. Der Mensch ist nicht das einzige Reale, welches dem Politiker als von vornherein gegeben gegenübertritt und seine Entschließungsfreiheit einschränkt. Neben der Natur des Menschen übt einen entscheidenden Einfluß auf die Gestaltungsmöglichkeit für alles politische Wirken die Umwelt aus, in die der Mensch als Einzelwesen und als Gemeinschaftsglied hineingestellt ist. Diese Umwelt ist zum Teil von Natur gegeben; man denke etwa an Bodenbeschaffenheit und Klima. Zum anderen Teil aber ist sie selbst Menschenwerk, Resultat menschlichen Denkens, Wollens, Handelns; als Beispiel seien hier die Technik und die Rechtsordnung angeführt, die dem menschlichen Gemeinschaftsleben eines bestimmten Raumes und einer bestimmten Zeit einen besonderen Wesenszug verleihen und die infolgedessen selbst als Realien für die Politik gelten können.

a) Die natürliche Umwelt.

Wir wenden uns zunächst den Erscheinungen der politischen Wirklichkeit zu, welche wir als naturgegebene oder natürliche Umwelt, als natürliches „Milieu" des Menschen zusammenfassen wollen. Man könnte sie auch als Naturalien der Politik unter die Realien der Politik einordnen. Sie wechseln nach Ort und Zeit, sind verschieden wie die Menschen, deren Schicksal der Staatsleiter gestaltet. Daß sie aber immer und überall in einer ganz bestimmten konkreten Eigenart gegeben sind und in dieser Eigenart mächtig die Politik positiv treibend oder negativ hemmend beeinflussen, wird uns sofort klar, wenn wir die einzelnen Naturalien näher ins Auge fassen. Die natürliche Umwelt des Menschen ist bestimmt durch den rhythmischen Wechsel der Tages- und Jahreszeiten, die bestimmte Tätigkeiten der Politik fordern oder ausschließen: man denke an die Vorsorge für Beleuchtung und für Beobachtung der nächtlichen Ruhe, deren Störung unter staatliche Strafdrohung gestellt zu werden pflegt, oder aber anderseits an die Hindernisse, welche der Einbruch des Winters einer kriegerischen Operation bietet und wie infolgedessen diese Naturgebundenheit die Pläne des Staatsmannes in zwingender Weise beeinflußt. Mit allen diesen naturgegebenen Bedingungen richtig zu rechnen, ist ein wesentliches Stück der Staatskunst. Ihre Mißachtung veranlaßt manchen politischen Zusammenbruch. Als Beispiel sei hier auf den russischen Feldzug Napoleons hingewiesen. Einer der bedeutendsten Politiker aller Zeiten fand hier an der naturgegebenen Umwelt die Schranken für sein gigantisches Wollen. Man braucht aber gar nicht solche markante Einzeltatsachen herauszugreifen, um die Bedeutung der Naturalien zu veranschaulichen. Man muß sich nur vergegenwärtigen, in welch einschneidender Weise Klima und Bodenbeschaffenheit die wirtschaftlichen Verhältnisse, die natürlichen Unterhalts- und Arbeitsbedingungen beeinflussen, um zu ermessen, welche Tragweite gerade den naturgegebenen Elementen der Wirklichkeit für die Politik zukommt.

b) Die kulturgegebene Umwelt.

Soweit die Umwelt des Menschen von Menschen selbst gestaltet ist, können wir sie im Gegensatz zur natürlichen Umwelt als kulturgegebene Umwelt, als „kulturelles Milieu" bezeichnen. Der Ausdruck „Kultur" soll dabei in seiner umfassendsten Bedeutung verwendet werden. Soweit diese Kultur als eine bestimmte Richtung des Seelenlebens der Menschen sich darstellt, fällt sie schon unter das an erster Stelle behandelte Reale der Politik. Der jeweilige Stand der Kultur hat aber außer dieser subjektiven Ausprägung auch eine objektive Bedeutung und muß darum an dieser Stelle noch als selbständiges Element der politischen Wirklichkeit herausgestellt werden. Das menschliche Wollen kann sich nämlich gewissermaßen objektivieren, eine selbständige Wesenheit werden, die sich von der schöpferischen Persönlichkeit loslöst. So kann man unabhängig von den Menschen, die sie anwenden und denen sie dient, von einem Stande der Technik als einer Realität sprechen und ihr einen bestimmenden Einfluß auf die Gestaltung des Gemeinschaftslebens zuschreiben. Die Technik als ein Inbegriff von äußeren Lebensbedingungen ist ebenso ein Reale der Politik wie diejenigen äußeren Lebensbedingungen, die von Natur ohne weiteres gegeben sind. Ihre Besonderheit liegt nur darin, daß sie selbst von Menschen geschaffen ist, also keine natürliche, sondern eine kulturelle Gegebenheit darstellt. Indem nun aber die Technik als selbständige Lebensbedingung das Gemeinschaftsleben in eigentümlicher Weise beeinflußt, bietet sie der politischen Wirksamkeit Anlaß und Schranke. Die Einführung neuer Verkehrsmittel und die Erschließung neuer Verkehrswege bringen die Menschen einander räumlich näher und bedingen so eine veränderte politische Einstellung, oft auch im Innern des Staates eine durchgreifende Reform der Verwaltung. Das großartigste Beispiel für die Tragweite einer Veränderung der Technik, die uns am anschaulichsten die Technik als eine Reale der Politik erkennen läßt, bildet aber die

Entwicklung der modernen Industrie mit allen ihren politischen Folgeerscheinungen: soziale Umschichtung bewirkte hier eine Neugruppierung der politischen Mächte, indem insbesondere aus der Masse der industriellen Arbeiterschaft neue taktische Einheiten für die politische Durchsetzung der wirtschaftlichen Ziele ihrer Klasse erwuchsen in Gestalt neuer mächtiger politischer Parteien: man denke nur an die sozialdemokratische Partei, die kommunistische Partei, die englische Arbeiterpartei! Zu diesen Tatsachen, die im Grunde auf die Veränderung der Technik zurückgingen, mußte die öffentliche Gewalt irgendwie Stellung nehmen. So erstand vor allem zum Ausgleich der wirtschaftlichen Gegensätze unter den Volksschichten ein eigener Zweig der Politik: die Sozialpolitik. Hierin trat der Staat in erster Linie fürsorgend auf. Der Arbeiterschutz bildet den Kern dieses politischen Arbeitsbereiches. Wir stehen hier mitten in der Entwicklung und als wichtiges rechtspolitisches Postulat ergibt sich aus dem Stande der Technik unserer Tage vor allem die Kodifikation des modernen Arbeitsrechts.

Blicken wir über das Reich der Technik hinaus und versuchen wir uns den Gesamtbereich der Kultur unserer Zeit in ihrer Bedeutung für die Politik zu vergegenwärtigen, so finden wir eine unendliche Fülle von Lebenstatsachen, die als unmittelbare Gegebenheit vom Staatsmann erkannt und berücksichtigt werden müssen, wenn er in der Politik das Gemeinschaftsleben der Menschen zu gestalten strebt. Es ist alles Menschenwerk, das uns umgibt, mag es nun körperliche Gestalt angenommen haben oder lediglich als seelischer Inhalt relevant sein. Die Tatsache, daß Bauwerke und Straßenzüge vorhanden sind, darf vom Politiker nicht übersehen werden, um nur ein sinnfälliges Beispiel herauszugreifen. Bauwerke und Straßen erfordern laufende Unterhaltung und Bereitstellung von Mitteln für diesen Zweck. Der Verkehr auf den Straßen, insbesondere auf den Straßen der Großstadt, bedarf einer Regelung durch Rechtsvorschriften und Polizeihandlungen. Als ein Element unserer Gegenwartskultur ist er ein Reale der Politik.

Dazu kommen dann auf der anderen Seite diejenigen politisch bedeutsamen Tatsachen, die nicht körperhaft-sinnlich, sondern nur als psychische Gegebenheiten uns entgegentreten, die aber nicht nur als flüchtiger Inhalt im Seelenleben des Individuums oder der Gemeinschaft auftreten, sondern kraft ihrer Dauerwirkung als kulturelle Gegebenheiten angesprochen werden können. Dazu gehören insbesondere ererbte, überlieferte Vorstellungen, Willensinhalte, Gefühle. Beispiele sind etwa der traditionelle Haß eines Volkes gegen den „Erbfeind", die von den Vorfahren überkommene Religion und das überlieferte, geltende Recht. Im Vordergrund unseres Interesses stehen dabei jene Kulturtatsachen, die sich unmittelbar im Sinn einer Regelung auf das Gemeinschaftsleben auswirken, die in irgendeiner Weise als Ordnung das Gemeinschaftsleben beeinflussen. Auch hier handelt es sich um einen Bestandteil kultureller Überlieferung; aber er ist ausgezeichnet durch ein normatives Element. Er enthält ein Soll. Wir können die Erscheinungen des Gemeinschaftslebens, die als gestaltende Ordnung dem sozialen Sein eine Richtung weisen und damit dem Gemeinschaftsleben einer bestimmten Epoche und eines umgrenzten örtlichen Bereiches ein eigenartiges Gepräge aufdrücken, als Sozialnormen bezeichnen. Recht, Sitte und Religion stellen die wichtigsten Normengruppen aus diesem Gesamtinhalt kultureller Überlieferung dar. Diese Normen sind aber nicht jenseits des Lebens aufgerichtet, als gedankliche Abstraktionen, unabhängig vom Leben und seinen Bedürfnissen, sondern sie wachsen unmittelbar aus dem Leben heraus und sind sohin aufs engste verknüpft mit dem Menschen als dem ersten Reale der Politik. Indessen sie erhalten als kulturgegebene Umwelt des Menschen doch eine selbständige Bedeutung. Sie wachsen zwar aus dem Gemeinschaftsleben heraus, stellen sich aber dann gewissermaßen über den Menschen, indem sie als ein Soll ihm gebieten oder verbieten. Sie sind zwar wie alle Kulturgüter zunächst Inhalt des menschlichen Seelenlebens und Schöpfungen des menschlichen Geistes, werden dann aber auch als objektive Ordnung des Gemeinschaftslebens empfunden. In irgendeiner Gestalt ist Überlieferung, sind Sozialnormen immer und überall gegeben, wo Menschen zusammen leben. Dadurch gewinnen sie die Bedeutung eines Elementes der politischen Wirklichkeit, eines Reale. Immer und überall muß der Politiker, der selbst das Gemeinschaftsleben gestalten will, dieses Element der Wirklichkeit erkennen und würdigen, sich mit ihm auseinanderzusetzen. Er gestaltet nicht frei im leeren Raume. Er findet Tatsachen der Überlieferung, eine ganz bestimmt geartete Ordnung vor, die er entweder billigt oder aber verwirft und durch eine bessere vollkommenere Regelung ersetzen will. Dies ist seine eigentliche Aufgabe.

Unter den Sozialnormen steht nun aber an erster Stelle als Reale der Politik die geltende Rechtsordnung. Das geltende Recht als ein Reale der Politik wird uns daher im folgenden ausführlich beschäftigen.

Zweiter Abschnitt.

Das geltende Recht in der Politik.

I. Kapitel.

Die Rechtsordnung als Reale der Politik.

In zweifacher Gestalt ragt das Recht als ein Element der Wirklichkeit in das Problemgebiet der Politik herein: als positives Recht und als Rechtsidee.

Als positives Recht ist es die Lebensordnung, die aus dem Gemeinschaftsleben herausgewachsen ist und sich regelnd gegenüber dem Gemeinschaftsleben auswirkt: Gebote und Verbote, die das Leben des einzelnen sowie der Gesamtheit gestalten. Die Aufrichtung der Rechtsordnung und ihre dauernde Anpassung an die Bedürfnisse und veränderten Zielsetzungen des Gemeinschaftslebens ist ein Werk der Politik; ja, man könnte versucht sein, geradezu in dieser Aufgabe das Werk der Politik zu erblicken. Ist aber einmal die Rechtsordnung entstanden, dann wohnt ihr eine eigene Macht inne, eine innere Autorität, losgelöst von dem Wollen und Fühlen der Menschen, die sie schufen. Die Rechtsordnung stellt sich über den Menschen mit dem Pathos der Forderung: Recht muß Recht bleiben, mag dem auch der Wille des einzelnen, der mitschuf an dem Werke, widerstreben, mag vielleicht sogar ein großer Teil der Volksgenossen von jenem „Recht" sich innerlich abwenden. Aber es würde seinen Sinn verlieren, wollte das Rechtsgebot dem Machtwillen sich beugen, einer politischen Nützlichkeitserwägung des Augenblicks seine Würde zum Opfer bringen. Die Politik schuf das Recht, aber das Recht tritt sofort als ein selbständiges Reale in den Bereich der politischen Wirklichkeit. Als positives Recht ist es selbst wirkende Lebensmacht. Es kann sich mitunter dem politischen Wollen entgegenstellen. Es kann zum Kampfe kommen zwischen der politischen Macht und dem geltenden Recht: Die Revolution setzt sich über das positive Recht hinweg. Hat sie Erfolg, dann richtet die neue Gewalt ihrerseits eine neue Rechtsordnung auf, schafft wiederum ein positives Recht als Mittel zur Befestigung ihrer Macht. Aber es gibt außer der Revolution, dem Rechtsbruch, auch eine Evolution, eine Rechtsentwicklung, ein Gestalten des werdenden Rechts aus dem Sinnstreben der Rechtsgemeinschaft heraus, eine Anpassung an deren Lebensnotwendigkeit. Sie vollzieht sich selbst in den Formen des Rechts: das Staatsrecht regelt die Form der Gesetzgebung, ihren Weg und bezeichnet die politischen Faktoren, denen ein unmittelbarer Einfluß auf die Rechtsgestaltung zukommt. Die Verfassung gewährleistet die Fortentwicklung der geltenden Rechtsordnung und eröffnet meist sogar die Möglichkeit auf legalem Weg die Verfassung selbst zu ändern. Aber solange die Verfassung gilt und solange ein einzelner Rechtssatz gilt, enthalten diese Gebote und Verbote eine Beschränkung der freien politischen Wirksamkeit. Soll das Gemeinschaftsleben aufrechterhalten werden, dann muß die Rechtsordnung mit der Autorität des Staates gewahrt bleiben. Das geltende Recht wird damit zur Grundlage der Politik. Seine Erkenntnis und die Abwägung seines Wertes in den Einzelbestimmungen ist die erste Aufgabe des Staatsmannes. Eine Einführung in die Politik muß darum ebenfalls von einer Würdigung des geltenden Rechts als politischer Realität ausgehen.

Wir haben jedoch gesehen, daß die Politik sich nicht in Rechtsverwirklichung erschöpft. In einem engeren Sinne gefaßt, kann man die Politik sogar der Vollziehung des Rechts in Verwaltung und Rechtsprechung gegenüberstellen: eine „Entpolitisierung der Rechtspflege", die Fernhaltung politischer Einflüsse und Gedankengänge aus der richterlichen Tätigkeit ist eine Forderung fast aller politischer Parteien. Von der Verwaltung freilich läßt sich die Politik nicht ebenso reinlich abgrenzen und organisatorisch trennen. Wir werden im Gegenteil sehen, daß die Politik sich vielmehr der Verwaltung als eines ausführenden Organes bedient, daß die Politik sich in der Verwaltung auswirkt, daß sie gerade durch die Verwaltung ihre allgemeinen Tendenzen und Ideen in die lebendige Wirklichkeit hereinträgt. Aber eben hierin liegt auch der wesentliche Unterschied zwischen Politik und Verwaltung: die Politik gestaltet das Gemeinschaftsleben aus eigner schöpferischer Initiative, vor allem durch Aufstellung von Rechtssätzen. Die Verwaltung aber führt diese Rechtssätze als „Vollziehung" aus, konkretisiert das Werk der Politik.

Darum müssen wir uns auch mit der anderen Bedeutung des Rechts für die Politik auseinandersetzen. Wir werden das Rechtsideal in der Politik aufsuchen und die Rechtsidee als wirkende Macht in der Politik vorfinden. Die Idee des Rechts selbst an sich kann aber geradezu als politisches Ideal formuliert werden. Wollen wir sie tiefer ergründen, dann müssen wir an dieser Stelle der Untersuchungen zurückgreifen auf den Sinn des Rechts als einer Lebensgestaltung und die Idee des Lebens selbst als Prinzip der Rechtspolitik herausstellen.

Doch verlassen wir auch mit dieser Erörterung der Rechtsidee nicht den Boden der Wirklichkeit. Denn wir gehen an dieses Problem mit der Einstellung auf die Wirklichkeit heran. Wir untersuchen die Bedeutung des Rechts in der Gestalt der Rechtsidee für die Politik. Geltendes Recht und Rechtsidee werden in ihrem Einfluß auf die Politik geschildert.

Das geltende Recht ist die jeweils geltende Ordnung des Gemeinschaftslebens. Teils sind es geschriebene Gesetze, teils ist es ungeschriebenes Gewohnheitsrecht. Gesetz und Gewohnheit sind die beiden Quellen unseres gesamten Rechts. Als geltende Ordnung des Gemeinschaftslebens sind sie ein überaus bedeutsames Reale der Politik, das der praktisch schaffende Staatslenker immer und überall vorfindet und mit dem er sich immer in irgendeiner Weise auseinandersetzen muß. Denn er selbst will ja auf das Gemeinschaftsleben in seinem jeweiligen Bestande einwirken. Gerade dieser jeweilige Bestand, das Sosein des Gemeinschaftslebens aber ist in beherrschender Weise durch das positive Recht festgelegt. Das Recht kennzeichnet darum das Gemeinschaftsleben. Wer als Realpolitiker den vorhandenen Zustand in seinem wahren Wesen, in seiner inneren Struktur, in seinem Lebensprinzip durchschauen will, wird tausendfach auf das Recht als gestaltendes Prinzip stoßen. Hier findet er vielfach erst den Sinn von Lebenstatsachen und Lebenserscheinungen, die ohne jene Motivation unerklärlich bleiben. Und erst wenn der Politiker dann über das geltende Recht den Weg zur Rechtsvergangenheit gefunden hat, kann er behaupten, die Materie ernstlich zu beherrschen. Er weiß dann, warum man diese oder jene Regelung gerade so und nicht anders schuf, welchen Mängeln sie entgegenwirken wollte, in welchem Maß es ihr gelungen ist. So vermag er Überlebtes von Lebenskräftigem, sinnlos Gewordenes von sinnvoll Fortwirkendem zu scheiden. Er gewinnt Perspektive, Werturteil auf Grundlage einer eindringenden Wirklichkeitserfassung.

Wer der Politik ferne steht, könnte eine so weitgehende Wertschätzung des Rechts wohl übertrieben finden. Er könnte meinen, das Recht sei doch nur eine formalistische Umklammerung des fortschreitenden individuellen und kollektivistischen Daseins. Man brauche ja nur das praktische Leben selbst zu besehen, um die vorhandenen Bedürfnisse daraus aufzuspüren und zu ihrer Befriedigung politisch handelnd einzugreifen. Indessen, so einleuchtend diese Vorstellung zunächst klingen mag, so zeigt doch ein näheres Zusehen, ein Vergleich mit der täglichen Erfahrung in der praktischen Politik ihre Unrichtigkeit. Wer heute politische Werturteile fällt, dieses lobt, jenes tadelt, der dringt nur selten in jenen engeren Bereich politischen Denkens und Wirkens vor, in welchem konkrete politische Forderungen formuliert und praktisch durchgefochten werden. Aber sogar die wenigen, die in solchem engeren Sinne wirklich „Politik treiben", geben fast niemals einen Vorschlag, der nun endgültig sofort sich verwirklichen ließe. Selbst die zur Gesetzgebung berufenen Volksvertreter, die als Parlament zusammengefaßt die „Legislative" bilden, formulieren in schwierigen Fragen nur sehr selten einen Initiativantrag zur Gesetzgebung, dem ein ausgearbeiteter Gesetzentwurf zugrunde liegt. In den meisten Fällen beschränken sie sich darauf, die Regierung um Vorlage eines Gesetzentwurfes zu ersuchen. Ist das nun etwa nur ein Mangel an Gestaltungsvermögen, der sich darin ausdrückt? Warum scheut sich derselbe Parlamentarier, der auf Grund praktischer Lebenserfahrung einen konkreten Vorschlag zur Gesetzgebung macht, ihn in enge Paragraphen zusammenzufassen, die ohne weiteres Rechtsprechung und Verwaltung binden und damit ein verändertes Eingreifen der öffentlichen Gewalt herbeiführen würden? Es mag wohl ein Gefühl der Unsicherheit gegenüber der überwältigenden Fülle von wirklichen und möglichen Tatsachen, von Zusammenhängen und „Konsequenzen" sein, das ihn von solcher letzter Formulierung seines Gedankens abhält. Ihre anschauliche Ausdrucksform findet diese ganze Fülle von Gegebenheiten der Wirklichkeit in dem Spiegelbild von Rechtsvorschriften, die für das aufgeworfene Problem einschlägig sind. Der Jurist stellt fest: die Abänderung des gegenwärtigen Rechtszustandes durch Änderung eines Paragraphen des einen Gesetzes würde notwendig machen (als Voraussetzung oder als Konsequenz!) die Änderung eines zweiten, dritten usw. Gesetzes; wir sehen demgemäß am Schluß fast eines jeden größeren Gesetzes Vorschriften, die frühere Gesetze teils aufheben, teils ändern. Diese rechtliche Konsequenz gesetzgebungspolitischer Art hat ihre Parallele in praktischen Lebenszusammenhängen, die sie uns hier nur vergegenwärtigt! Dabei ist aber doch immerhin die Übersicht in dem geordneten System von Rechtsvorschriften noch leichter zu gewinnen als in der erst wahrhaft verwirrenden Fülle von Lebenstatsachen, die in den Rechtsvorschriften niemals mit aller individueller Eigenart sondern immer nur als generalisierend zugestutzte Typen uns entgegentreten. Wer die geltende Regelung, die Ordnung eines Sachzusammenhanges nicht überschaut, tritt an politische Probleme in der Regel heran von der Froschperspektive seines eigenen persönlichen Gesichtsfeldes. Er verwertet nur die eigene zufällig erworbene Lebenserfahrung für eine Materie, die ihm vielleicht auch einmal im Leben begegnet ist, in der er vielleicht sogar tätig schafft. Aber wir vermissen bei diesem doch die Weite des überschauenden Blickes, die den Staatsmann charakterisiert. Und damit hängt aufs engste zusammen die Tendenz auf das Gemeinschaftsleben, während jener mit dem beschränkten Gesichtsfeld den beschränkten individuellen Nützlichkeitsstandpunkt des Privaten oder der einzelnen sozialen oder beruflichen Schicht verbindet. Politik aber ist letzlich niemals eine Gestaltung von Sonderbelangen: das ist Sache der Justiz und der Verwaltung. Politik ist Einwirkung auf die Gestaltung des Gemeinschaftslebens, mit der Blickrichtung auf Erhaltung und Entfaltung des organischen Lebens der Gesamtheit.

Dieses ist auch der Sinn des politischen Rechts, der Gesamtheit aller Rechtsvorschriften, die uns als Reale der Politik begegnen. Sie wollen das Gemeinschaftsleben regeln, in ihnen kommt geradezu der Lebenswille, das Zielstreben der Gemeinschaft, in seiner jeweiligen Richtung und Stärke zum Ausdruck. Die Rechtsordnung kann sohin als eine Objektivierung der Entelechie einer organisch verbundenen Gesamtheit von Rechtsgenossen angesprochen werden. Die Vertreter der reinen Rechtslehre gehen heute soweit, Recht und Staat gleichzusetzen, das Element des Volkes und das Element des Gebietes aus dem juristischen Staatsbegriff zu elidieren. Wenn wir ihnen hierin vom Standpunkt einer organischen Staats- und Rechtslehre auch nicht zu folgen vermögen, so ist es doch ein Verdienst dieser Richtung, auf die Bedeutung des Rechts für den Staat — wenn freilich auch in allzu einseitiger Betonung — hingewiesen zu haben. Der Staat ist der Träger einer Rechtsordnung und diese Rechtsordnung erscheint uns als eine Lebensäußerung der staatlichen Gemeinschaft. Die Realpolitik, welche ausgeht von den Dingen, wie sie sind, vor allem von dem staatlichen Zustand, wie er ist, muß diese Lebensäußerung in weitgehendem Maße als Gegebenheit berücksichtigen. Sie hat hier etwas organisch Gewordenes und organisch Wirkendes vor sich, eine Lebenstatsache, die zugleich eine Lebensmacht darstellt. Zwar ist das Recht nicht die einzige, aber es ist die eigentümlichste Ausdrucksform staatlichen Lebenswillens. Wenn sonst die Lebensäußerungen der Gemeinschaft einem steten Wandel von Tag zu Tag, von Stunde zu Stunde unterworfen sind, bald hierhin, bald dorthin sich entfalten, so sammelt sich im Recht gewissermaßen das organische Wollen der Gemeinschaft, es konzentriert sich und sucht einen lebendigen Ausdruck, der auf eine gewisse Dauer berechnet ist. Den Schöpfern der Rechtsordnung mag wohl sogar mitunter der Gedanke an eine ewige Dauer vorschweben. Man denke etwa an die Eingangsformel der Bismarckschen Verfassung, in welcher die staatspolitischen und staatsrechtlichen Grundgedanken einer neuen Verfassungsepoche formuliert werden. Entsprungen aus der Lebensnotwendigkeit der deutschen Nation sehen wir hier vor uns eine Formgebung des Gemeinschaftswillens, die tatsächlich als eine bleibende Grundlage des deutschen Staatsrechts angesprochen werden kann. Sie hat jedenfalls in ihrer metajuristischen Bedeutung den Sturz der Bismarckschen Verfassung überlebt. Täglich sehen wir die Fortwirkung jener Ideen. Der Gedanke des „ewigen Bundes", der in jener Präambel niedergelegt ist, hat heute noch den gleichen politischen Wert wie vor 55 Jahren. Solche rechtssatzähnliche Prägungen können als politische Ideen bleibenden Bestand haben.

Unter den Rechtssätzen selbst kommt vornehmlich den Verfassungen als den Staatsgrundgesetzen erfahrungsgemäß eine relativ längere Geltungsdauer zu. Soweit es sich dabei um „starre Verfassungen" handelt, deren Abänderung entweder auf legalem Wege überhaupt nicht möglich ist oder nur unter erschwerenden Formen durchgeführt werden kann, tritt diese Tatsache besonders deutlich in Erscheinung. Ein interessantes Beispiel aus der politischen Geschichte der letzten Jahre bilden die Bestrebungen auf Abänderung des § 92 der bayerischen Verfassungsurkunde vom 14. August 1919, die bisher noch immer keinen Erfolg hatten. Sie zielen darauf ab, die Verfassungsänderung in Bayern zu erleichtern. § 92 in seiner heute noch gültigen Fassung besagt: „Änderungen an dieser Verfassung können nur durch Zweidrittelmehrheit der gesetzlichen Mitgliederzahl des Landtages beschlossen werden." Da der letzte Initiativantrag im Landtag zur Erleichterung der Verfassungsänderung nur von 85 (statt der erforderlichen Zahl 86!) Abgeordneten angenommen wurde, fiel die geplante Novelle bei der Abstimmung durch. Man sieht an diesem praktischen Beispiel besonders deutlich, wie die erschwerenden Formen der Verfassungsänderung eine Aufrechterhaltung gewisser Verfassungssätze auch dann bewirken, wenn die Mehrzahl der Volksvertretung die Verfassungsänderung wünscht. Auf solche Weise kann freilich auch einmal eine starre Verfassung als geschriebenes Verfassungsrecht sich in Widerspruch setzen zu dem lebendigen Verfassungswillen des Staatsvolkes und dieses kann dann vielleicht in einem revolutionärem Ansturm die Verfassung selbst zertrümmern. Indessen ist eine Sicherung der Verfassung vor leichter Änderung durch eine parlamentarische Zufallsmehrheit zweifellos wünschenswert; denn eine Änderung des Staatsgrundsatzes soll eben nur vorgenommen werden, wenn dies absolut notwendig erscheint. Letztlich stehen sich hier freilich wohl kaum Meinungen gegenüber, die auf verschiedenartiger Weltanschauung beruhen, sondern es ist eine Frage politischer Zweckmäßigkeit, ob der Bestand des Staates auf diese oder auf jene Weise sicherer zu gewährleisten ist.

Werke der Dauer sind jedoch nicht nur Verfassungen, sondern auch einfache gesetzgeberische Akte, Gesetze und Verordnungen. Mitunter können sie sogar das Verfassungsrecht überleben. Ein hervorragendes Beispiel bietet uns das römische Privatrecht, das zu ganz verschiedenen Zeiten bei ganz verschiedenen Völkern unter ganz verschiedenen Verfassungen dauernd in Geltung stand. Freilich war es inhaltlicher Änderung unterworfen, wurde beeinflußt von kirchlichem und weltlich-nationalem Recht, wurde fortgebildet durch Rechtsübung und Gerichtsgebrauch, aber es galt und konnte fortwirkend seine Geltung behaupten. Es braucht hier nur darauf hingewiesen zu werden, daß das römische Recht bei uns in Deutschland bis zur Einführung des Bürgerlichen Gesetzbuchs (1. Januar 1900) als „gemeines Recht" in Kraft war und daß manche seiner Bestimmungen auch heute noch unmittelbar oder durch Verarbeitung im Bürgerlichen Gesetzbuch mittelbar fortgelten.

Überhaupt ist die Privatrechtsordnung viel weniger häufigem Wechsel unterworfen als etwa die Gesetze auf dem Gebiet des Verwaltungsrechts. Denn hier wirkt sich die Politik viel entschiedener aus als dort. Im bürgerlichen Recht herrschen altererbte Vorstellungen und Rechtsgebräuche, im Verwaltungsrecht sehen wir aber in erster Linie ein Mittel zur Verwirklichung politischer Ideen und Strömungen. Dort handelt es sich um die Rechtsbeziehungen der Privaten untereinander und der Bürger steht dem Bürger heute kaum anders gegenüber als morgen. Hier dagegen stehen die Beziehungen der obrigkeitlichen Gewalt zu dem Individuum in Frage und diese Beziehung ist ein ewiges Problem der Politik, täglich heiß umstritten von den politischen Parteien. Und wenn heute eine Mehrheit zu überindividualistischer Staatsbetonung neigt, wird sie nichts eiligeres zu tun haben als durch Neuschöpfung und Abänderung bestehender verwaltungsrechtlicher Normen in das öffentliche Leben gestaltend einzugreifen, wo gestern noch die individuelle Freiheit das bestimmende Prinzip war.

Aber sogar hier, wo wir den dauernden Wechsel, die stete Fortentwicklung des Rechts vor unseren Augen sehen, erscheint uns doch das Recht als ein Ruhepunkt, ein Zwischenziel der Politik, ein Fundament zu weiterem neuen Aufbau. Hat eine politische Strömung ein Gesetz geschaffen, wie es ihrem Ideal entspricht, dann bedeutet dies mehr als eine programmatische Kundgebung; es ist ein Markstein auf dem Entwicklungswege. Handelt es sich um bedeutsame Errungenschaften, um langersehnte politische Ziele, dann verändert sich mit der gesetzlichen Fixierung des politischen Erfolges wohl sogar die grundsätzliche politische Einstellung der Partei. Aus der revolutionären wird eine konservative Partei. Galt es früher die Parteiziele durch Aufstellung eines Gesetzes zu erreichen, so gilt es fortan, was erreicht ist, zu erhalten und zu sichern, vielleicht auch auszubauen; dieses aber ist ein „konservatives" Element. Das Festhalten am endlich Erreichten bedeutet so eine prinzipielle Umstellung der ganzen Ideologie der Partei. Anderseits kann das neue Gesetz die bisherigen Konservativen in die Opposition drängen. Sie wollen nicht mehr festhalten am Vorhandenen, sondern sie wollen den früheren Rechtszustand wieder herstellen. Aus der konservativen wird so eine im wertfreien Sinne reaktionäre Partei.

Wir sehen im Recht eine Zusammenfassung der im Volke jeweils hervortretenden Interessen und politischen Strömungen. Das Recht ist ein Teil des Volkslebens, ein wesentliches Begriffsmerkmal des Staates. Indem es aber das in der Gemeinschaft herrschende Wollen klar formuliert und mit relativer Endgültigkeit herausstellt, ist es nicht nur

Erkenntnisquelle, sondern geradezu ein Element des Gemeinschaftslebens. Damit wird es für uns zu einem bedeutsamen Reale der Politik.

Die Eigenart des Rechts als Reale der Politik gegenüber den früher behandelten Realien besteht in seiner Eigenschaft als selbständiger kultureller Faktor. Zwar gehört die Ordnung des Gemeinschaftslebens durch irgendwelche Normen, die wir als Sozialnormen zusammenfassen, zum Wesen des Gemeinschaftslebens, erst recht natürlich zum Wesen des Staates. Bedeutet doch das Wort Staat zunächst nur den jeweiligen Zustand (status) des Gemeinwesens, gesehen von politischem Standpunkt aus. Dann ist der Sinn des Begriffes Staat die jeweilige Ordnung des Gemeinschaftslebens, die jenen Zustand in seiner Eigenart kennzeichnet. Doch nur insoweit fällt die Ordnung des Gemeinschaftslebens unter das Reale „Mensch". Denn überall, wo Menschen zusammenleben, bildet sich notwendig überhaupt irgendein Zustand dieses Zusammenlebens heraus. Sobald wir aber diesen Zustand nicht nur abstrakt, sondern in seiner konkreten Sonderart ins Auge fassen, stehen wir nicht mehr vor einer naturgegebenen Notwendigkeit, sondern vor einer freien schöpferischen Kulturtat. Indem die Menschen ihr Gemeinschaftsleben gestalten, bewußt regeln, indem sie Rechtsnormen aufrichten zur Regelung dieses Gemeinschaftslebens, geben sie ihrer Gemeinschaft die Eigenart, die sie von anderen Gemeinschaften sondert und abhebt. Zu den charakteristischen Eigentümlichkeiten eines in einem Staatsverbande zusammengeschlossenen Volkes gehört vor allem seine Rechtsordnung. Wie ein Volk die Beziehungen unter den Staatsgenossen durch das Privatrecht und die Beziehungen der Gemeinschaft als Staat zum Einzelnen durch das öffentliche Recht regelt, das ist seine ureigenste Tat, eine kulturelle Schöpfung, die den Stand und die Eigenart der Kultur gerade dieses Volkes und dieser Zeit wesentlich bestimmt.

Die Verknüpfung der Rechtsordnung mit der Gesamtkultur läßt das Recht als Reale der Politik deutlicher hervortreten. Daß die jeweilige Kultur eines Volkes bestimmend ist für seine Politik und von dem Staatsmann, der das Gemeinschaftsleben leiten und gestalten will, als Gegebenheit, sohin als Reale, berücksichtigt werden muß, leuchtet ohne weiteres ein. Da aber das Recht als ein wesentlicher Exponent einer konkreten Kulturstufe auftritt, ergibt sich daraus die richtungweisende und grundlegende Bedeutung der geltenden Rechtsordnung für die Politik. Anderseits erkennen wir in den Grundlinien einer bestimmten Rechtsordnung die kulturelle Struktur einer Epoche wieder. Mitunter wird sich der Gesetzgeber seiner kulturellen Sendung deutlich bewußt und erkennt selbst in seinem Werk eine Erscheinungsform des kulturellen Gesamtlebens seiner Nation und seiner Zeit. So ist es zu verstehen, wenn der Berichterstatter des Verfassungsausschusses der Deutschen Nationalversammlung bei Würdigung der Vorschriften über die „Grundrechte und Grundpflichten der Deutschen" erklärte, daß hier ein „Niederschlag der gegenwärtigen deutschen Rechtskultur" im Verfassungswerk geschaffen wurde. In geringerem Grade trifft solches aber bei jedem gesetzgeberischen Akte zu. Und das Ganze der Rechtsordnung ist selbst auch, was ebenfalls in Beziehung auf die „Grundrechte" der Reichsverfassung gesagt worden ist, „ein Spiegelbild unseres Rechtslebens". Denn die Rechtsordnung, die über dem Rechtsleben schwebt, es regelt, bindet, ihm Wege weist und Grenzen setzt, ist selbst vom Rechtsleben abhängig, kann sich niemals vollkommen von ihm entfernen, will sie nicht Achtung und Befolgung einbüßen und nur im Papiere leben. Dieses Rechtsleben aber ist wie die Rechtsordnung vom Menschengeist erschaffen, aus dem Bedürfnis des individuellen und kollektivistischen Daseins herausgewachsen: das Recht ist eine kulturelle Schöpfungstat des Menschen. Indem diese Schöpfung den Denkbereich verläßt und als selbständig Seiendes selbständig wirkt und indem sie getragen wird vom Wollen der Gemeinschaft, wird sie ein politischer Machtfaktor. Der Politiker wird sich der Formen bedienen müssen, die das geltende Recht für seine Wirksamkeit vorzeichnet und er wird sich in aller Regel an die Schranken halten müssen, die das geltende Recht seiner Wirksamkeit setzt. Aber darüber hinaus ist er an den Inhalt der Rechtsordnung gebunden, indem sich hier der Lebenswille einer Rechtsgemeinschaft in seiner Eigenart entfaltet und Berücksichtigung erheischt. Der Politiker muß die Lebensnotwendigkeiten der Gemeinschaft dauernd beachten und soweit diese ihren Niederschlag in der Rechtsordnung gefunden haben, ist die Rechtsordnung selbst für ihn zwingendes Gebot.

In einer anderen Weise kann die Rechtsordnung dem Staatsmann noch als Reale der Politik begegnen. Wenn es sich darum handelt etwas Neues zu schaffen, hat der Politiker den geltenden Rechtszustand daraufhin zu untersuchen, was notwendig erhalten werden muß, und was geändert werden kann und geändert werden soll. Das Bleibende der Rechtsordnung ist ihm dann Grundlage für den Weiterbau und Aufbau. Neuerungen werden angefügt, Teile des Bestehenden vervollkommnet und damit das Ganze dem Ziele der Vollendung näher gebracht. Dabei wird der Politiker Umschau halten nach Vorbildern für die eigene gesetzgebungspolitische Arbeit. Er wird nicht immer notwendig originell sein müssen. Nicht immer werden die Tatsachen des Lebens, Mensch und Naturalien, ihm den Inhalt der Neuordnung zwangsläufig vorschreiben. Es gibt Zweifelsfälle. Es gilt die Erfahrung zu Rate zu ziehen. Der Staatsmann schaut in die Vergangenheit und sieht hier als historische Realien der Politik die

Ordnung früherer Zeiten, er blickt in die umgebende Staatenwelt und findet in den Rechtsvorschriften des Auslands und in den Rechtserfahrungen, die das Rechtsleben mit ihnen gemacht hat, wertvolle Bausteine für das eigne Werk. Rechtsordnungen, die für ihn nicht mehr oder überhaupt nicht mit Zwangsgewalt ausgerüstet sind, erweisen sich als Realien, als Bestandteile des umfassenden Bereiches politischer Wirklichkeit, der dem Staatsmann gegenübertritt und seine Entschließungen beeinflußt oder bindet. Immer steht die Gegenwart auf den Grundlagen der Vergangenheit. Das Vergangene hemmt, aber es trägt auch das Gegenwärtige. Niemals ist ein Staatsmann in der Lage alle die Wirklichkeiten, die sich ihm als gewordene Lebenslage darbieten, schlechterdings beiseite zu schieben und aus eigener Kraft den Gesamtbereich der politischen Wirklichkeit neu aufzubauen. Darum pflegen auch Revolutionen Überkommenes in Recht und Leben zunächst hinzunehmen, auszubauen, innerlich oder äußerlich umzuformen; niemals können sie eine wirkliche Umwälzung des gesamten öffentlichen und privaten Lebens herbeiführen. Wollen sie nicht als phantastische Träumereien auf Realisierung überhaupt verzichten, dann müssen sie auf den Realien weiterbauen, die sie vorfinden. Darum finden wir auch in der Geschichte als den Weg der erfolgreichen „Revolution" die Evolution: Die bewußte Gestaltung der Gegenwart aus der Vergangenheit heraus.

II. Kapitel.

Die Erkenntnis des geltenden Rechts als Grundlage der Politik.

(Vitalistische Rechtslehre als Theorie)

Wir haben die Bedeutung des geltenden Rechtes als Reale der Politik im Zusammenhalt mit den übrigen Elementen der politischen Wirklichkeit kennen gelernt. Es gilt nun die Folgerungen aus jener allgemeinen Feststellung zu ziehen. Wir müssen der Bedeutung der Rechtsordnung für die Politik dadurch Rechnung tragen, daß wir ihren politischen Sinngehalt zu erschließen trachten. Zu diesem Zweck ist es nötig die Rechtsordnung unter dem Gesichtswinkel der Staatspolitik zu erkennen und zu bewerten. Rechtserkenntnis und Rechtsbewertung sind Grundlagen der Politik, weil die Rechtsordnung selbst ein Reale der Politik ist. Eine wissenschaftliche Anleitung zu politischem Denken kann darum an einer grundsätzlichen Erörterung der Probleme der Rechtserkenntnis und der Rechtsbewertung nicht vorübergehen. Dabei soll aber hier davon abgesehen werden, Rechtserkenntnistheorie und Rechtsbewertungstheorie in vergleichender und kritischer Zusammenstellung aller philosophisch denkbaren Standpunkte vorzuführen. Es sei vielmehr der Versuch unternommen, die Rechtserkenntnis und die Rechtsbewertung für politische Betrachtung unter einen einheitlichen wissenschaftlich fundierten Gesichtspunkt zu bringen und so eine Politik als Wissenschaft auf einer ganz bestimmten positiven Grundlage aufzubauen.

Wer das geltende Recht als ein Reale der Politik auswerten will, als Staatsmann auf dem positiven Recht ein besseres, vernünftigeres, zweckmäßigeres, mit einem Wort vollkommeneres Recht weiterbauend aufrichten will, muß in Struktur, Wesenheit und Sinngehalt unseres Rechtes eingedrungen sein. Mit bloßer Rechts*kenntnis* ist hier wenig ausgerichtet. Rechts*erkenntnis* will mehr. Sie will über dem Buchstaben den Geist der Rechtsvorschriften, ja des Rechtes überhaupt erfassen. Sie will das ganze System des geltenden Rechts als ein Stück der Kultur der Gegenwart begreifen. Sie will aus dem Sinn des Rechts das Prinzip des organischen Lebens der Gemeinschaft erschließen und anderseits aus dem Sinngehalt des Lebens den Geist des Rechtes aufspüren. Denn wenn der Zweck der Schöpfer des Rechts und die Realien die Grundlagen der jeweiligen Rechtsordnung sind, weist das geltende Recht immer eine mannigfache Verknüpfung mit dem Gesamtbereich der politischen Wirklichkeit auf. Es kann nur aus dieser heraus verstanden werden, liefert dann aber wiederum selbst einen Schlüssel zum Verständnis der übrigen Elemente der politischen Wirklichkeit. Das Recht ist einerseits ein *wirkender Faktor* in der Politik, anderseits aber auch eine *Erkenntnisquelle* für politische Ziele, Zwecke, Möglichkeiten.

Dieses Recht als Lebenstatsache und als Lebensmacht zu erkennen ist das Ziel einer *vitalistischen Rechtslehre als Theorie.*

Die vitalistische Rechtslehre als Theorie vermittelt dem Staatsmann eine Erkenntnis des geltenden Rechts als Grundlage der Politik und eine *vitalistische Rechtspolitik als Theorie* gibt die Grundlage für objektive Bewertung geltender Rechtsvorschriften und damit das Fundament für praktische Staatspolitik auf wissenschaftlicher Grundlage.

Eine vitalistische Rechtslehre als Theorie geht aus vom *Leben* in den organischen Einheiten des Individuums und anderseits der Gemeinschaft. Indem sie tiefer in die Gesetze und Notwendigkeiten dieses organischen Seins einzudringen sucht, bereitet sie den Boden zu vertiefter Rechtserkenntnis. Wenn der Staatsmann als Ausgangspunkt für politische Reformen den geltenden Rechtszustand ins Auge faßt, wird es ihm nicht nur darauf ankommen, ein möglichst lückenloses System der einschlägigen Rechtsvorschriften vor sich zu sehen, sondern er wird vor allem auch nach dem Sinn der Vorschriften in ihrer Gesamtheit fragen und zwar nach dem *subjektiv gemeinten Sinn* der Vorschriften, den Gesetzgeber und Regierungsstellen in die Gesetze und Verordnungen hineingelegt haben, anderseits aber auch nach dem *objektiven Sinn* jener Normen, der ihnen fort und fort für die ganze Dauer ihrer Geltung als wesentliches Element zukommt. Der subjektiv gemeinte Sinn der Normen ergibt sich aus dem Zweck, den die befehlende Gewalt mit ihnen erreichen wollte. Die Zwecksetzung aber ist bedingt durch die konkret vorliegenden Bedürfnisse und diese wiederum ergeben sich aus der Gesamtheit der vorliegenden Realien der Politik. So wächst die Gesetzgebung im subjektiven Sinn, die Gesetzgebung als Tätigkeit, als politische Handlung aus den gegebenen Lebenstatsachen, Lebensbedürfnissen, Lebensnotwendigkeiten heraus und kann deshalb nur aus ihnen heraus verstanden werden. Der objektive Sinn, der sich mit den Normen in ihrer Fortgeltung verbindet, stellt sich aber ebenfalls als eine Relation zu den jeweils gegebenen Lebensbedingungen dar. Die Rechtsordnung als Ganzes und ihre einzelnen Bestimmungen wollen im Leben wirken, das Leben beeinflussen, gestalten. Recht und Staat überhaupt haben den Sinn der Lebensgestaltung. Sie haben gar keinen anderen selbständigen Daseinswert und Daseinszweck als eben den Wert und Zweck, der im organischen Leben der Individuen und der Gemeinschaft eingeschlossen ist. Dieser Zweck ist die Erhaltung und Entfaltung der Eigenart, der charakteristischen Wesenheit des Organismus, also seiner Entelechie.

Ordnung und Freiheit sind in solchem Sinne als die Prinzipien des Gemeinschaftslebens, als die Prinzipien des Rechts zu verstehen.

Indem das Recht ordnet, das Gemeinschaftsleben regelt, schafft es die Grundlagen der Erhaltung. Die Ordnung soll das Gemeinschaftsleben ermöglichen. Dieser Zweck steht im Vordergrund beim Staatsrecht, Strafrecht, Prozeßrecht, Polizeirecht. Hier waltet der Gesichtspunkt der Ordnung, der Beschränkung. Die Omnipotenz des Staates wird eingeschränkt zugunsten der individuellen Freiheit durch die Grundsätze der Gewaltenteilung, der Gesetzmäßigkeit der Verwaltung, des Verwaltungsrechtsschutzes. Die Ordnung des staatlichen Lebens wird aufgestellt im Staatsgrundgesetz, in der Verfassung. Die öffentliche Ordnung im Gemeinschaftsleben der Menschen untereinander aber wird gewährleistet durch Polizei- und Strafgewalt. Als Polizeigewalt greift der Staat in seiner Herrscherstellung, gestützt auf die moralische und rechtliche Autorität des Gemeinschaftswillens in die inviduelle Rechtssphäre mit Befehl und Zwang ein und sichert so die Existenz, das Dasein, die Erhaltung des Lebens der Einzelnen und der Gemeinschaft.

Erst auf dieser Grundlage ist dann eine positiv schöpferische Politik möglich, eine Politik, die eine Entfaltung des organischen Lebens der Gesamtheit und jedes Einzelnen fördert und herbeiführt. Dazu trägt die Rechtsordnung bei, indem sie dem Einzelnen die Rechtsformen bereitstellt, in denen er seine wirtschaftlichen und ideellen Ziele verfolgen kann.

So verstanden ist auch das Privatrecht, also insbesondere das Bürgerliche Gesetzbuch und das Handelsgesetzbuch, nicht nur eine Ordnung sondern eine positive Förderung des Gemeinschaftslebens. Vor allem aber ist in diesem Zusammenhang das Verwaltungsrecht zu nennen, soweit es nicht Polizeirecht ist, sondern eine Unterlage für die Verwaltungspflege darstellt. In solchem Sinne dient das Verwaltungsrecht dem Gedanken der Verwaltung. Es verschafft dem Einzelnen zum Zwecke seiner eigenen Erhaltung und Entfaltung Rechtsansprüche gegen die öffentliche Verwaltung auf positive Verwaltungsakte und auf Unterlassung von Eingriffen in seine Individualsphäre, wie sie ganz besonders in den „Grundrechten" der Staatsverfassungen niedergelegt sind. Anderseits aber gibt es den Verwaltungshandlungen der Behörden zum Zweck der Wohlfahrtspflege als Ermächtigung die erforderliche Grundlage und Autorität.

In dem Gesamtbild der Rechtsordnung überwiegt bald das Prinzip der Ordnung, bald das Prinzip der Freiheit. Dabei ist an dieser Stelle indessen nicht kritisch abzuwägen, welchem Ziele die Rechtsordnung vorwiegend zusteuern sollte. Handelt es sich für uns doch in diesem Zusammenhang nur darum, empirisch zu betrachten, auf welchen Prinzipien das geltende Recht aufgebaut ist und auf welchen Prinzipien die früher geltenden Rechtsordnungen aufgebaut waren. Das positive Recht steht in Frage, nicht die Rechtsidee. Rechtstheorie, nicht Rechtspolitik wird erörtert. Ein Zeitalter fordert vom Recht ordnendes Durchgreifen, Beherrschung, Zwang, Anleitung des Einzelnen, autoritative Regelung seines Daseins durch ein engmaschiges Netz von Rechtsvorschriften, die ihm kaum Bewegungsfreiheit lassen, ja ihm möglichst wenig Bewegungsfreiheit lassen sollen. Denn der Einzelne ist nach dieser Lehre schwach, unverständig, bösartig; er bedarf dauernder Anleitung, Überwachung. Autorität kommt nur der überindividuellen Ganzheit der Gemeinschaft zu. Der einzelne soll sich restlos unterordnen, unterwerfen, in die großen Zwecke der allein werthaften Gemeinschaft einordnen. Wir haben diesen überindividualistischen Standpunkt schon bei einer anderen Gelegenheit näher beleuchtet. Wo er zu politischer Anerkennung gelangt, stellt er in der Rechtsordnung das Prinzip der Ordnung obenan. Freiheit gibt es nur für die vernünftige Entfaltung des Gemeinschaftswillens in historisch-politischer Machtentwicklung. Ein anderes Zeitalter schafft sich ein anderes Recht, weil ihm eine andere Lebensordnung angemessener ist. Weltanschauliche Gegensätze sind der beherrschende Urgrund der verschiedenartigen Gestalt der Rechtsordnung. Dem individualistischen Ideal steht die unbeschränkte Entfaltungsmöglichkeit des Einzelnen an erster Stelle. Von diesem zentralen Gedanken aus wird die Rechtsordnung des Staates geformt. Sie ist dann eine Durchführung des Prinzips der Freiheit. Freiheit des Individuums von staatlichem Zwang, vor Übergriffen der Behörden, vor Willkür der Beamten ist Sinn und Ziel der Ordnung. So sehen wir die Gewaltenteilung, die Gesetzmäßigkeit der Verwaltung als Rechtsgrundsätze einer politischen Forderung dienen. In jedem Falle aber ist es letztlich die Forderung des Lebens, die Staat und Recht gestaltet.

Je mehr diese Gestaltung nur in unterbewußter Verbindung mit dem Prinzip des Lebens steht, desto weiter kann sie sich im Einzelfall von den Lebensnotwendigkeiten entfernen, desto lebensfremder kann die Rechtsordnung aussehen, desto lebensfeindlicher kann sie sich auswirken. Aber der Politiker ist ja nicht wie der Richter und der Verwaltungsbeamte an die Vorschrift des Rechts gebunden, er steht über ihr. Wo er solche Widersprüche, solche Lebensfeindlichkeit der Rechtsordnung bemerkt, ist es seine Pflicht, handelnd einzugreifen. Er hat dem Recht, das gilt, das Recht das sein sollte, gegenüberzustellen, das positive Recht nach dem Idealrecht umzuformen. Aber das geltende Recht ist ihm der Ausgangspunkt der reformatorischen Arbeit.

Wo der Politiker feststellen kann, daß der subjektiv gemeinte Sinn der Rechtsordnung orientiert ist an der Notwendigkeit und Zielgerichtetheit des Lebens, ist es seine weitere Aufgabe nachzuforschen, wie weit dem Gesetzgeber die tatsächliche Erreichung des von ihm vorgestellten Ideals gelungen ist. Nach zwei Richtungen geht seine Untersuchung. Einmal wird er zusehen, ob die Ausprägung der Rechtssätze dem Sinn entspricht, den man bei der Abfassung damit verband, ob der Wille in den Worten zum Ausdruck kam, oder ob nicht vielleicht in dem langen Laufe des Gesetzgebungsverfahrens der ursprüngliche Sinn durch Zutaten und Abstriche, Änderungen und Neuerungen im Ergebnis in sein Gegenteil verkehrt worden ist. Wird solches festgestellt, dann muß der Staatsmann den ursprünglichen richtigen Grundgedanken wieder aufgreifen und ihm eine neue Form geben. Anderseits kann es aber auch sein, daß in der Rechtsverwirklichung sich Schwierigkeiten, Hindernisse eingestellt haben, so daß das ganze Gesetz auf dem Papier stehen geblieben ist. In solchen Fällen muß untersucht werden, ob die Durchführung überhaupt erreichbar und, wenn ja, mit welchen Mitteln sie anzustreben ist.

In allen Rechtsregeln, mögen sie nun bewußt oder unbewußt an der Idee des Lebens orientiert sein, wird der Staatsmann den Ausdruck des Lebenswillens und eine mehr oder minder vollkommene Verwirklichung des Lebenszieles erblicken. Indem er den Vitalismus als ordnendes Prinzip an die Fülle der Rechtsregeln heranträgt, erkennt er die sinnhafte Gestalt der Rechtsordnung als eines organischen Gebildes, als einer aus dem Leben für das Leben gebildeten Lebensordnung. Nur unter solchem Gesichtswinkel betrachtet, kann ihm die geltende Ordnung des Gemeinschaftslebens mehr sein als ein Ausdruck vorübergehender Machtkonstellation, mehr als Machtinstrument und Machtwille. Er sieht im Recht, das ist, nicht nur ein Bleigewicht, das den kühnen Flug der Gedanken hemmt, die einer besseren Welt zustreben, nicht nur eine Fessel für den aufstrebenden Lebensdrang, sondern eine Befreiung, eine Ausdrucksform für diesen Lebensdrang. Die Rechtsordnung als ein Sinngefüge verkörpert die Lebenstendenzen der Gemeinschaft.

Eine solche vitalistische Rechtstheorie will Recht und Leben wechselseitig verknüpfen und zwar zunächst mit dem Ziele eines tieferen Verständnisses. Als Interpretationsgrundlage dient ihr darum in erster Linie der subjektiv gemeinte Sinn der Rechtsordnung, d. h. die Zielvorstellungen, welche von dem Lebensträger mit dem in der Rechtsordnung verkörperten Willen bei deren Ausprägung verbunden waren. Aus diesem subjektiven Sinn leitet die vitalistische Rechtslehre den objektiven Sinn des Rechts her und begründet auf solche Weise seine Geltung. Immer erkennt sie im Rechtssatz den Lebenswillen der Lebenseinheit, die als Träger der Rechtsordnung auftritt. So gewinnt sie Verständnis für die Bedürfnisse des praktischen Rechtslebens, denen jede Rechtsordnung dienen will, mag sie auch in ihrer konkreten Auswirkung lebensferne oder sogar lebensfeindlich erscheinen, weil sie einem einzelnen Rechtsfall nicht gerecht wird. Deshalb wird sich auch die vitalistische Auffassung niemals der Strenge des Rechts verschließen. Sie wird anerkennen, daß dem Recht eine gewisse Härte eigen ist. Denn das Recht regelt den Normalfall, es ist auf den Durchschnitt der Lebensvorgänge zugeschnitten. Das Recht ist seinem Wesen nach auf Typen berechnet. Es kann nicht eine individuelle Regelung aller Einzelfälle in kasuistisch umfassender Weise enthalten. Jedes Recht ist darum starr und muß seinem inneren Wesen nach starr sein. Wenn aber nun im Einzelfall die dem Recht gemäße Entscheidung eine unerträgliche Härte bedeutet, das Gemeinschaftsleben selbst eine Durchbrechung des Rechtsgrundsatzes zum Schutz der individuellen Lebensnotwendigkeiten fordert, dann muß eine Einrichtung gegeben sein, die Ausnahmen von der starren Rechtsverwirklichung zuläßt. An dieser Stelle bricht deutlich der eigentliche Urgrund des Rechts, das organische Leben in seinem sinnvollen Ablauf und mit seinen sinnvollen Zielen durch. Man erkennt, daß das Recht, mag ihm im Gemeinschaftsleben auch die größte Bedeutung beigemessen sein, doch niemals Selbstzweck ist, daß es sich höheren Lebensinteressen fügen und unterordnen muß, daß es dem Leben weichen muß, das selbst als der Schöpfer des Rechts anzusprechen ist. Über dem Recht steht die zielstrebende Lebensverwirklichung der organischen Lebenseinheit. Wenn Wohltat Plage und Vernunft Unsinn geworden ist, erhebt sich nicht nur die Forderung einer Rechtsreform, sondern auch die Forderung einer Durchbrechung des starren Rechts. Diese Durchbrechung des auf den Regelfall berechneten Rechts ist durch die Rechtsordnung selbst legalisiert. Die Gnade, welche das Recht durchbricht, ist selbst eine Rechtseinrichtung geworden. Die Rechtsordnung erkennt ihre Unzulänglichkeit und Relativität selbst dadurch an, daß sie dem Staatsoberhaupt die rechtliche Möglichkeit gibt, die Wirkung des rechtsgebundenen Richterspruches im Einzelfall auszuschalten, wenn ein höheres Lebensinteresse dies gebietet.

So greift die Politik lebensgestaltend ein, wo das Recht lebenbedrohend würde. In der Ausnahme kommt das Prinzip zum Durchbruch, aber eben darum darf die Ausnahme selbst nicht zum Prinzip erhoben werden. Daraus leiten sich die grundsätzlichen Bedenken gegen eine Massenbegnadigung her. Amnestien schädigen nicht nur die Autorität der Rechtsordnung, sondern sie wirken vielfach geradezu dem Lebensprinzip, das im Recht Gestalt gefunden hat, entgegen. Nur eine individuelle Begnadigung kann aus dem Sinn des positiven Rechts selbst ethisch begründet und gerechtfertigt werden. Die Amnestie erscheint demgegenüber zumeist als ein Akt politischer Willkür ohne grundsätzliche Berechtigung, ohne Orientierung an Lebenswirklichkeit und Lebenssinn.

Eine lebensferne Handhabung rechtlicher Institutionen ist aber wie eine lebensfremde Erforschung und „Erkenntnis" des geltenden Rechts für den Staatsmann unmöglich, dem die Rechtsordnung nur ein Reale der Politik ist, eines der verschiedenen Wirklichkeitselemente, die seine Lebensgestaltung bedingen, beeinflussen, beschränken. Wenn deshalb der Politiker das geltende Recht als Grundlage der Politik verwerten will, hat er immer von dem Leben auszugehen, welches zu dem geltenden Recht die Veranlassung gab, das geltende Recht formte, um seine eigene Erhaltung und Entfaltung zu sichern und zu gestalten. Er muß zu dem Leben als dem Zweck und Schöpfer des Rechts vordringen, um das Recht zu kennen und Recht zu üben.

III. Kapitel.

Die Bewertung des geltenden Rechts als Grundlage der Politik.

(Vitalistische Rechtspolitik als Theorie.)

Der Sinn des Rechts ist auf Vervollkommnung des Menschen und der menschlichen Gemeinschaft gerichtet. Das letzte Ziel ist die Vollkommenheit. Diesem Ziele sollen die Einrichtungen der menschlichen Gemeinschaft, Staat und Recht, näher führen. Es ist zugleich das Ziel der Arbeit am Gemeinschaftsleben, der Politik. Aber die Werke der Politik sind Menschenwerke, sie sind selbst unvollkommen und die Einrichtungen, welche der Verwirklichung des Menschheitsideals dienen sollen, Recht und Staat, sind ebenfalls unvollkommen, mit Fehlern und Schwächen behaftet. Darum sind sie selbst der Vervollkommnung fähig und bedürftig. Die Arbeit der Politik gilt deshalb der Vervollkommnung von Staat und Recht. Es soll richtiges Recht geschaffen werden, die Gestalt des Staates soll dem Urbild sich nähern, das als Idealstaat angesprochen werden kann.

Die Tragik des Menschenwerks ist nun aber darin begründet, daß dieses Streben nach dem Vollkommenheitsideal niemals zum letztmöglichen und denknotwendigen Ziele führt. Eine neue Reform, eine neue Verbesserung ist darum niemals ein Abschluß. Sie erhebt nur die Grundlage der künftigen Arbeit um eine Stufe. Stufe um Stufe emporzusteigen, ist die Aufgabe des Menschen. Stufe um Stufe emporzuführen, ist die Aufgabe des Staates, des Rechts, der Politik. Mit jeder neuerklommenen Stufe weitet sich der Blick, die vorhandenen Unvollkommenheiten werden deutlicher, sichtbarer, aber zugleich auch unabsehbarer. Wer hier nicht den Mut und die Richtung verlieren will, muß unablässig aufblicken zum Endziel, das in unerreichbarer Ferne dem Menschen nicht sowohl gegeben als vielmehr aufgegeben ist.

Eine planmäßige Arbeit an diesem Werke des ewigen Aufstieges geht aus von den Grundlagen, die uns gegeben sind; für die Politik heißt dies: ausgehen von den Realien der Politik, von den Gegebenheiten der politischen Wirklichkeit. Wir haben sie in den obigen Ausführungen in großen Umrissen zu zeichnen versucht. Der Staatsmann wird vor allem eindringen in den Geist des positiven Rechts, um als Rechtspolitiker an diesem Punkte einzugreifen zur Vervollkommnung des Gemeinwesens. Hat er die Grundlagen des geltenden Rechts, seinen Sinn, seine Tragweite erkannt, dann ist es seine Aufgabe, die Vorschriften und Einrichtungen des geltenden Rechts wertend zu beurteilen. Die Wertung folgt der Erkenntnis. Sie setzt Erkenntnis voraus, die Erkenntnis aber drängt zur Bewertung und zu handelndem Eingreifen.

Wie kann diese Bewertung des positiven Rechts als eine Grundlage der Politik selbst hinausgehoben werden über subjektivistische Bedingtheit? Dies ist die entscheidende Frage, die uns jetzt entgegentritt. Denn bei der Erkenntnis handelt es sich immer um ein Vordringen zu objektiven Ergebnissen. Die Welt, das Leben breitet sich vor dem geistigen Auge des Forschers aus, sie ist ihm gegeben. Sie bedarf nur der systematischen Erfassung, der umfassenden Ordnung, der greifbaren Darstellung. Aber immer sichert das Objekt die Objektivität.

Anders ist es, sobald es sich um eine Bewertung des Seins handelt. Hier stehen nicht mehr im Vordergrund die Erscheinungen der Wirklichkeit, nicht aus ihnen kann der Wert in allgemein-gültiger Weise gefolgert werden. Niemals kann aus dem Sein das Soll abgeleitet werden. Auch die dem Sein immanente Entwicklung führt niemals ohne weiteres zu einem Werturteil. Selbst wenn die Notwendigkeit einer Entwicklungsreihe erkannt ist, steht noch keineswegs die Werthaftigkeit dieser Entwicklung, der Wert des Zieles und der Wert gerade dieser Zielverwirklichung fest.

Immer schafft der Mensch den Wert. Aus seinem Schauen und Fühlen ermißt er den Wert der Dinge. Alle Maßstäbe gehen auf ihn zurück. Er ist in Wahrheit das Maß aller Dinge.

Aber es ist ein Unterschied, ob die wertende Stellungnahme des Menschen planlos oder bewußt kritisch vollzogen wird. Es ist nicht dasselbe, ob der Mensch seiner augenblicklichen Stimmung sich hingibt, aus dieser durch tausend Zufälligkeiten gerade so gewordenen Gefühlslage den Wert der Dinge prüft, oder ob er in gedanklicher Ordnung das Einzelne am allgemeinen Werte mißt, indem er logisch aufsteigend die Einzelentscheidung aus seiner letzten umfassendsten Stellungnahme zu Welt und Leben, also aus seiner Weltanschauung bewußt ableitet. Denn jene Stimmung ist augenblicksgeboren und darum augenblicksbeherrscht. Mißmut führt zu einem pessimistischen, Zuversicht zu einem optimistischen Werturteil. Die Politik wird so ein Werk der Laune.

In sich geordnet, konsequent kann eine politische Handlung, ein politisches Wollen nur dann sein, wenn sie sich von den Zufälligkeiten der Stimmung unabhängig machen, wenn der prüfende Verstand die Vorherrschaft übernimmt und die reine Gefühlspolitik verdrängt.

So finden wir den Weg der richtigen Politik: bei jedem politischen Problem wird die Frage nach der grundsätzlichen Richtigkeit aufgeworfen. Es wird nicht zusammenhangslos entschieden, sondern vom ordnenden Denken in größere Zusammenhänge eingeordnet. Die Fäden werden weitergesponnen bis zum letztmöglichen Zwiespalt der Entscheidung. Die einzelne Willensentscheidung wird bewußt gegründet auf die prinzipielle Einstellung zum Ganzen.

Es kann nach dem Vorausgehenden keinem Zweifel unterliegen, welches der umfassende Standpunkt sein muß, auf den letztlich alle Entscheidungen, alle Werturteile zurückgeführt werden müssen. Das Leben selbst gibt uns den obersten Wertmaßstab an die Hand. Wir finden die objektive Grundlage der Bewertung in einer vitalistischen Rechtspolitik als Theorie.

Der Vitalismus lenkt den Blick auf das Leben als Grundlage der Bewertung, wie er uns auf das Leben als Tatsache der Wirklichkeit, als Erkenntnisgegenstand hingewiesen hat. Von hier aus versuchen wir ein objektives Fundament der Bewertung zu erhalten. Wir suchen die Idee des Lebens als Wertgrundlage, wie wir das Wesen des Lebens als Erkenntnisgrundlage aufgestellt haben. Dabei sehen wir, daß zunächst im Leben sich immanente Lebenstendenzen aufzeigen lassen, daß das Leben gerade dadurch ausgezeichnet ist vor den Vorgängen anorganischer Struktur, daß es ein ihm eigentümliches Zielstreben, eine Entelechie in sich birgt, der alle Lebensäußerungen dienen. Die Entelechie fordert Erhaltung des Lebens und drängt zur Entfaltung der organischen Wesenheit.

Es scheint also, als handle es sich nur darum, erkennend das Lebensziel festzustellen aus den durch die Vergangenheit bis in die Gegenwart verfolgbaren Entwicklungstendenzen, um daraus eine objektive Grundlage der Bewertung ohne weiteres zu erhalten. Alles, was in die von uns aufgefundene Richtung hineinpaßt, was auf das von uns ermittelte Ziel hinführt, eine Förderung der eingeschlagenen Entwicklung darstellt, ist wertvoll, anzustreben, zu betonen, politisch zu verwirklichen. Alles, was der aufgezeigten Entwicklung zuwiderläuft, sie hemmt, sich ihr entgegenstellt, sie zu Umwegen drängt, ist hintanzuhalten, zu unterdrücken, politisch niederzuringen. Der Entwicklungsgedanke wird so überspannt zu einer monistischen Vermengung von Sein und Soll, Werden und Zielstreben, Entwicklung und Sinnverwirklichung, Wirklichkeit und Wert. Ein solcher politischer Standpunkt kann als Methodenmonismus gekennzeichnet werden. Das Werk des Staatsmannes erscheint von solchem Gesichtswinkel aus betrachtet leicht zu erfassen. Er ist nicht frei, trägt für die Richtung der Entwicklung niemals eine selbständige Verantwortung, sondern nur für die Art der Zielverwirklichung. Ein ehernes Gesetz waltet über seinem Wirken. Er ist der Vollstrecker einer vorgezeichneten Ordnung, nicht eines höheren Willens, sondern eines zwangsläufig drängenden Muß. Ethik, Religion, die Würde der menschlichen Persönlichkeit hat in einem solchen Weltbild keinen Raum. Die Materie und das in ihr ewig fortwirkende Naturgesetz beherrschen das Leben des Einzelnen und der Gemeinschaft. Keine sittliche Norm gebietet. Kein sittlicher Wille gehorcht. Weit eher dünkt es Unverstand, sich der Entwicklung entgegenzustellen, sie in ihrem Laufe hemmen zu wollen, als Bosheit. Der Wert verblaßt ganz und gar vor der Wirklichkeit. Sie beherrscht das menschliche Handeln. Es gibt nur Realien der Politik, keine politischen Taten, keine schöpferischen Ideen. Der Mensch steht ohnmächtig vor den Realien da. Der Staatsmann ist niemals Führer, sondern höchstens „Geburtshelfer" der natürlichen Entwicklung. Wir kennen diese Lehre als ausgeprägten politischen Parteistandpunkt. Es ist der historische Materialismus, die Grundlage der sozialistisch-kommunistischen Ideologie.

Eine solche Auffassung widerspricht unserer Erfahrung, unserem täglichen Erleben. Sie kann nicht unsere Weltanschauung sein, weil sie unserer Anschauung von der Welt entgegensteht. Für den Politiker vollends ist sie unmöglich. Sie macht sein Schaffen inhaltsleer und sinnlos. Sie nimmt ihm den Schwung der Idee und die Begeisterung des

Ideals. Die Politik ist ein lebendiges Gestalten, kein tatenloses Zusehen. Sie fordert nicht nur Erklärung der Außenwelt, sondern pragmatische Deutung. Die politische Theorie will keinen Eigenwert darstellen, sondern dem Leben dienen. Soll sie dies, dann muß sie der Wirklichkeit des Lebens Rechnung tragen: sie muß vitalistisch sein.

Wir müssen also zwar vom Leben ausgehen um eine wissenschaftlich fundierte Wertgrundlage für die Politik zu erhalten, aber wir dürfen die Gegebenheit des Lebens nicht hinnehmen als einen die politische Wirksamkeit bindenden und lähmenden Zwang. Wir entnehmen aus der Erfahrung des Lebens die allgemeinen Richtlinien der Entwicklung nicht als ein uns persönlich verpflichtendes Soll. Der Vitalismus umschreibt uns das vom politischen Willen zu erfassende und von der politischen Tat zu verwirklichende Ziel. Er weist uns die Richtung.

Damit ist uns eine wissenschaftliche Grundlage für politische Bewertungen gegeben. Wir gelangen über subjektive, lediglich im Gefühl verankerte Urteile hinaus zu einer objektiv begründeten Meinung, die sich auf gedanklicher Schlußfolgerung aufbaut. So werden wir zu den Fragen der aktuellen Politik eine gesicherte Stellungnahme erreichen und unseren eigenen Standpunkt gegenüber widerstrebendem Willen und entgegenstehender Überzeugung siegreich durchfechten können.

Wir finden aber damit zugleich einen Maßstab zur Bewertung fremder politischer Überzeugungen. Wir achten in der Anschauung des Gegners die Ausdrucksform einer ihm eigenen Lebenstendenz, die Auswirkung seiner Weltanschauung. So gelingt es uns, die politische Meinung des Gegners ebenfalls objektiv zu bewerten und sie damit gerechter einzuschätzen als dies im politischen Leben heute noch zumeist geschieht.

Denn wo immer jemand eine politische Ansicht äußert, die unserer eigenen Auffassung widerstreitet, sind wir zunächst rein gefühlsmäßig geneigt, anzunehmen, daß der Gegner nur entweder aus Dummheit oder aus Schlechtigkeit seinen Standpunkt verficht. Wenn er von der Durchschlagskraft unserer unbezweifelbaren Gründe ungerührt bleibt, zweifeln wir an seinen Verstandesgaben; hat er uns aber schon Proben eines hervorragenden Intellekts gegeben, dann kann er eben nur aus Bosheit unserer Forderung die Anerkennung versagen. Diese Auffassung ist ebenso verbreitet wie falsch. Sie verkennt vor allem die Notwendigkeit einer verschiedenartigen Einstellung zu den politischen Werten je nach der Weltanschauung des Einzelnen und die Möglichkeit einer verschiedenartigen Abschätzung der Verwirklichungschancen.

Gerade auf dem Gebiet der Rechtspolitik zeigt es sich oftmals deutlich, wie die Forderungen auseinandergehen müssen, je nach der weltanschaulichen Grundeinstellung des einzelnen Politikers. Das Steuerrecht, die rechtliche Regelung des Eigentums, das Erbrecht werden — um nur wenige Beispiele anzuführen — vom konservativen Standpunkt eine grundsätzlich andere Beurteilung erfahren als etwa vom kommunistischen. Es wäre aber verfehlt, wenn der Anhänger der einen Richtung dem der anderen deswegen den Vorwurf persönlicher Ehrlosigkeit oder politischen Unverstandes machen wollte.

Es wird niemals gelingen, die Ansichten der auseinanderstrebenden Parteien zu einheitlicher Auffassung zusammen zu zwingen, die politische Praxis führt zu Kompromissen. Diese beseitigen die Gegensätze als solche nicht, sondern sie versuchen nur eine praktische Lösung, mit der die gegenteiligen Anschauungen, wenn auch nicht befriedigt, so doch berücksichtigt erscheinen.

Aber es muß doch wenigstens versucht werden, einer wirklichen Einigung näher zu kommen. Es muß versucht werden, eine objektive Grundlage für die politische Wertung, insbesondere für die rechtspolitische Wertung, zu finden, welche für jeden politischen Standpunkt einen notwendigen Ausgang darstellt. Eine solche Aufgabe stellt sich die vitalistische Rechtspolitik als Praxis.

Dritter Abschnitt.

Das Rechtsideal in der Politik.

I. Kapitel.

Die Idee als wirkende Macht in der Politik.

Tatsachen der Wirklichkeit und Ideen bestimmen den Lauf der Politik. Sie bilden daher die Elemente einer wissenschaftlichen Erkenntnis auf politischem Gebiete. Aus den Realien, die den Staatsmann umgeben, und den Idealen, die ihm vorschweben, ergibt sich der politische Kurs, den er verfolgt. Wie der Steuermann draußen auf dem Meere seine Navigation einerseits nach den umgebenden realen Verhältnissen — Wind, Seegang, meteorologischen Feststellungen, Leistungsfähigkeit des Schiffs und seiner Mannschaft — anderseits nach dem Ziele der Fahrt einrichtet, so der Realpolitiker, der das Gemeinwesen zunächst in seinen Notwendigkeiten und Bedingtheiten erkennt und, erfüllt von der Erkenntnis des Seienden, das Soll anstrebt, das ihm als Aufgabe gestellt ist.

Realien und Ideale der Politik finden wir niedergelegt im Recht, im positiven Recht und im Rechtsideal, hier finden sie geklärte Gestalt, scharfe Umrisse, deutlichen Hintergrund. In dem Bild der Wirklichkeit und in dem Bild der Regelung, die uns die Zukunft bringen soll, erkennen wir die Unzahl von politischen Einzelbestrebungen zusammengefaßt auf greifbare Gestalt. Ideen können die politische Begeisterung wecken, die Kampflust anregen, aber sie können nicht unmittelbarer Gegenstand des politischen Kampfes sein. Denn sie enthalten selbst keine politischen Zielvorstellungen in sich. Gegenstand des politischen Kampfes sind die politischen Ideale, die dem einzelnen Politiker als Bilder einer besseren Zukunft vorschweben, um die er kämpft.

Da die Politik einwirken will auf die Gestaltung des Gemeinschaftslebens und das vorzüglichste Mittel solcher Einwirkung die Rechtssetzung ist, nimmt das politische Ideal vorzugsweise die Gestalt eines Rechtsideals an. Das Rechtsideal tritt uns demgemäß allenthalben in der Politik entgegen als Zielvorstellung, wenn anders diese Zielvorstellung sich selbst zu voller, restlos abgeschlossener Klarheit durchgerungen hat.

Wenn so das geltende Recht und das Rechtsideal in der Politik eine ausschlaggebende Rolle spielen, jenes als Reale, dieses als wirkende

Macht, können wir mit Fug die Politik als eine Funktion des Rechts ansprechen. Die Politik erscheint uns als eine abhängige Größe, abhängig eben vom Recht in seiner zwiefachen Gestalt als seiendem und seinsollendem Recht. Das positive Recht und das Rechtsideal sind Wandlungen unterworfen, eine Unzahl von Gestaltungen tritt uns im Laufe der Geschichte und bei vergleichender Umschau in der Gegenwart entgegen. Verschieden sind positives Recht und Rechtsideal nach Zeiten und Völkern, fast möchte man geneigt sein das Rechtsideal sogar als individuell verschieden anzusehen; aber politisch kommen nur solche Rechtsideale überhaupt in Betracht, die über den Rahmen der bloß individuellen Bedeutung hinausragen, die sich schon einmal Anerkennung und Gefolgschaft in den Massen errungen haben, die mit anderen Worten zum Parteiprogramm erhoben worden sind. Diesem Wandel des positiven Rechts als einer jeweils gegebenen Realität und dem Wandel des Rechtsideals folgt die Politik mit berechenbarer Notwendigkeit. Ist das Recht in einer bestimmten Erscheinungsform gegeben, dann kann die Politik daraus abgeleitet werden.

Denn das geltende Recht bestimmt für die politische Arbeit den Ausgangspunkt, das Rechtsideal aber stellt sich als das Ziel dar. Der Weg von jenem Ausgangspunkt zu diesem Ziel kann verschiedene Richtungen nehmen, aber er ist doch am Anfang und Ende gebunden. Aufgabe des Politikers ist es den Weg als Führer zu weisen, der das Ziel möglichst vollkommen erreichen läßt und schädlichen Begleiterscheinungen ausweicht. Die Richtung von der Wirklichkeit nach dem Ideal hin bezeichnet die politische Idee, die Richtung nach dem Rechtsideal die Rechtsidee.

Jede politische Idee hat vor anderen Ideen, die den Menschengeist bewegen, eine Besonderheit an sich: sie ist auf das Gemeinschaftsleben hin orientiert, sie verknüpft das Bild des Gemeinschaftslebens, wie es sich uns in der Wirklichkeit darbietet und vor allem durch die Realien der Politik in ihrem jeweiligen Bestande scharf gekennzeichnet ist, mit dem Idealbilde des Gemeinschaftslebens. Der spezifische Gegenstand der politischen Idee zeigt uns ihre innerliche Verknüpfung mit der Idee des Lebens. Die Ideen, welche für die Politik in Betracht kommen, sind allemal bezogen auf die Idee des Lebens. Sie sind in diesem Sinne „vitalistisch" zu nennen. So sehr die politischen Ideen objektiv auseinandergehen, subjektiv ist ihnen immer gemeinsam die Zielrichtung auf die Lebensgestaltung nach einem Ideal.

Dazu kommt für die politische Idee eine weitere Besonderheit, die nicht im Gegenstand sondern im Träger der politischen Idee begründet ist. Politische Ideen bestimmen das Gemeinschaftsleben, wie sie auf Bestimmung des Gemeinschaftslebens subjektiv berechnet sind. Politische Ideen sind also ihrem Sinne, ihrer Tendenz nach nicht individuell begrenzt, sondern massenpsychologische Phänomene, wenn auch der Anstoß von einem Einzelnen ausgehen kann, sei es, daß dieser als der eigentliche Schöpfer einer politischen Idee zu gelten hat oder aber, daß er ihr die letzte entscheidende Formulierung gab, vielleicht das Schlagwort geprägt hat, das den politischen Siegeszug der Idee begründete. Darum sind politische Ideen wirkliche Tatsächlichkeiten des Gemeinschaftslebens, wirkende Mächte in der Politik, die der Staatsmann gebraucht und mit denen er rechnet.

Die politische Idee gibt oftmals im politischen Leben die entscheidende Wendung. Sie leitet eine neue Epoche in der Weltgeschichte ein. Die Wucht der Realien ist unverkennbar, ihre Tragweite unermeßlich: sie binden die politische Tat, hemmen das politische Werk, drängen zu politischer Gestaltung, Fortbildung, Vervollkommnung. Aber über der Wirklichkeitsbetrachtung darf die Idee als leitender, ordnender, zielesetzender Gesichtspunkt niemals vergessen werden.

Die politische Idee drängt vorwärts und trägt aufwärts: Sie drängt vorwärts zur Verwirklichung der von Gefühl und Willen aufgenommenen Tendenz und sie trägt aufwärts, indem sie den Lebenssinn verwirklicht. Der Sinn des Lebens, des Individuallebens wie des Gemeinschaftslebens ist die Vervollkommnung, der ewige Aufstieg zu unerreichbarer, aber stets anzustrebender Lebenshöhe — die politische Idee enthält den Sinn des Lebens, indem sie Entfaltung der organischen Einheit im einzelnen und in der Gemeinschaft letztlich immer in irgendeiner Weise bedeutet.

Tatsächlich mag eine Politik zur Verkümmerung, Niedergang, Erstarrung, Lahmlegung führen. Ihrer Idee nach aber führt die Politik zu Entfaltung, Aufstieg, Lebenskraft und wirkendem Wollen. Gerade weil die Politik, wie sie uns aus der Erfahrung entgegentritt, als Menschenwerk in Ziel und Weg Irrtümern und Fehlern ausgesetzt ist, bedarf sie einer Idee, eines Leitgedankens, einer begründeten und allgemein gültigen Zielvorstellung.

Das Problem einer richtigen Politik ist darum in der Hauptsache ein Problem der politischen Ideologie. Das primäre ist die Zielsetzung, die Zielverwirklichung folgt in weitem Abstand. Eine Politik ohne Leitgedanken ist unmöglich, sie würde nicht nur dem Sinn, der Idee der Politik widerstreiten, sondern sogar dem Begriff der Politik. Denn immer verstehen wir unter Politik ein Gestalten. Dieses Gestalten mag sich vom rechten Ziele weit verirren, vielleicht in der Mehrzahl der Fälle auf Abwege geraten. Aber es ist doch subjektiv zielstrebend. Im Begriff des Gestaltens liegt die Gestaltgebung. Es wird dem Stoff eine Form gegeben, die dem Schöpfer vorher im

Geiste vorgeschwebt hat. Dieses Suchen und Ringen nach der endgültigen Form macht das Wesen der Politik aus. Die Idee ist an zentraler Stelle im Begriff der Politik zu finden. Wer immer politisch handelt oder etwas politisch will, wer politisch wertet oder politisch erkennt, sieht ein Ziel vor sich, eine Idee, nach der er verfährt, soll seine Arbeit nicht blind im Dunkeln tasten. Freilich kann diese Idee eng begrenzt sein. Das Ziel kann in unmittelbarer Nähe liegen, es kann undurchdacht sein, dem Ganzen der Persönlichkeit und dem Ganzen des Charakters, der Weltanschauung sich nicht einfügen. Aber es ist vorhanden, es wirkt sich aus. Auch unvollkommene politische Ideen sind wirkende Mächte in der Politik.

Die Tendenz der politischen Idee aber ist auf Vollkommenheit, auf Vollendung gerichtet. Dem Endziel ordnen die Zwischenziele sich unter; das Einzelne erhält die allgemeine Weihe, die sittliche Würde, den Wert aus dem Ganzen des Weltbildes heraus, das als der eigentliche Hintergrund des politischen Ideals sich abhebt.

Politik wirkt auf dem Hintergrund und Untergrund der Weltanschauung. Wie das Recht aus der Weltanschauung herauswächst, an ihr seinen Wertmesser, sein Ziel findet, so auch die Politik, um so mehr als ja, wie wir gesehen haben, die Politik in der Hauptsache das Recht in irgendeiner Form zum Gegenstand oder Ausgangspunkt hat.

Wir brauchen im Streit der politischen Meinungen, im Kampf um die politischen Ideale weltanschaulich begründete und wissenschaftlich gesicherte Wahrheiten, von denen wir ausgehen müssen, wenn nicht blinde Tat gegen blinde Tat und Gefühlsinhalt gegen Gefühlsinhalt stehen sollen. Ohne die objektiv begründeten und objektiv begründbaren Wahrheiten fehlt jede Grundlage zu einer Einigung, politischen Überzeugung, ja sogar die Basis für den eignen politischen Standpunkt. Es genügt nicht ein „Ich will". Wir brauchen in der Politik ein „Ich weiß, darum will ich". Nur Wissen verschafft uns die Sicherheit, das Pathos der Überzeugung, ohne das politisches Wirken nicht gedacht werden kann. Eine politische Idee setzt also eine politische Erkenntnis voraus. Das politische Ideal muß in systematischer Arbeit des nüchtern fortschreitenden Verstandes aus gefühlsmäßiger Unklarheit herausgehoben und gestaltet werden. Damit aber wird das politische Ideal zum Rechtsideal. Es wird geleitet von der Idee des Rechts.

II. Kapitel.

Die Idee des Rechts als politische Idee.

Unter den politischen Ideen, welche das politische Handeln leiten, verdient die Idee des Rechts eine gesonderte Betrachtung:

dies nicht nur deshalb, weil die vorliegende Darstellung die Politik als eine Funktion des Recht auffaßt und sohin die Bedeutung des Rechts für die Politik bewußtermaßen in den Vordergrund rückt, sondern vor allem wegen der eigenartigen inneren Beziehung der Idee des Rechts zur Politik.

Wer heute irgendeine politische Forderung verficht, wird in jedem Falle bemüht sein, diese Forderung zu endgültig abgeschlossener Form zu bringen, ihre Verwirklichung durch einen Staatsakt herbeizuführen. Dieser Staatsakt kann ein Verwaltungsakt sein. Soferne es sich aber um eine grundsätzliche Reform, um eine wichtige Neugestaltung handelt, wird der Staatsakt in der Form eines Gesetzes ergehen. Die politische Forderung erhält ihre Erfüllung durch einen Rechtssetzungsvorgang.

Aus diesem Grunde wird in den meisten Fällen die Frage nach der grundsätzlichen Richtigkeit der einzelnen politischen Forderung aufgeworfen: von den sie vertretenden Personen oder Parteien zur Begründung der Richtigkeit der Forderung, von den Gegnern zur Bekämpfung. Der Politiker wird deshalb immer das Bestreben haben, den von ihm vorgeschlagenen Rechtssatz, welcher die politische Reform enthält, nicht nur unter dem Gesichtspunkt der Nützlichkeit für eine einzelne Gruppe von Staatsangehörigen sondern unter dem Gesichtspunkt eines gerechten Ausgleiches widerstrebender Interessen, einer Förderung des Gemeinschaftslebens zu begründen. Solche Gedankengänge führen ihn mit Notwendigkeit an irgendeinem Punkte immer zur Idee des Rechts.

Aber noch aus einem anderen inneren Grunde ist die Idee des Rechts als politische Idee hervorzuheben. Wir haben gesehen, daß das Recht sich die Regelung des Gemeinschaftslebens zum Ziele setzt und wir haben anderseits festgestellt, daß auch die Politik auf eine Gestaltung des Gemeinschaftslebens abzielt. Daraus ergibt sich, daß die Idee des Rechts notwendig zur Politik in einen inneren Zusammenhang tritt.

Dazu kommt, daß die Idee des Rechts wie der Sinngehalt der Politik orientiert ist an der Idee des Lebens. Wollen wir also alle jene Zusammenhänge erkennen, dann müssen wir auf die Idee des Lebens zurückgreifen.

Das Leben tritt uns zunächst im Rahmen biologischer Erkenntnis als ein gesetzmäßiger Ablauf physischer und psychischer Erscheinungen entgegen. Der Lebensvorgang besteht in der Entfaltung vorhandener Anlagen. Die Richtung der Entfaltung bestimmt sich aus der Eigenart des Organismus, aus seiner Entelechie. Die Entelechie stellt sich gewissermaßen als eine Brücke vom Reich des Seins zum Reich des Sollens dar. Eine dem Sein immanente Entwicklungstendenz weist an sich zunächst in die Zukunft des Seinsablaufes. Als Naturvorgang zeigt sich uns dieser Ablauf im Reich des organischen Geschehens, gebunden an naturgesetzliche Notwendigkeit. Ein streng kausalgesetzlicher Entwicklungsverlauf entrollt sich vor unserem betrachtenden Blicke. Aber sobald wir versuchen, wertend an diesen Geschehensablauf heranzutreten, müssen wir erkennen, daß das kausalgesetzlich bestimmte Entwicklungsziel zugleich einen Wert, den Wert des Lebens in sich schließt. Darum haben wir in der Entelechie nicht nur eine Basis für den Entwicklungsverlauf in die Zukunft hinein sondern zugleich die Grundlage unserer Wertung, insbesondere die Grundlage jeder politischen Wertung. Das Entwicklungsziel erscheint, unter dem Gesichtspunkt der Weltanschauung betrachtet, wertbetont. Es ist uns erstrebenswert und die notwendige Ableitung für unsere ethische Betrachtung ergibt sich daraus: das auf der Grundlage wissenschaftlichen Erkennens gewonnene Entwicklungsziel als immanenter Entwicklungssinn wird zur politischen Aufgabe.

Die Idee des Rechts als politische Idee zeigt uns, daß das Richtige und Gerechte als politisches Ziel in erster Linie ein Soll, ein ethisches Gebot enthalten. So ragt die Ethik nicht nur herein in das Gebiet des Rechts sondern auch in den Machtbereich der Politik. Es gibt ein letztes endgültiges Soll, weil es einen letzten endgültigen Wert gibt. Diesen Wert erkennen wir in der Idee des Lebens. Die Idee der Entfaltung im Sinn eines ewigen Aufstieges durch Vervollkommnung enthält für unser politisches Denken nicht nur eine Zielrichtung in die zukünftige Entwicklung, wie sie sich aus den Realien der Politik ableitet, auch nicht nur eine Zielrichtung für unser Wollen, indem wir das als wertbetont erkannte Entwicklungsziel des Gemeinschaftslebens bewußt mit den Mitteln der Politik zu verwirklichen suchen, sondern letztlich eine Zielrichtung, wie sie uns als Aufgabe vorgezeichnet ist.

Dieses Soll tritt vor die politische Tat als Motiv und es richtet die geschehene Tat als Maßstab. Für jede politische Handlung kommt es in Betracht als ein Faktor, der an deren Anfang gesetzt ist. Dort die Realien, hier das Soll als politische Idee. Beide ergeben uns, was wir politisch wollen sollen. Sie binden den politischen Willen, beide jedoch auf ganz verschiedene Art. Die Realien mit der Urgewalt des kausalgesetzlichen „Muß", die Rechtsidee im Sinne des ethischen Gesetzes, des „Soll". Beides sind wirkende Mächte in der Politik. Psychologisch gestalten sie das politische Werk vom Führer aus und von der Masse aus. Individualpsychologisch und massenpsychologisch wirken sie sich aus. Der Staatsmann muß darum der Rechtsidee ebenso Rechnung tragen wie den Realien der Politik.

Die Idee des Rechts — und darin offenbart sich der tiefere Grund für jenen Zusammenhang und jene doppelte Bindung — leitet sich aus der Idee des Lebens her. Das Leben drängt aus seiner eigenen Entelechie heraus zur Gestaltung, das Gemeinschaftsleben zu bewußter Lebensgestaltung durch Rechtssetzung.

Deshalb ist jeder Rechtssetzungsakt seinem Sinne nach eine Erfüllung der allgemeinen Idee des Lebens und, wo er es nicht ist in seiner unvollkommenen Gestalt, drängt er zu weiterer Vervollkommnung. Aus der Idee des Lebens und der Idee des Rechts heraus sehen wir die politische Pflicht zur Arbeit an der Vervollkommnung der Gemeinschaft erwachsen. Insoferne tritt uns in der Idee des Rechts geradezu der Sinn der Politik entgegen.

Alle Politik drängt zu grundsätzlich richtigen Lösungen von Problemen des Gemeinschaftslebens, die Gerechtigkeit ist ihr Ideal. Denn es handelt sich ja für die Politik niemals, wenn anders sie ihr rechtes Ziel im Auge hat, um Vorteile Einzelner auf Kosten anderer. Von engbegrenzter Parteipolitik, die den Parteinutzen über das Wohl der Gesamtheit stellt, ist ja hier nicht die Rede. Wenn aber die Politik eingreifen will in das Gemeinschaftsleben ohne den einen zu schädigen um den anderen zu bereichern, dann ist die Vorstellung, die sie beseelt, der Gedanke der Gerechtigkeit. Der Ausgleich der Einzelinteressen und der Gruppeninteressen, der Parteiinteressen und der Staatsinteressen ist ihr Ziel. Das Gemeinschaftsleben als solches kann nur durch solchen Ausgleich gefördert werden. Damit wird die Idee des Rechts zu einer Voraussetzung jeder Politik.

Wer diese Bedeutung der Idee des Rechts für die Politik einmal deutlich erkannt hat, wer die Beziehungen zwischen der politischen Tat und ihren Folgen einerseits und den zur Tat hindrängenden Ideen und ihren geistigen Wurzeln anderseits sich klar gemacht hat, für den ist Politik allemal mehr als ein nur zufälliger Willensinhalt von einzelnen oder von Massen: er sieht vor sich das Wirken eines organischen Lebens.

Dem Menschengeist aber ist hier diese Aufgabe gesetzt: er soll mit forschendem Verstande nachdenken über die Zielsetzung nicht nur des individuellen, sondern auch des Gemeinschaftslebens, da er ein Glied dieses organischen Ganzen, dieses lebendigen Entwicklungsträgers ist, an welchem alle Politik sich entfaltet; er soll sich bewußt sein der inneren Verknüpfung des Einzeldaseins und des Völkerschicksals, des persönlichen Erlebens und des politischen Wirkens, wie sie in der Idee des Rechts zum Ausdruck kommt.

Die Idee des Rechts ist der bewußte Ausdruck solcher Verknüpfung. Sie bedeutet eine grundsätzliche Orientierung des Einzelwollens am Gemeinschaftsziel. Sie führt zu bewußt-organischer Willensbildung innerhalb der Gemeinschaft. Die Politik erscheint nicht mehr als Mittel, persönliche Macht und persönliche Vorteile zu erringen. Sie scheidet aus dem Bereich der Willkür aus und wird ein unpersönliches Soll.

So gibt es kein nur subjektiv berechtigtes „Ich will" auf dem Gebiet der Politik, keinen persönlichen Machtspruch, keine schrankenlose Diktatur eigensüchtiger Prägung. Das Wissen und das Sollen gehen dem Wollen voran und bestimmen seinen Inhalt. Das Wissen schöpfen wir aus politischer Erfahrung, aus gelegentlicher und aus planmäßiger systematischer Wirklichkeitserkenntnis, aus der Wissenschaft als einer objektiven Grundlage jeder politischen Arbeit, das Sollen wird uns offenbar aus der Tiefe der Weltanschauung. Wissen und Sollen aber verknüpft die Idee des Rechts.

Die Idee des Rechts als politische Idee ist so alt wie die praktische Politik. Unsere eigene Aufgabe aber ist ihre klar bewußte Erfassung. Die Idee des Rechts weitet uns den Blick über den engen Horizont des parteimäßigen Standpunkts hinaus. Wir sehen das Einzelinteresse und das Parteiinteresse im Gefüge des gesamten politischen Lebens, in seinem Eigenwert abgewogen nach allgemeinen Wertsetzungen. Sonderinteressen und individueller Machtwille müssen zurücktreten vor der sinnvollen Lebensentfaltung der organischen Gemeinschaft.

Die Rechtsidee beherrscht das Dasein der Einzelnen und das Dasein der Staaten. Eigenwille und Eigensucht sind gebrandmarkt, die Vernunft fordert Eingliederung in den sozialen Organismus nach der Idee des Rechts. Das Rechtsideal erscheint nicht mehr vielgestaltig in heißem Kampf umstritten, sondern es ist zum Lebensinhalt in der Politik geworden. Die Idee des Rechts leitet das Wollen der Einzelnen und das Wollen der Staaten. Sie weist so als politische Idee den Weg zu richtiger Politik.

III. Kapitel.

Die Idee des Lebens als Prinzip der Rechtspolitik.

Realien binden die Politik, bestimmen ihre Grundlagen, ihren Ausgangspunkt, die Grenzen ihrer Wirksamkeit. Ideen treiben sie vorwärts, sie setzen Ziele, bestimmen die Wegrichtung, sie wecken das politische Werk. So ist die Idee wirkende Macht in der Politik. Unter den politischen Ideen ragt aber die Rechtsidee bedeutsam auf. Sie kann gerade als die politische Idee bezeichnet werden. Gewiß bestimmen andere Ideen öfter und mächtiger den tatsächlichen Gang der politischen Ereignisse, sie packen die Seelen der Menschen mit hinreißenderer Gewalt: der Kampf um die Freiheit wird mit größerer

Begeisterung ausgefochten als der Kampf um das Recht. Aber die Freiheit könnte nicht als die politische Idee schlechthin angesprochen werden. Der damit verbundene Vorstellungsinhalt hat keine notwendige Beziehung zum Staat, zum Gemeinschaftsleben der Menschen in organisierten Verbänden. Die Idee des Rechts aber ist unlöslich verknüpft mit der Idee des Staates. Staat und Recht hängen begriffsnotwendig zusammen. Und eben darum ist die Rechtsidee zugleich die politische Idee. Zu diesem dialektischen kommt für die vitalistische Auffassung der innere Wesenszusammenhang zwischen Rechtsidee und Politik: Organisches Wirken und organisches Werden sind das Bindeglied zwischen Recht und Staat, zwischen Recht und Politik. Die Rechtsidee selbst ist ja bestimmt durch die Idee des Lebens: denn Recht und Politik wirken sich, wie wir gesehen haben, auf die Lebensgestaltung der Gemeinschaft aus, die Politik vornehmlich durch das Mittel des Rechts.

Wenn man also die Politik als Funktion des Rechts betrachtet und dabei die Bedeutung des Rechtsideals für die Politik würdigen will, so muß die Erörterung notwendig auf die Idee des Lebens als Prinzip der Rechtspolitik zurückgreifen. Die Idee des Lebens ist dann zugleich das letzte Ziel, der Schlußpunkt wissenschaftlicher Forschung auf politischem Gebiet. An diesem Punkt bricht das Wissen ab. Intuitive Schau reicht darüber hinaus. Gefühlsmäßige Erfassung und gefühlsmäßige Entscheidung setzen ein, aufbauend auf der Grundlage wissenschaftlichen Erkennens.

Hatten wir das geltende Recht unter wissenschaftlichem Gesichtspunkt zu bewerten unternommen, so mußten wir — von der für uns gegebenen Grundanschauung aus — zu einer vitalistischen Rechtspolitik als Theorie gelangen. Diese theoretische Besinnung war gestützt auf eine Erkenntnis des geltenden Rechts als Lebenserscheinung. Die vitalistische Rechtspolitik als Theorie gründet sich auf die vitalistische Rechtslehre als Theorie.

Wenn aber die Wissenschaft nun zum Rechtsideal selbst vordringt, an dem der Wert des geltenden Rechts gemessen wird, dann kann es sich hier nicht mehr um ein gleichartiges Nachdenken, nicht mehr um eine „Theorie" handeln. Eine Theorie des Rechtsideals ist undenkbar. Unser Nachdenken gilt jetzt einem anderen Gegenstand, hat eine andere Zielrichtung.

Wir sehen vor uns die historische Entfaltung der organischen Lebenseinheiten in der Staatenwelt. Wir finden die apriorisch erkannte Wahrheit empirisch bestätigt. Die Idee des Lebens beherrscht die Rechtsgestaltung, die Politik überhaupt.

Der Vitalismus erweist sich als gestaltendes Prinzip in der Rechtspolitik, die vitalistische Rechtspolitik als Praxis.

Auf der Grundlage dieser Erkenntnis erschließt sich uns die tiefere Bedeutung jener Versuche, die das Prinzip der Rechtspolitik von ganz verschiedenen Richtungen her in der Vergangenheit formulieren wollten:

Die Naturrechtsbewegung sah in der menschlichen Vernunft den Schöpfer des Rechts, sie glaubte aus der menschlichen Natur ohne weiteres ein für alle Zeiten gültiges Recht ableiten zu können. Der Rechtsinhalt ergab sich aus vernünftigen Erwägungen über die Natur des Menschen. Dem Vernunftrecht — so lehrte man — gebührt der Vorrang vor dem positiven Recht. Das Recht, „das mit uns geboren ist", erscheint als das allein geltende, einzig wahre Recht. Gesetz und Rechte, die sich von Geschlecht zu Geschlecht in alter Unvollkommenheit fortschleppen und den Enkel wie den Ahnen gleichermaßen bedrücken, die „wie eine ewige Krankheit" von Ort zu Ort sich verbreiten und nicht aus innerer Notwendigkeit sondern nur kraft äußerer Autorität Geltung beanspruchen, mußten verblassen vor dem erhabenen Bilde jenes Naturrechts, das Rechtsideal und Rechtswirklichkeit, Soll und Sein in sich vereinigt.

Dem trat die historische Rechtschule auf positivistischer Basis entgegen. Die mannigfaltigen Rechte, wie sie nach Zeit und Ort verschieden entstanden, sich fortbildeten und in tausendfältiger Gestalt sich als historisch erwachsene Gegebenheiten dem Forscher präsentieren, erscheinen als das einzig wahre, das Vernunftrecht aber als willkürliche, phantastische Konstruktion.

Der Rechtsbegriff und die Rechtswertbetrachtung sind Gegenstand der Kontroverse. Der Rechtsbegriff des Naturrechts ist absolut. Denn es gibt nur ein „Recht" schlechthin und das ist jenes Recht, das der Natur des Menschen oder der Natur des Rechts entspricht, jenes Recht, das in seinen Bestimmungen und mit seiner Autorität unmittelbar aus der menschlichen Vernunft hervorgeht. Aus der menschlichen Natur wird eine Rechtsordnung abgeleitet und bis in ihre Einzelbestimmungen hinein logisch entwickelt. Da dieses Urbild des Rechts selbst mit dem höchsten Rechtswert bekleidet ist, tritt es mit dem Anspruch auf, bis ins Einzelne hinein jedem positiven Recht gegenüber als Muster und Vorbild und damit als unbedingt maßgebendes Beurteilungsprinzip zu gelten. Anders der Rechtsbegriff der historischen Rechtschule: er hat das positive national und zeitlich bedingte Recht vor Augen. Dabei tritt die Rechtswertbetrachtung stark in den Hintergrund. Die Rechtsbewertung durch die historische Schule trägt einen positivistischen Charakter. Das Seiende als solches wird geachtet, aber gefühlsmäßig wertbetont ist das Seiende als organisch Gewordenes. Ein über allem positiven Recht grundsätzlich erhabenes Beurteilungsprinzip wird nicht aufgesucht. Nirgends spüren wir eine Sehnsucht nach dem idealen Recht. Wenn überhaupt ein Sehnen nach Verbesserung der deutlich empfindbaren Mängel des geltenden Rechts irgendwo auftritt, dann will es doch nur Erfüllung finden durch ein vorsichtiges Lauschen auf die Stimme der Volksseele, wie sie im geltenden, gewordenen Recht zum Ausdruck kommt.

So prägt sich in durchgreifender Verschiedenartigkeit der Rechtsbegriff und die Rechtswertvorstellung bei den sich gegenüberstehenden rechtsphilosophischen Systemen aus, ihren Urgrund findet sie aber jedenfalls in der Vorstellung von dem Objekt der rechtswissenschaftlichen Darstellung bei der historischen und bei der naturrechtlichen Doktrin. Hier die Annahme von absolut gültigen Normen, die außerhalb und über dem stehen, was der Anhänger der historischen Rechtsschule schlechthin als das Recht bezeichnet: Vorstellungen von einem absoluten Soll, einem kategorischen Imperativ, der an den Menschen als Menschen, nicht an den Menschen als Glied einer Rechtsgemeinschaft, eines Staates, also nicht an den Menschen als Staatsbürger gerichtet ist und der unbedingt Gültigkeit für sich in Anspruch nehmen kann — dort ein viel bescheideneres Ziel: ein in strenger Forschung lediglich auf umfassendem Erfahrungsmaterial aufgebautes Rechtsgebäude, das nur ein bedingtes Soll darstellt, kein absolutes Soll, nur Normen, die sich als konkrete Gestaltung menschlichen Gemeinschaftswillens darstellen, nicht Normen, die über dem menschlichen Willen stehend, diesen selbst binden wollen. So kommen wir zu der Auffassung, daß die Gegensätze gar nicht unvereinbar sind, daß hier gar nicht in der einen oder in der anderen Anschauung die volle Wahrheit enthalten ist, daß sich die beiden Lehren vielmehr ergänzen und in ihrer Zusammenfassung erst die Lösung des Problems ergeben: die historische Rechtsschule lehrte uns das positive Recht als Inhalt menschlicher Willensbildung abgrenzen von idealistischen Konstruktionen und reale Gegebenheiten wissenschaftlich erfassen; aber sie bleibt bei der Erkenntnis des Gewordenen stehen und sieht kaum einen Weg zu schöpferischer Weiterentwicklung des Rechts; die Ideen des Naturrechts dagegen müssen sich als Rechtssätze erst praktisch durchsetzen und sie können nur auf der Grundlage des historisch Gewordenen als rechtspolitische Forderungen formuliert und zu positivem Recht gestaltet werden.

So ergänzen sich die Verdienste beider Richtungen und so fügen sich die von beiden herausgestellten Teilwahrheiten zu neuer erschöpfenderer Erkenntnis zusammen. Aber der innere, gefühlsmäßige Gegensatz scheint fortzubestehen. Er ist die geistige Wurzel jener verhängnisvollen Äquivokation gewesen, bricht jedoch nicht mit dieser zusammen.

Der innere Gegensatz der Grundanschauungen bleibt jenseits der begrifflichen Ausprägung bestehen. Hier bringt uns die vitalistische Lehre neue Klärung.

Die vitalistische Lehre überbrückt den Zwiespalt, wenn sie auch den Streit niemals schlichten kann: denn die vitalistische Auffassung erkennt in dem organischen Werden des Rechts nicht minder als in schöpferischer Gesetzgebung einen Ausfluß der Entelechie, welche hier wie dort im Gemeinschaftsleben sich auswirkt. Das eine Mal wird sich der Mensch der Zielsetzung bewußt und gestaltet tatkräftig mit seinem Willen, schafft planmäßig neue Rechtsnormen, ändert die alten. Das andere Mal sehen wir Rechtsnormen langsam allmählich außer Übung kommen oder Lebensgebräuche sich zu Rechtsnormen verdichten. Es ist nur ein Unterschied in der zeitlichen Entwicklung, nicht im innersten Wesen. Wenn auch das eine mehr als ein Werden, das andere mehr als ein Handeln erscheint: im Grunde ist es in beiden Fällen das immanente Zielstreben, die aus der Entelechie erwachsene Schöpferkraft des menschlichen Geistes, die für das Gemeinschaftsleben der Menschen im Staatsverbande die Ordnung aufrichtet. Diese Entelechie aber ist nichts anderes, als die Lebenskraft im Organismus Staat. Bewußt-planmäßige Rechtsgestaltung durch Gesetzgebungsakte und bewußtseinfremdes Reifen alten Gewohnheitsrechts, beides sind Lebenserscheinungen, Wachstumsformen, beidemale haben wir ein organisches Werden vor uns. Das Gewohnheitsrecht erwächst aus der Vernunft und das Vernunftrecht ist erst dadurch „Recht", daß es zur Lebenserscheinung, zur massenpsychologischen Lebenstatsache wird.

Was lernen wir aus dieser Feststellung für die praktische Rechtspolitik?

Die Rechtspolitik und damit das wichtigste Gebiet aller Politik wird herausgehoben aus der Ebene parteipolitischen Experimentierens. Die Politik erweist sich als Funktion des Rechts, insoferne sie an der Idee des Rechts, an der Idee des Lebens orientiert ist. Die Rechtspolitik erscheint von zwei Seiten her wissenschaftlich fundiert: sie beruht auf der geltenden Rechtsordnung als einem Reale der Politik und sie ist zielgerichtet nach dem Rechtsideal. Dieses aber gründet sich objektiv auf die Idee des Lebens.

So finden wir im Getriebe der Tagespolitik den festen Halt, den eigenen Standpunkt zu geläuterter Erkenntnis und sinnhafter Bewertung. Wir sehen den Staat als Lebenserscheinung, die Politik als Lebensgestaltung. Die Politik wird in weitem Umfang eine Funktion des Rechts, wie das Recht als Lebenserscheinung selbst wieder aus der Politik herauswächst. Das Recht ist ein Werk der Politik, die Politik ein Werk des Rechts.

Vierter Abschnitt.

Die Rechtsgestaltung in der Politik.

I. Kapitel.

Die Aufgabe der Rechtspolitik.

Ist das Recht als Werk der Politik, die Politik als Werk des Rechts erkannt, dann tritt das Recht für den Politiker in den Mittelpunkt aller theoretischen und praktischen Reflexionen. Auf der Grundlage des positiven Rechts strebt er dem Rechtsideal zu. Das positive Recht als Reale der Politik wird zum Kernstück der gesamten politischen Wirklichkeit. Denn auf ihm baut sich die eigentliche politische Tätigkeit auf. Inhalt dieser Tätigkeit ist Rechtsgestaltung, das Ziel die Vervollkommnung des Rechts und der Gemeinschaft durch das Recht. Die Politik als Funktion des Rechts verknüpft so Rechtswirklichkeit und Rechtsideal.

Damit wird die Politik in der Hauptsache zur Rechtspolitik. Ihre Aufgabe ist in weitem Umfang identisch mit der Aufgabe der Rechtspolitik und aus diesem Grunde müssen wir die Aufgabe der Rechtspolitik zum Gegenstand einer selbständigen abschließenden Würdigung machen, sie gesondert herausstellen. Die theoretische Rechtspolitik bildet einen Teil der Lehre vom Recht, die praktische einen Teil — und zwar den bedeutsamsten — der praktischen Politik, also der Politik als Staatskunst. Beide stellen dem Recht, das ist, das Recht, das sein sollte, gegenüber. Aber die theoretische Rechtspolitik entwickelt nur logisch-konstruktive Möglichkeiten künftiger Rechtsgestaltung, während die praktische Rechtspolitik unter diesen Möglichkeiten entscheidet. Jene stellt in Gedanken dem Recht der Gegenwart ein Recht der Zukunft gegenüber und erwägt dessen Vorzüge und Nachteile, untersucht, ob das Recht der Zukunft, das sie ersonnen, vollkommener ist als das Recht der Gegenwart, den menschlichen Bedürfnissen und Idealen besser entspricht, dem sozialen Ideal näher führt, der Vervollkommnung des Rechtsunterworfenen dient. Diese aber schafft unmittelbar das Recht der Zukunft aus dem Recht der Gegenwart durch schöpferische Gestaltung.

Die theoretische Rechtspolitik steht ihrem Ziel nach dem Naturrecht nahe. Denn wie dieses, drängt sie in ihrer Tendenz aus dem ewig Gestrigen, dem Recht, das sich von Geschlecht zu Geschlecht bis zur

Gegenwart forterbt, nach dem idealen Recht, nach dem Recht, das mit uns geboren ist, das den lebendigen Bedürfnissen der Gegenwart dient und den Aufgaben der Zukunft gerecht wird. Aber die Rechtspolitik ist doch anderseits grundverschieden vom Naturrecht; sie will weniger und sie will mehr. Sie will nicht wie das Naturrecht aus der Natur des Menschen oder aus der Natur des Rechts Rechtssätze mit unwandelbarem Inhalt ableiten. Sie dient begrenzten Zwecken und ist sich der Relativität ihrer Lösungen bewußt. Es kann nur ihre Aufgabe sein, in methodisch sicherer Weise Rechtsgedanken aufzuweisen und zu entwickeln. Sie begründet die Werthaftigkeit dieser Rechtsgedanken und ihre praktische Brauchbarkeit als transzendentale Ideen auf weltanschaulicher Basis in methodischer Relation zu dem empirischen Phänomen der politischen Wirklichkeit. Sie orientiert sie nach objektivem Ziel und bietet damit die Gewähr übersubjektiver Geltung. Aber sie vermißt sich nicht, absolute Wahrheiten enthüllen zu können, konkrete Rechtsinhalte zu formulieren, denen sie Ewigkeitsgeltung vindiziert. Insoferne will die Rechtspolitik weniger als das Naturrecht. Aber sie will auf der anderen Seite auch wieder mehr. Denn sie stellt nicht nur empirisch-konstruktiv fest, was rechtens sei. Sie will nicht nur Rechtsinhalte ermitteln, die ewig gelten sollen — deswegen, weil sie schon ewig galten und naturnotwendig mit dem Menschen verknüpft sind — sondern sie arbeitet bewußt an einem Schöpfungswerk der Gegenwart für die Zukunft. Neues will die praktische Rechtspolitik gestalten, vorbereiten will die theoretische Rechtspolitik dieses praktische Schöpfungswerk. Denn das Recht ist dazu bestimmt, den menschlichen Existenz- und Entwicklungsbedingungen zu dienen; diese aber bleiben sich nicht ewig gleich, sondern wechseln dauernd. Darum erhebt jeder Tag und jede Stunde neue Forderungen gegenüber der Rechtspolitik. Der fortschreitende Wechsel des Lebens verlangt eine Anpassung des Rechts an die jeweiligen Bedürfnisse dieses Lebens. Die einzelnen Sätze des Rechts müssen ihrem Inhalt nach dem Wechsel des Lebens folgen. Freilich darf dies nicht etwa im Sinn der Freirechtsbewegung dahin verstanden werden, daß die Rechtsordnung ihre Starrheit verlieren solle, daß der Rechtssatz sich dem Rechtsfall individualisierend anpassen müsse. Denn auf solche Weise ginge mit der Rechtsstarrheit auch die Rechtssicherheit verloren. Das Recht selbst muß als generelle Regelung des Gemeinschaftslebens starr sein: es kann nur den Normalfall ins Auge fassen und nicht jeder Besonderheit Rechnung tragen. Aber anderseits muß die Rechtsordnung selbst fortgebildet werden, um den Lebensnotwendigkeiten, der Seinsentwicklung zu folgen. Dabei ist es Aufgabe der Rechtspolitik, zu untersuchen und darzulegen, unter welchen gleichbleibenden Voraussetzungen eine konkrete Regelung als objektiv richtig bezeichnet werden kann. Die Voraussetzung rechtspolitischer Arbeit ist sohin die Beobachtung der Wirklichkeit des Lebens, die Feststellung, ob diese Wirklichkeit sich gleichgeblieben ist, oder ob solche Änderungen in der Wirklichkeit des Lebens eingetreten sind, daß daraus die Notwendigkeit gesetzgeberischer Reformen resultiert. Sie wird aber auch ohne Feststellung von Änderungen in der soziologischen Struktur ihr Augenmerk darauf zu richten haben, ob die geltende Lebensordnung im Recht den vorhandenen Lebensbedürfnissen gerecht wird, ob diese Lebensbedürfnisse in ihrer Totalität und Qualität richtig erfaßt sind, oder ob die geltende Regelung des positiven Rechts verbesserungsbedürftig ist, einer Vervollkommnung bedarf, weil sie gegebene Lebenstatsachen entweder übersah, oder noch nicht berücksichtigen wollte oder konnte. Diese ganzen rechtspolitischen Untersuchungen werden sich dabei zum Ziele setzen, an Stelle nur gefühlsmäßiger Entscheidungen solche Entscheidungen zu ermöglichen, welche mit verstandesmäßig erfaßbaren und kontrollierbaren Gründen gestützt werden können. Das Bestreben in der Politik muß sich ja überhaupt — wie dies oben schon ausgeführt wurde — darauf richten, in möglichst umfassender Weise nüchterne, verstandesmäßige Überlegung an Stelle rein emotionaler Urteilsbildung treten zu lassen; für die Rechtspolitik gilt dies aber in ganz hervorragendem Maße. Denn das Recht kann am allerwenigsten mit dem Gefühl allein geschaffen werden; es setzt systematische Verstandestätigkeit in jedem Falle voraus. Die Rechtspolitik als Praxis, als Bestandteil der Staatskunst, bedarf daher einer wissenschaftlichen Grundlage: der Rechtspolitik als Wissenschaft. Diese ist dazu berufen, die Entscheidungen der praktischen Rechtspolitik vorzubereiten und zu begründen. Planmäßig werden die Vorteile und Schattenseiten möglicher gesetzgebungspolitischer Staatsakte durchdacht und gegeneinander abgewogen. Die Konsequenzen geplanter Reformen werden untersucht und die Reformvorschläge selbst auf ihre geistigen Grundlagen zurückgeführt, in ihrer eigenen Folgerichtigkeit gewürdigt. Durch eine solche systematische, wissenschaftlich fundierte Arbeit dienen wir dem Ziel, die Rechtsordnung selbst zu vervollkommnen und sie dem Rechtsideal immer mehr anzunähern. Da aber die Rechtsordnung das Gemeinschaftsleben der Menschen bestimmt, dienen wir mit der Arbeit an der Vervollkommnung des Rechts zugleich dem letzten Weltanschauungswert, der Vervollkommnung des Menschen.

Freilich umschreiben wir damit die Aufgabe der Rechtspolitik nur formal-methodologisch. Wir setzen das inhaltliche Ziel voraus. Denn die Ermittlung und Begründung des inhaltlichen Zieles politischen Strebens liegt jenseits wissenschaftlicher Erkenntnis, sie fällt in den Bereich persönlichen Bekenntnisses. Damit soll nun aber nicht etwa gesagt sein, daß sich über das Ziel der Politik, namentlich der Rechtspolitik mit wissenschaftlichen Mitteln nichts bestimmen ließe. Es soll im Gegenteil mit allem Nachdruck auf die Bedeutung der Wissenschaft für die Vorbereitung der politischen Entscheidung und für die Begründung des politischen Urteils hingewiesen werden. Aber der letzte Schritt führt den Politiker immer über das rein wissenschaftliche Erkennen über die Empirie hinaus. So wertvoll und notwendig objektive wissenschaftliche Erkenntnis als Grundlage politischer Willensentscheidungen ist, keinesfalls können sie die transzendentale Idee und die willensmotivierte Tat ersetzen. Die Wissenschaft ist nur geeignet, dem Politiker Wirklichkeitserkenntnis zu vermitteln: vor allem Geschichte, Wirtschaftswissenschaft und Soziologie zeigen ihm ein umfassendes Bild des Lebens, das sich um ihn entfaltet, und namentlich der immanenten Lebenstendenzen. Sie deckt Entelechien im Reich der Wirklichkeit auf und führt so dem Politiker Rechtswertideen vor. Dann aber fällt ihm die Aufgabe zu, die Werte gegeneinander abzuwägen und eine Rangordnung unter ihnen festzusetzen; hier wird er fördern, dort hemmend in die Entwicklung eingreifen. In welcher Weise er es tun soll, sagt ihm nicht die Wissenschaft im eigentlichen Sinn, sondern seine individuelle Weltanschauung.

Deshalb findet auch der Rechtspolitiker niemals in der Rechtswissenschaft fertige Entscheidungen vor. Seine Stellungnahme ist frei. Die Wissenschaft vom Recht kann diese Stellungnahme nur vorbereiten, ihm Material an die Hand geben.

Diese Aufgabe fällt innerhalb der Rechtswissenschaft der Rechtsgeschichte, der Rechtsdogmatik und namentlich der Rechtsvergleichung zu. Aus der Rechtsgeschichte und aus der Rechtsvergleichung entnimmt der Rechtspolitiker Erfahrungsmaterial. Er sieht, wie eine bestimmte rechtliche Regelung sich in der Vergangenheit oder in anderen Ländern ausgewirkt hat oder noch auswirkt. Freilich darf er dabei die natürlichen und kulturgegebenen Begleitumstände nicht außer acht lassen, die im eigenen Lande eine andere Regelung erfordern als im anderen oder in der Vergangenheit erprobte Rechtseinrichtungen von der Wiedereinführung ausschließen. Aber mit dieser Einschränkung haben und behalten die Erfahrungen, die uns Rechtsgeschichte und Rechtsvergleichung vermitteln, bedeutenden rechtspolitischen Wert und es wäre ungerechtfertigt, das durch sie geborene Material zu vernachlässigen.

In ganz anderer Weise dient die Rechtsdogmatik dem Rechtspolitiker: sie führt ihm nicht beliebiges Erfahrungsmaterial vor, um es seiner wertenden Kritik zu unterstellen und seinem Entschlusse die Annahme des einen oder anderen Elements zu überlassen. Sie stellt kein Recht dar, das anderorts gilt oder früher galt, sondern das Recht, welches im Augenblick und am Ort der gesetzgebungspolitischen Reform tatsächlich noch gilt. Die Rechtsdogmatik hat also nicht nur ein Beispiel, sondern ein Reale der Politik zum Gegenstand: die geltende Rechtsordnung als einen Bestandteil der geltenden Sozialordnung. Die Rechtsdogmatik unterrichtet den Politiker über die wichtigste Gruppe jener Sozialnormen, die das Gemeinschaftsleben regeln, das es selbst gestalten will. Da sein eigenes Bestreben darauf abzielt, die Ordnung des Gemeinschaftslebens zu beeinflussen, zu ändern, auszugestalten, ist es für ihn notwendig, die geltende Ordnung nicht nur ihrem allgemeinen Inhalt nach zu kennen, sondern in ihren Sinngehalt vollkommen einzudringen, ihr juristisches System zu erfassen, die soziologische Tragweite der bisher geltenden Einzelbestimmungen zu ermessen.

Auf diesen Erkenntnissen baut der Rechtspolitiker dann weiter, indem er Neues schafft, schöpferisch gestaltet. Die Rechtswissenschaft löst die Aufgabe der Rechtspolitik nie, sie kann die Lösung nur vorbereiten, zur Lösung anleiten. Sie sichert den Ausgangspunkt für die rechtspolitische Arbeit, erweitert den Gesichtskreis, zeigt Lösungsmöglichkeiten, sichtet die Erfahrungen des Rechtslebens, der Rechtswirklichkeit.

An dem Punkt aber, an welchem die emotional-volitive Rechtswertbetrachtung einsetzt, der Rechtsschöpfungswille hervortritt, der Rechtsetzungsakt faktisch beginnt, tritt die theoretische Rechtslehre zurück. Der Rechtspolitiker kann aus ihr keinen Wertmaßstab zur Abwägung potentialer Rechtsatzinhalte und Rechtswertelemente entnehmen. Sie kann die Frage nicht beantworten: Welche unter allen möglichen und vielleicht anderswo oder in der Vergangenheit einmal verwirklichten rechtlichen Regelungen eines Rechtsstoffes ist die richtige? Unter welchen Voraussetzungen ist eine Rechtspolitik „richtige Politik"?

II. Kapitel.

Grundlage und Methode der Rechtspolitik.

Richtige Politik und sohin auch richtige Rechtspolitik ist eine Einwirkung auf die Gestaltung des Gemeinschaftslebens, die ausgehend von objektiv gesicherter Grundlage in methodisch geordneter Denkfolge objektiv begründeten Zielen zustrebt.

Die Richtigkeit einer rechtspolitischen Forderung hängt sohin von drei Momenten ab: Grundlage, Weg und Ziel. In einem engeren Sinne kann man auch dann von richtiger Rechtspolitik sprechen, wenn von gegebener Grundlage nach gegebenem Ziele auf methodisch einwandfreie Weise fortgeschritten wird.

Die Beantwortung der Frage nach der objektiven Richtigkeit eines geltenden oder rechtspolitisch geforderten Rechtssatzes setzt die Aufweisung eines allgemein-gültigen und obersten Gesichtspunktes voraus, von welchem aus dann erst eine einheitliche Beurteilung aller Rechtsnormen möglich ist. Dieser Gesichtspunkt ist meines Erachtens gegeben in der Idee der Vervollkommnung aller als oberstem Ziel des Rechts.

Der Gesichtspunkt der Vervollkommnung lenkt den Blick zunächst auf die gegebene Wirklichkeit, von welcher der Politiker auszugehen hat. Das Neue, das er schafft, enthält eine Weiterbildung, Änderung, Aufhebung des Bestehenden. Da wird immer die Frage gestellt werden müssen, ob durch die Verwirklichung der konkreten Forderung gegenüber dem gegebenen Zustand eine Verbesserung erzielt wird. Diese Frage kann aber nur von dem richtig beantwortet werden, der die Verhältnisse, die in der Wirklichkeit gegeben sind, so sieht, wie sie tatsächlich sind, ungetrübt durch die Brille parteipolitischer Einstellung zu einem bestimmten Fragenkomplex, in den das zu beurteilende Element der politischen Wirklichkeit einbezogen ist, unbeirrt von Wünschen, wie die Dinge sein sollten.

Zu einer nüchternen, unvoreingenommenen, umfassenden Erkenntnis der Wirklichkeit bietet die Wissenschaft, für die Rechtspolitik die Rechtswissenschaft das wichtigste Hilfsmittel. Der Rechtspolitiker muß aber auch den konkreten Erscheinungen der Wirklichkeit und namentlich des Rechtslebens sein Augenmerk zuwenden. Denn vielfach ergeben sich hier Einzelheiten, die für die theoretische Forschung unbedenklich vernachlässigt werden können, jedoch für die praktische Regelung des Gemeinschaftslebens unter Umständen von höchster Bedeutung sind. Denn der Rechtspolitiker muß von vornherein sich dessen bewußt sein, daß die von ihm zu schaffende Regelung, einmal in Kraft gesetzt, starr sein wird. Sie wird das Individualleben in Fesseln schlagen, beengen, binden, höheren Lebenszwecken des sozialen Daseins einordnen und unterordnen. Da er aber für seine Normen nicht nur Geltung beansprucht, sondern auch Durchsetzung, muß er darauf Bedacht nehmen, den Notwendigkeiten des wirklichen Lebens, den Realien der Politik Rechnung zu tragen.

Von solcher Wirklichkeitsbetrachtung erhebt sich sein Auge zum Ideal, zu der Idee des Rechts, der näher zu kommen, der eigentliche Inhalt seines Vervollkommnungsstrebens ist. In der Idee der Gerechtigkeit erkennt er das formale regulative Prinzip des Gemeinschaftslebens. Denn Gerechtigkeit bedeutet das Endziel alles Rechts. Gerechtigkeit führt alles rechtliche Wollen ohne Ausnahme auf einen einheitlichen Grundgedanken zurück und stellt so die vollkommenste Synthese im Bereich rechtlichen Denkens dar. Gerechtigkeit ist der Inhalt der im Gemeinschaftsleben sich entfaltenden Entelechie, soweit sie Rechtsgestaltung zum Gegenstand hat.

Die Idee der Gerechtigkeit orientiert das besondere Rechtserleben, das rechtspolitische Einzelproblem an dem Gedanken grundsätzlicher Richtigkeit. Sie enthält die ideale Vorstellung einer vollendeten Harmonie aller denkbaren rechtspolitischen Werturteile. Sie abstrahiert von den Besonderheiten subjektiven Wollens und postuliert ein freies Wollen. Damit umschreibt sie ein formales Ziel für die Rechtspolitik in Anwendung des systematischen Grundgesetzes der menschlichen Zwecke auf das rechtspolitische Zweckstreben. Das soziale Ideal der Gemeinschaft frei wollender Menschen als Axiom aller Rechtspolitik, wie es Stammler lehrt, bildet im Sinne der Gerechtigkeitsvorstellung den formalen Richtpunkt des Vervollkommnungswillens: das besondere rechtspolitische Ziel wird eingeordnet in die Idee reiner Gemeinschaft, in welcher die Zwecke des einen als Mittel für den anderen eine Doppelbedeutung haben, die über individuelle Einseitigkeit hinausreicht.

So können wir richtige Rechtspolitik zunächst mit Beziehung auf die formale Struktur rechtspolitischen Wollens erfassen als ein einheitlich geordnetes Wollen der Gestaltung des Gemeinschaftslebens durch Rechtsnormen. Das Prädikat der „Richtigkeit" bedeutet für die Rechtspolitik in solchem Sinne die Anerkennung, daß ein bestimmt geartetes rechtspolitisches Streben sich widerspruchslos in den Gesamtkomplex alles möglichen rechtspolitischen Strebens und politischen Strebens überhaupt einfügen lasse. Dies ist der Gewinn aus grundsätzlicher Orientierung des Einzelinhalts politischen Wollens an einem und demselben Richtpunkt in unbedingt gleicher Methode. Damit besagt die Idee einer richtigen Rechtspolitik viel mehr als die Feststellung technischer Begründetheit gewisser rechtspolitischer Mittel für konkrete subjektiv gültige Zwecke: Sie enthält die Vorstellung allgemeingültiger objektiver Richtigkeit, losgelöst von aller Bedingtheit und persönlichen Interessenrichtung.

Darüber hinaus liegt in dem Gedanken einer richtigen Rechtspolitik die Idee eines sinnvollen Zweckstrebens nach wissenschaftlich geläuterten Zielvorstellungen eingeschlossen. Es handelt sich also nicht nur um Ausrichtung nach genereller Methode, um Einordnung konkreter Ziele in eine abstrakt formulierte politische Grundtendenz, sondern um Gewinnung von Richtlinien für die allgemeine rechtspolitische Zielsetzung überhaupt.

Die vitalistische Rechtstheorie setzt hier ein und läßt uns zu befriedigender Problemlösung gelangen. Richtige Rechtspolitik ist darnach eine Rechtspolitik, die grundsätzlich am Gedanken organischer Rechtsgemeinschaft orientiert ist.

Diese Orientierung bedeutet letztlich die Blickwendung auf das Leben in seiner Besonderheit und in seiner Totalität, auf das Einzeldasein und auf die Gemeinschaftsentwicklung. Das Leben selbst wird zum Ausgangspunkt und zum Ziele. Es erscheint als rechtspolitische Gegebenheit erster Ordnung und erheischt unbedingte Berücksichtigung bei jeder rechtspolitischen Gestaltung. Der Sinn des Lebens ist aber auch zugleich der Richtpunkt, dem alle Rechtsgestaltung zustrebt, wenn anders sie nicht lebensfremd und lebensfeindlich sein will.

Nur insoweit läßt sich das Ziel der Rechtspolitik mit wissenschaftlicher Exaktheit umreißen. Welches rechtspolitische Ziel im einzelnen anzustreben ist, das hängt aber schließlich von irrationalen Wertkomponenten ab. Die konkrete Entscheidung ist darum Sache des Bekennens, nicht der Erkenntnis. Die Weltanschauung, nicht die Logik gibt den Ausschlag. Damit soll jedoch auf dem Gebiet der Rechtspolitik ebensowenig wie auf dem Gebiet der Politik überhaupt einer willkürlich schwankenden, haltlos umhertastenden Gefühlspolitik das Wort geredet werden. Denn in weitem Umfang kann eine rechtspolitische Einzelentscheidung rational auf den Grundtypus der Weltanschauung zurückgeführt werden. Es ist Aufgabe einer wissenschaftlich geleiteten Rechtspolitik, das Einzelproblem bewußt auf letzte Wertaxiome zurückzuführen, die Konsequenzen zu sichern, der Einzelforderung System und Halt zu geben, sie logisch bis an jene Grenze zurückzuführen, wo metaphysische Gedankengänge einsetzen.

In solcher Weise arbeitet die Rechtspolitik daran, aus einem Leitgedanken heraus Rechtsgedanken im einzelnen zu entwickeln und diese zur Kritik des geltenden Rechts und der auf seine Abänderung etwa gerichteten Vorschläge zu verwerten. Sie wird also einen konkreten Rechtsgedanken zunächst weltanschaulich fundieren und stützen. Dann wird sie den Rechtsgedanken als rechtspolitisches Postulat dem positiven Recht gegenüberstellen, einen Abänderungsvorschlag formulieren, Bedenken gegen einen solchen prüfen, anderweitige Änderungsvorvorschläge auf ihre innere logische Geschlossenheit und Prinzipientreue untersuchen, deren praktische Brauchbarkeit als Einrichtung des Gemeinschaftslebens würdigen und letztlich die nach solcher Prüfung als bedingt werthaft erscheinenden Vorschläge bzw. deren weltanschauliche Ausgangspunkte der praktischen Entscheidung anheimstellen.

Diese Methode und diese Aufgabe besteht sowohl auf dem Gebiet der allgemeinen Rechtslehre wie auf den einzelnen besonderen Rechtsgebieten. Nicht immer wird der Zusammenhang völlig klar sein, oft nur durch umständliche Gedankengänge aufgezeigt werden können. Je mehr eine konkrete rechtspolitische Einzelfrage den Charakter technischer Rechtsgestaltung oder auch nur materieller Einzelregelung aufweist, desto ferner liegt die Verbindung mit dem allgemeinen Richtgedanken, mit dem rechtspolitischen Fundamentalprinzip.

Wenn anders der konkrete Rechtsgedanke aber sinnvoll gestaltend in die Lebenswirklichkeit praktisch eingreifen möchte, muß es gelingen, ihn auch logisch abstrakt auf das vitalistische Fundamentalprinzip zurückzuführen.

Die Aufgabe bleibt methodisch immer dieselbe, sie muß sich nur zu ihrer inhaltlichen Lösung an die jeweils vorliegende Materie anschließen. Immer wird hier dem Rechte, das ist, ein Recht, das sein soll, gegenübergestellt. So läßt sich der Lehre von dem positiven Recht der einzelnen Gebiete stets eine entsprechende „Politik" gegenüberstellen: dem Zivilrecht die Zivilrechtspolitik („Zivilpolitik" Petrazycki), dem Strafrecht die Strafrechtspolitik, dem Staatsrecht die Staatsrechts- (oder Verfassungs-)Politik usw. Die Gegenüberstellung ist in den einzelnen Disziplinen heute zu sehr verschiedenen Stufen der Entwicklung vorgeschritten. Allemal kommt es aber darauf an, die Gegenüberstellung in ihrer wesentlichen Diskrepanz zu erkennen, die lex lata mit der lex ferenda nicht zu verwechseln, rechtspolitische von juristischen Gedanken logisch streng zu scheiden. Dann freilich kann aus ihrer praktischen Verbindung eine glückliche Einwirkung auf die Rechtspolitik hervorgehen.

Denn das geltende Recht ist Ausgangspunkt für die Ausgestaltung des Rechts, das sein soll, dieses letztere aber Ziel. Doch wer Ziel und Ausgangspunkt verwechselt, der muß sich notwendig im Kreise drehen. Sein Handeln wird ziellos, sein Denken ohne Ruhepunkt sein. Rechtspolitik aber ist schöpferische Tätigkeit, Aufbau auf gesicherter Grundlage. Erste Anforderung, die wir darum an rechtspolitisches Wirken stellen, ist, daß es sich planvoll-diskursiv nach klar erkanntem Ziele ordne.

Der Rechtspolitiker muß sich der Eigenart seiner Aufgabe bewußt sein. Er hat auszugehen von der Wirklichkeit des Lebens, vom positiven Recht. Insoweit ist seine geistige Einstellung erkennender Art. Dann aber setzt gleich das entscheidende Werturteil für den Fortgang der rechtspolitischen Untersuchung ein. Es wird die Frage aufgeworfen: Ist die konkrete Bestimmung des positiven Rechts nicht nur „gültig" sondern auch „richtig"? Entspricht sie den Anforderungen wertender Kritik an die Rechtsordnung als Lebensordnung? Wenn das Werturteil die konkrete gesetzliche Vorschrift (gleichgültig, welchem Rechtsgebiet sie angehören mag) mißbilligt, setzt das Suchen nach besseren Lösungen ein: der Vervollkommnungsgedanke beherrscht alle weitere rechtspolitische Arbeit.

Damit ist der rechtspolitischen Gestaltung Weg und Richtung gewiesen. Die Vervollkommnung als rechtspolitisches Prinzip ist die formal richtige Methode für die Regelung des Gemeinschaftslebens. So ordnet sich aber die Funktion der Rechtspolitik zugleich dem universellen Sinn des Staates ein: Dem Staat als der organisierten Gemeinschaft obliegt die Aufgabe größtmöglicher Förderung der Existenz- und Entwicklungsbedingungen aller Glieder der Rechtsgemeinschaft. Rechtssetzung ist Mittel zu diesem Zweck. Damit arbeitet die Rechtspolitik an der lebendigen Verwirklichung der Idee des Staates. Die im staatlichen Organismus waltende und sich entfaltende Entelechie wirkt sich in der staatlichen Lebensfunktion der Rechtssetzung aus. Dem Lebensziel, der Zukunft des Staatsvolkes dient alle Arbeit des Rechtspolitikers in Theorie und Praxis.

III. Kapitel.

Rechtspolitik und Gesetzgebung.

Die Rechtspolitik wendet sich in erster Linie an den Gesetzgeber. Der Rechtspolitiker bedient sich des Weges der Gesetzgebung zur Erreichung seiner Zwecke, er gestaltet das Gemeinschaftsleben durch die Gesetzgebung. So wird die Rechtspolitik zur Gesetzgebungspolitik.

Aufgabe der Gesetzgebungspolitik ist es, nach einem objektiven Maßstab, nach einem obersten Wertungsprinzip die geltenden Gesetze zu beurteilen, Reformvorschläge für die Vervollkommnung der geltenden Gesetze auszuarbeiten und die Reform im Weg der Gesetzgebung praktisch durchzuführen.

Voraussetzung hiefür ist Bereitstellung des Materials, das für die sachliche Beurteilung der zu regelnden Fragen notwendig und dienlich ist. Dazu gehört insbesondere eine Aufklärung darüber, welche erwünschte oder unerwünschte Wirkungen sich aus dem geltenden Rechtszustand ergeben haben, nach welcher Richtung folglich eine Beibehaltung oder Änderung der bisherigen Rechtsbestimmungen angezeigt erscheint. Es handelt sich also darum, aus der Rechtspraxis für die Rechtspraxis durch schöpferische Neugestaltung und Umgestaltung Vervollkommnungsmöglichkeiten zu ermitteln. Die Beobachtung der Wirklichkeit, des praktischen Rechtslebens, die Verwertung gesammelter Erfahrungen bildet also wie überall in der Politik so namentlich auch in der Gesetzgebungspolitik den Ausgangspunkt und die wichtigste Grundlage.

Die kritische Beurteilung, die dann einsetzt, bedarf nun, um zu einer über nur subjektiv gültigen Urteilen prinzipiell erhabenen Wertung zu gelangen, im oben entwickelten Sinn der Aufweisung der dem konkreten Gebiet der rechtlichen Regelung entsprechenden Rechtsgedanken, welche die Rechtspolitik als politische Forderungen an das vorhandene Material heranzubringen hat: die Rechtswirklichkeit soll nach der Rechtsidee geformt werden.

So gelangen wir zu objektiv begründbaren Postulaten der Gesetzgebungspolitik. Das sind Anforderungen an die Ausgestaltung der Gesetzgebung, die sich nicht aus subjektiven Wünschen, persönlichen Interessen, parteipolitischen Zweckmäßigkeitserwägungen herleiten, sondern aus der Gegenüberstellung des Rechts, das ist mit dem Recht, das sich aus objektiver Wertungsgrundlage als seinsollendes Recht ergibt.

Wie nun im einzelnen die Gesetzgebungspolitik ihre Postulate darstellt und begründet, das hängt von dem konkreten Gegenstand rechtlicher Regelung ab. In jedem Falle sind aber die formalen und inhaltlichen Prinzipien maßgebend, die wir für die Politik im allgemeinen herausgestellt haben. Die Gesetzgebungspolitik hat in erster Linie die geltenden Gesetze zu untersuchen und die praktischen Erfahrungen zu würdigen, die mit ihnen gemacht wurden. Dabei kann oft schon festgestellt werden, daß Mängel des geltenden Rechtszustandes, die von irgendeiner Seite gerügt worden sind, gar keine Gesetzgebungsmängel sondern nur Vollzugsmängel sind. Die gesetzgebungspolitische Reform wird damit gegenstandslos und es handelt sich darum, auf den Gesetzesvollzug verwaltungspolitisch derart einzuwirken, daß im Rahmen des geltenden Gesetzes der Vollzug so gehandhabt wird, daß die gerügten Mängel entfallen. Denn oft lassen die Gesetze dem freien richterlichen oder administrativen Ermessen einen so weiten Spielraum, daß aus ihnen sich gute und schlechte Rechtswirkungen in der Praxis ergeben können.

In anderen Fällen aber trägt tatsächlich das Gesetz selbst die Schuld an dem empfundenen Rechtsmangel. Dann wird die Gesetzgebungspolitik versuchen das geltende Gesetz zu „vervollkommnen", d. h. solche Mängel durch Umgestaltung des Gesetzes zu beheben. Sie wird sich dabei von der Idee des Rechts leiten lassen und so ein Gesetz zu schaffen bemüht sein, dem die Eigenschaft „richtigen Rechts" in dem von Rudolf Stammler geprägten Wortsinn zukommt. Freilich verwirklicht die Gesetzgebungspolitik damit noch keineswegs das Rechtsideal. Denn jene Stufe der Vollkommenheit ist dem Menschen in keinem seiner Werke zugänglich, auch nicht in der Aufstellung von Sollsätzen, die seinem Leben nur als Richtschnur dienen ohne es ganz und gar festlegen zu können.

Die Gesetzgebungspolitik kann „richtiges", aber nicht vollkommenes, ideales Recht hervorbringen. Ihr Werk ist geschichtlich bedingt. Sein stofflich begrenzter Inhalt kann bestenfalls der augenblicklichen Beschaffenheit des konkreten durch die Gesetzgebung zu regelnden Rechtsstoffes gerecht werden, indem die Realien der Politik, wie sie sich jeweils der Gesetzgebungspolitik darbieten, in einer möglichst vollkommenen Weise berücksichtigt werden. Ist dies der Fall und sehen wir die gesetzgebungspolitische Aktion von der Idee der Gerechtigkeit geleitet, dann können wir dem gesetzgebungspolitischen Werk das Prädikat „richtigen Rechts" zuerkennen.

Richtige Gesetzgebungspolitik bedeutet aber inhaltlich nichts anderes als organische Gesetzgebungspolitik. Denn eine richtige Gesetzgebungspolitik ist von der Vorstellung des organischen Lebens in der Gemeinschaft der Rechtsgenossen geleitet und beherrscht. Das hält sie ferne von lebensfremdem Experimentieren und lenkt ihren Blick auf das praktisch Notwendige. So ordnet sich die Gesetzgebungspolitik dem Sinngehalt des Staates ein. Sie wendet den Gedanken der Vervollkommnung auf das Lebensprinzip des Staates an und betont in dieser Anwendung auf das organische Gemeinschaftsleben die Idee der Erhaltung und Entfaltung des Organismus, die Idee des ewigen Aufstieges im individuellen und im Gemeinschaftsleben.

Damit wird nun natürlich keine Zauberformel für die Gesetzgebungspolitik gegeben werden können, die für alle denkbaren Fälle stofflicher Regelung des Gemeinschaftslebens eine von vornherein zweifelsfreie und sofortige Entscheidung ermöglichte. Eine solche Zauberformel für eine materiellrechtliche Regelung zu finden erscheint schon deshalb aussichtslos, weil doch die Rechtsordnung das ganze menschliche Leben in seiner unendlichen Vielgestaltigkeit umfassen muß.

Wohl aber kann durch die Aufweisung und Anerkennung von Grundgedanken des Rechts als objektiv richtigen Prinzipien der Beurteilung für diese Beurteilung die Möglichkeit einer Orientierung unter einheitlichen Gesichtspunkten gewonnen werden und damit die Ersetzung der nur gefühlsmäßigen Entscheidung durch eine Entscheidung, welche sich auf verstandesmäßig erfaßbare und kontrollierbare Erwägungen gründet. Dies aber ist die wichtigste Aufgabe der Gesetzgebungspolitik als Wissenschaft. Die Etappen der Lösung sind: Analyse der Sozialordnung und des Soziallebens in ihren soziologischen Strukturelementen und in deren Zusammenhang, Feststellung der sozialen Bedeutung und Wirkung der rechtssatzmäßigen Begriffe, der Rechtssätze und der Rechtsinstitute, kritische Würdigung der positiven Gesetzesbestimmungen unter Herausstellung derjenigen Rechtssätze, deren Wirkung sich im Gemeinschaftsleben als schädlich erwiesen hat und schließlich Aufstellung von Postulaten, deren Verwirklichung die Gesetzgebung vervollkommnen würde.

Das Kernstück dieser Denkarbeit ist wertenden Charakters. Erkenntnis geht der Bewertung voraus. Die Wertung aber soll aus der Sphäre des Unbewußten in den Kreis des Bewußtseins emporgehoben werden. Die dem Rechtsgefühl zugrunde liegenden Rechtsgedanken sollen Gegenstand bewußter Wertung sein. Diese Wertung greift zurück auf die obersten Wertungsgesichtspunkte und leitet von ihnen die logischen Schlußfolgerungen für den Einzelinhalt gesetzgebungspolitischen Wollens ab. Volitive Logik ist für diesen Prozeß unabweisbare Voraussetzung, soll sich nicht in der praktischen Gestaltung Inkonsequenz und Verworrenheit ergeben.

Mit Aufstellung der gesetzgebungspolitischen Postulate ist die inhaltliche rechtspolitische Stellungnahme bereits festgelegt, der Zweck genau umschrieben, die Mittel erdacht, der Rechtssatzinhalt präzisiert. Hier folgt dann die wichtige Aufgabe der Ausprägung jener Rechtsgedanken in Einzelsätzen, die dem Rechtszweck die günstigste Verwirklichungsweise sichern. Obwohl die Aufgabe der Formulierung gegenüber derjenigen der Ermittlung der Rechtssatzinhalte für das neu zu formende Recht von durchaus sekundärer Bedeutung ist, fällt ihr doch in der praktischen Gesetzgebungspolitik eine entscheidende Rolle zu. Denn erst die Formgebung sichert dem Gedanken die Durchsetzung in der Wirklichkeit und ein rechtspolitisches Postulat ist wertlos, wenn es im Gedachten stecken bleibt.

In den Regeln der legislativen Technik findet die Gesetzgebungspolitik für ihre Formulierung die formale Vollendung des von ihr inhaltlich ausgeprägten Rechtsstoffes. Die einzelnen Rechtssätze bedürfen nicht nur klarer Ordnung, die die geistige Durchdringung des später als positives Recht vorliegenden Gesetzesstoffes erst ermöglicht, sondern vor allem auch der Einordnung in das Gefüge des vorhandenen Gesetzesmaterials. Für größere Gesetze sind zu diesem Zweck eigene „Einführungsgesetze" notwendig, denen es namentlich obliegt, den Übergang vom bisherigen in den neuen Rechtszustand zu regeln und eindeutig zu bestimmen, welche Bestimmungen des bisherigen Rechts mit Einführung des neuen formell aufgehoben sein sollen. Denn wenn auch das neue Recht gegenüber dem alten derogative Kraft hat und insoferne jede Bestimmung des alten Rechts aufhebt, die seinem Inhalt widerstreitet, so zeigt sich erfahrungsmäßig doch immer wieder, daß die Unterlassung des Gesetzgebers zu Zweifeln und Auslegungsschwierigkeiten für die im Gesetzesvollzug in Justiz und Verwaltung tätigen Behörden Anlaß gibt.

Aber auch mit dem Abschluß dieser formalen Arbeiten am Gesetzestext ist die gesetzgebungspolitische Gesamtarbeit noch keineswegs gelöst. Denn noch ist das Ergebnis aller bisherigen Arbeiten nicht das fertige Gesetz, sondern vielmehr erst ein Gesetzentwurf. Es folgt der lange Weg der Gesetzgebung, der den Entwurf zum fertigen Gesetz werden läßt.

IV. Kapitel.

Der Weg der Gesetzgebung.

Der verfassungsmäßig vorgeschriebene Weg der Gesetzgebung kennzeichnet das formelle Gesetz gegenüber der Verordnung. Rechtspolitik kann sich auch in Erlassung von Verordnungen betätigen, die Besonderheit der Gesetzgebungspolitik ist demgegenüber charakterisiert durch den sog. Weg der Gesetzgebung. Dieser Weg der Gesetzgebung bedingt zugleich die formelle Verfassungsmäßigkeit des Gesetzes und damit seine rechtliche Gültigkeit, also auch seine praktische Bedeutung für das Rechtsleben.

Denn ein Gesetz ist nur dann verbindlich, wenn es verfassungsmäßig zustande gekommen ist, d. h. den durch die Verfassung vorgeschriebenen Weg der Gesetzgebung durchlaufen hat. Erst mit dem Schlußakt des Weges der Gesetzgebung, der sog. Publikation, ist das Gesetz perfekt, gewinnt sohin praktisch-rechtspolitische Bedeutung.

Freilich ist gesetzgebungspolitisch nun nicht etwa dieser Schlußakt selbst das Wichtigste. Das rechtspolitisch Wichtigste an dem ganzen Vorgang der Gesetzgebung ist die Aufstellung des Entwurfes. Wer den Entwurf formuliert, hat tatsächlich den größten rechtspolitischen Einfluß auf die endgültige Gesetzesgestalt gewonnen. Denn mögen die späteren Beratungen im Plenum und in den Ausschüssen im einzelnen noch so viele Änderungen am Entwurf zeitigen, er bildet doch die Grundlage der ganzen Beratungen, das Gerippe, an welches sich alle Abänderungen ansetzen. Oft wird er auch sogar in seinem ursprünglichen Wortlaut zum Gesetz erhoben. Jedenfalls ist er aber das Kernstück im ganzen Gesetzgebungsverfahren.

Der politische Ausgangspunkt für die Schaffung eines Gesetzes kann sehr verschiedenartig sein. Die rechtspolitisch bedeutsamsten Formen des Anstoßes zur Gesetzgebung sind folgende: Anregung durch Einzelpersonen (namentlich führende Persönlichkeiten des Wirtschaftslebens), durch Parteien oder Gruppen von Parteien, durch Verbände (namentlich Berufsverbände), durch Abgeordnete (etwa im Weg der Interpellation oder eines Antrages an die Regierung, einen Gesetzentwurf vorzulegen). Es können aber auch Zentralorgane des Staates selbst in Frage kommen oder amtliche Stellen nachgeordneten Charakters. Beispielsweise wäre hier zu nennen das Ersuchen einer Landesregierung an die Reichsregierung um Vorlage eines Gesetzentwurfes im Reichstag, Ersuchen des Reichspräsidenten an die von ihm ernannte Reichsregierung oder an einen einzelnen Ressortminister, Bericht einer Kreisregierung an die oberste Verwaltungsbehörde des Landes, namentlich an das Ministerium des Innern über die Notwendigkeit der Abänderung eines Gesetzes, dessen Vollzug in der Praxis zu Schwierigkeiten geführt hat. Nicht zu vergessen sind schließlich die mannigfachen Anregungen zur Gesetzgebung, die in der öffentlichen Meinung zum Ausdruck kommen.

Diese Vorgänge, die in ihrer Auswirkung zur Aufstellung eines Gesetzentwurfes führen, und die Ausarbeitung des Entwurfes selbst können unter der Bezeichnung „Vorstufen" oder „Vorstadien" der Gesetzgebung zusammengefaßt werden. Sie sind zwar staatsrechtlich irrelevant, haben jedoch eminente gesetzgebungspolitische Bedeutung, die fast jene der staatsrechtlichen Stadien der Gesetzgebung überragt.

Die staatsrechtlich relevanten Wegpunkte des Gesetzgebungsprozesses bezeichnen den eigentlichen „Weg der Gesetzgebung" im strengen Sinn dieses Begriffes. Es sind diejenigen Teilstücke des gesamten Gesetzgebungsverfahrens, welche Gegenstand objektiv-rechtlicher Regelung sind. Während eine gesetzgeberische Anregung eines Großindustriellen mit Rücksicht auf dessen politischen Einfluß möglicherweise eine so starke politische Autorität repräsentiert, daß ihr der Erfolg in Gestalt eines vom Gesetzgeber zu beschließenden Gesetzes mit einer an Sicherheit grenzenden Wahrscheinlichkeit von vornherein zugesprochen werden kann, besteht doch staatsrechtlich keine Verpflichtung für irgendein Staatsorgan, einer solchen Anregung überhaupt nur näher zu treten. Nicht anders verhält es sich, wenn der einzelne Abgeordnete dem Parlament einen von ihm ausgearbeiteten oder nur vertretenen Gesetzentwurf mit der Bitte um parlamentarische Beschlußfassung unterbreitet. Auch in diesem Falle handelt es sich nur um einen gesetzgebungspolitischen Akt ohne staatsrechtliche Bedeutung. Der Erfolg einer solchen Maßnahme hängt ganz und gar ab von der persönlichen Autorität des betreffenden Abgeordneten.

Soll aber dem Parlament ein Gesetzesvorschlag mit rechtsverbindlicher Wirkung unterbreitet werden, derart, daß die Volksvertretung staatsrechtlich verpflichtet ist, sich mit ihm beschlußmäßig zu befassen, dann ist hiezu der staatsrechtliche Akt der „Einbringung" der Gesetzesvorlage erforderlich. Die Einbringung der Gesetzesvorlage ist Gegenstand des unmittelbaren Initiativrechts. Dieses Initiativrecht im engeren Sinn besteht darin, daß ein verfassungsmäßig hierzu berufenes Organ dem Gesetzgeber einen Entwurf zur Beschlußfassung mit der Maßgabe vorlegt, daß der Gesetzgeber über den Antrag beraten und abstimmen muß. Ein solches „unmittelbares Initiativrecht", kraft dessen der Gesetzentwurf dem Parlament unmittelbar mit öffentlichrechtlicher Verpflichtung zur Beschlußfassung vorgelegt wird, steht im Deutschen Reich der Reichsregierung und einer geschäftsordnungsmäßig festgelegten Zahl von Reichstagsabgeordneten zu. Die Reichsverfassung selbst bestimmt hierüber in Art. 68 Abs. I: „Die Gesetzesvorlagen werden von der Reichsregierung oder aus der Mitte des Reichstags eingebracht." Der Regelfall ist in der Einbringung eines Gesetzentwurfes seitens der Reichsregierung zu erblicken, wenn auch anderseits die Abgeordneten bzw. Fraktionen von ihrem unmittelbaren Initiativrecht einen ausgedehnten Gebrauch machen. Doch haben diese „Initiativanträge" vielfach wenig Aussicht auf Erhebung zum Gesetz, sind wohl mitunter sogar rein agitatorischen Bedürfnissen entsprungen.

Regierungsentwürfe werden in einem Einzelministerium, dem zuständigen Ressortministerium, von einem Referenten ausgearbeitet. Dieses Ministerium wird dann als „federführendes Ministerium" bezeichnet. Während der Ausarbeitung des Entwurfes im Ministerium besteht die wichtigste und praktisch aussichtsreichste Möglichkeit der Einwirkung auf die Gestaltung des Gesetzestextes, z. B. für die Wirtschaftsmächte. Den je weiter ein Gesetzentwurf auf dem Wege der Gesetzgebung vorgeschritten ist, desto mehr sind seine Einzelbestimmungen bereits durch politische Verhandlungen mit parlamentarischen und außerparlamentarischen Einflußgruppen festgelegt. Solange aber der Entwurf das federführende Ministerium noch nicht verlassen hat, sind Änderungen leichter zu erwirken.

Der zuständige Ressortminister unterbreitet dann den Entwurf der kollegialen Reichsregierung, welche aus dem Reichskanzler, den sämtlichen Ressortministern und den „Ministern ohne Portefeuille" besteht. Soweit nicht der Reichskanzler, welcher ja „die Richtlinien der Politik" bestimmt, selbst die Ausarbeitung des Entwurfes veranlaßt hat, ist ihm jetzt Gelegenheit gegeben, den Entwurf des Ressortministeriums daraufhin zu prüfen, ob er sich den Richtlinien der von ihm betriebenen Politik einfügt. Denn er selbst trägt insoferne gegenüber dem Reichstag die Verantwortung, als das Ressortministerium nur innerhalb der vom Reichskanzler vorzuschreibenden Richtlinien zu selbständiger Gesetzgebungspolitik befugt ist. Gegebenenfalls ist es den anderen Ministerien auch möglich den Entwurf zu Fall zu bringen. Der praktisch bedeutendste Fall ist in dieser Beziehung die ablehnende Haltung des Finanzministers. So kann es zum Beispiel vorkommen, daß das Justizministerium eine an und für sich ideale Gefängnisnovelle vorlegt, die jedoch dem Finanzminister und den übrigen Ministern sowie namentlich auch dem Reichskanzler finanziell untragbar erscheint. In diesem Falle wird die Novelle schon bei der Kabinettsberatung abgelehnt und dem Parlament gar nicht mehr unterbreitet.

Ist der Entwurf aber von der Reichsregierung gebilligt, dann kann er noch nicht unmittelbar dem Reichstag vorgelegt werden, soferne er von der Regierung seinen Ausgang genommen hatte. Hat er grundlegende sozialpolitische oder wirtschaftspolitische Bedeutung, dann geht er vielmehr zunächst zur Begutachtung an den Reichswirtschaftsrat. Hierauf oder gleichzeitig hat die Reichsregierung ihre Vorlage dem Reichsrat zu unterbreiten; dies ist nicht notwendig, wenn die Vorlage (wenigstens formell) nicht von der Regierung sondern von einem Organ mit mittelbarem Initiativrecht ausgeht. Ein solches mittelbares Initiativrecht steht im Reich dem Reichsrat, dem Reichswirtschaftsrat und dem Reichsvolk („Volksinitiative", Volksbegehren!) zu.

Nun erst kann die Reichsregierung ihren Entwurf dem Reichstag (zu Händen des Reichstagspräsidenten) vorlegen: man bezeichnet dies als die formelle „Einbringung" des Gesetzentwurfes. Dasselbe Recht der „Einbringung" hat außer der Reichsregierung eine geschäftsordnungsmäßig bestimmte Zahl von Reichstagsabgeordneten; den letzteren Weg der Einbringung kann auch die Regierung selber wählen, um der Notwendigkeit enthoben zu sein, den Entwurf vorher dem Reichsrat vorlegen zu müssen. Sie wird also in solchem Fall den Entwurf zwar ausarbeiten, aber durch Abgeordnete der hinter ihr stehenden Regierungsparteien einbringen lassen.

Anderseits kann das Parlament zwar materiell die Initiative zur Gesetzgebung ergreifen, die „Einbringung" des Entwurfes jedoch der Regierung überlassen. In diesem Falle werden sich die Abgeordneten, die ein bestimmtes Gesetz wünschen, mit einem Antrag begnügen, die Regierung wolle einen Gesetzentwurf des gewünschten Inhalts vorlegen. Wird ein solcher allgemein gehaltener Antrag von der parlamentarischen Mehrheit angenommen, dann ist die Regierung dadurch gebunden. Sie muß einen Gesetzentwurf ausarbeiten und in Vorlage bringen, will sie sich nicht der Gefahr einer Absetzung durch Mißtrauensvotum aussetzen. Aber die Regierung hat bezüglich des Inhalts einen verhältnismäßig weiten Spielraum und zwar ist diese Ermessensbreite um so weiter, als der Antrag im Parlament allgemein gefaßt worden ist. Die Reichsregierung verfährt in der Folge wie in dem bereits dargestellten Fall, der durch gleichzeitiges Vorliegen einer materiellen und formellen Regierungsinitiative charakterisiert ist.

An die Einbringung der Gesetzesvorlage schließt sich als zweite staatsrechtlich relevante Gesetzgebungsstufe die Beschlußfassung des Gesetzgebers. Im Deutschen Reich ist die Beschlußfassung über Gesetzentwürfe regelmäßig Sache des Reichstags, der deshalb geradezu als „der Gesetzgeber" angesprochen werden kann; dementsprechend sagt auch die Reichsverfassung in Art. 68 Abs. II: „Die Reichsgesetze werden vom Reichstag beschlossen." Nur ausnahmsweise wird der Gesetzesbeschluß vom Reichsvolk in Gestalt einer Volksentscheidung gefaßt.

Die parlamentarische Behandlung der Gesetzesvorlagen ist durch die Geschäftsordnung des Reichstags eingehend geregelt.

Die Regierungsvorlage wird wie alle Vorlagen des Reichspräsidenten und der Reichsregierung, die Anträge von Abgeordneten, die Interpellationen und die Ausschußberichte in den sog. Reichstagsdrucksachen vervielfältigt und an die Mitglieder des Reichstags, des Reichsrats sowie an die Reichsministerien verteilt. Es empfiehlt sich für die an der Gesetzgebung interessierten Kreise (z. B. Wirtschaftsmächte), diese Reichstagsdrucksachen zur fortlaufenden Orientierung zu beziehen. Die Reichstagsdrucksachen enthalten u. a. auch die besonders für das dauernd im Fluß befindliche öffentliche Recht und seine Auslegung außerordentlich bedeutsamen „Motive" bzw. „Materialien" der Gesetzgebung, vor allem die den Gesetzesvorlagen beigefügten „Begründungen".

Die Gesetzentwürfe werden im Reichstag (wie die Haushaltsvorlagen und die Staatsverträge) in drei Beratungen erledigt; für sonstige Gegenstände ist nur einmalige Beratung erforderlich.

In der ersten Beratung von Gesetzentwürfen werden nur die Grundsätze der Vorlagen besprochen. Abänderungsanträge zu Gesetzentwürfen sind nicht vor Schluß der ersten Beratung zulässig. Am Schluß der ersten Beratung kann die Vorlage einem Ausschuß überwiesen werden.

Die zweite Beratung beginnt frühestens am zweiten Tage nach Schluß der ersten und, wenn Ausschußberatung vorausgegangen, frühestens am zweiten Tage nach Verteilung des Ausschußberichts oder des Antrags bei mündlichen Berichten. In der Regel findet keine allgemeine Besprechung statt, doch kann sie der Reichstag zulassen. Im Gegensatz zur ersten Beratung, die nur die grundsätzliche politische Einstellung der Fraktionen zum Gegenstand hat, erfolgt bei der zweiten Beratung eine Einzelbesprechung (Spezialdiskussion, Spezialdebatte). Diese wird der Reihenfolge nach über jede selbständige Bestimmung, die Abschnittsüberschriften und zuletzt über Einleitung und Überschrift eröffnet und geschlossen. Nach Schluß jeder Einzelbesprechung wird abgestimmt. Nunmehr sind auch Änderungen des Gesetzentwurfes möglich; sie können von den Abgeordneten beantragt werden, solange die Besprechung des Gegenstandes, auf den sie sich beziehen, noch nicht geschlossen ist. Die Anträge müssen schriftlich abgefaßt sein (Reichstagsdrucksachen!) und werden, wenn sie noch nicht gedruckt verteilt sind, verlesen. Die Beschlüsse der zweiten Beratung bilden die Grundlage der dritten.

Die dritte Beratung erfolgt frühestens am zweiten Tage nach Verteilung der in zweiter Beratung gefaßten Beschlüsse oder, falls keine Änderungen der Vorlage beschlossen sind, nach Schluß der zweiten

Beratung. Sie beginnt mit einer allgemeinen Besprechung über die Grundsätze der Vorlage, an die sich unmittelbar die Einzelberatung anschließt. Änderungsanträge, die jetzt noch eingebracht werden, bedürfen im Gegensatz zur zweiten Beratung (in der keine Unterstützung notwendig ist) der Unterstützung von 15 Mitgliedern. Am Schluß der dritten Beratung wird über die Annahme oder Ablehnung der Vorlage abgestimmt („Schlußabstimmung"). Die Fristen zwischen den Beratungen können ausnahmsweise gekürzt werden; wenn kein Widerspruch erfolgt, können sogar alle drei Beratungen in einer Sitzung erledigt werden. So kommt es, daß mitunter ein Gesetzentwurf vom Reichstag in wenigen Minuten verabschiedet wird und zwar in allen drei Lesungen unmittelbar nacheinander.

Nach der parlamentarischen Behandlung erfolgen im ordentlichen Gesetzgebungsverfahren als weitere staatsrechtlich bedeutsame Stadien der Gesetzgebung die Ausfertigung und Verkündung der Gesetze. Aber der Parlamentsbeschluß ist das eigentlich Wesentliche des Gesetzgebungsverfahrens. Er enthält nicht nur die Feststellung des Gesetzesinhalts, sondern auch die Aufstellung des Gesetzbefehls (Sanktion). Durch den Gesetzesbeschluß des Reichstags wird der Reichspräsident zur Ausfertigung und Verkündung des Gesetzes verpflichtet unter der Voraussetzung, daß dieses verfassungsmäßig zustande gekommen ist. Allerdings besteht auch nach der Sanktion des Reichstags noch nicht die unbedingte Gewißheit, daß das Gesetz — selbst wenn es verfassungsmäßig zustande gekommen ist — nun auch endgültig tatsächlich in Kraft treten muß. Es ist möglich, daß der Reichsrat Einspruch erhebt oder daß eine Reichstagsminorität die Aussetzung der Verkündung verlangt; es ist möglich, daß ein vom Reichstag beschlossenes Gesetz vor seiner Verkündung zum Volksentscheid zu bringen ist.

Der regelmäßige Weg der Gesetzgebung in den Ländern entspricht in seinen Grundzügen der reichsrechtlichen Regelung. Eine wesentliche Vereinfachung gegenüber dem Gesetzgebungsverfahren im Reich besteht darin, daß eine Entsprechung zu den mitwirkenden Organen der Reichsgesetzgebung (Reichsrat und Reichswirtschaftsrat) in den Ländern fehlt. Eine Ausnahme bildet in dieser Hinsicht der preußische Staatsrat. Er hat ein mittelbares Initiativrecht, indem er Gesetzesvorlagen durch das Staatsministerium an den Landtag bringen kann (wie der Reichsrat), und ein Begutachtungsrecht (vor „Einbringung" der Regierungsvorlage ist diese dem Staatsrat — wie im Reich dem Reichsrat — zu unterbreiten). Eine andere Modifikation gegenüber dem Gesetzgebungsverfahren des Reichs ergibt sich aus dem Fehlen eines dem Reichspräsidenten entsprechenden Organs. Aus diesem Grund wird z. B. die Verkündung des Gesetzes in Preußen vom Staatsministerium, in Bayern vom Gesamtministerium in Verbindung mit dem Landtagspräsidenten angeordnet. Ordentliches Gesetzgebungsorgan („Gesetzgeber" schlechthin) ist in den Ländern wie im Reich das Parlament, außerordentliches Gesetzgebungsorgan wie im Reich das Staatsvolk (Volksinitiative zur Gesetzgebung als eine Form des Volksbegehrens; Gesetzesreferendum als eine Form der Volksentscheidung). Das Initiativrecht im engeren Sinne ist im allgemeinen wie im Reich gestaltet; die Gesetzesvorlagen werden demnach entweder vom Staatsministerium (Ausnahme: Baden) oder aus der Mitte des Landtags eingebracht. Die parlamentarische Erledigung eines Gesetzentwurfes hat in den Ländern ebensowenig wie im Reich seine unbedingte Gültigkeit als Gesetz zur Folge. In Preußen kann der Staatsrat Einspruch erheben, in Bayern und Württemberg die Regierung an das Staatsvolk appellieren.

Der außerordentliche Weg der Gesetzgebung ist gegeben, wenn der entscheidende Gesetzesbeschluß nicht durch das Parlament, sondern durch das Staatsvolk angeregt oder gefaßt wird. Nicht zum außerordentlichen Weg der Gesetzgebung ist die Verfassungsgesetzgebung zu rechnen; obligatorisches Verfassungsreferendum kommt im deutschen Staatsrecht nur ausnahmsweise vor (Baden, Hessen). Zur Mitwirkung des Volkes als Staatsorgan bei der Gesetzgebung sind im allgemeinen zwei Wege vorgesehen: Die Gesetzesinitiative des Volkes. Sie bildet eine Form des Volksbegehrens (Volksvorschlags), das auch z. B. auf Landtagsauflösung gerichtet sein kann. Die unmittelbar demokratische Einrichtung der Volksinitiative ist ihrem Wesen nach auf kleine Staaten berechnet, hat also für das Reich nur geringe praktische Bedeutung; für die Länder aber ist sie durch die Weimarer Verfassung nicht zwingend vorgeschrieben, so daß sie tatsächlich nicht in allen Ländern eingeführt wurde (so z. B. in Mecklenburg-Strelitz). Die Volksentscheidung (Volksentscheid, Referendum) ist in Reich und Ländern im allgemeinen fakultativ (Ausnahme das hessische und badische Verfassungsreferendum). Die erste Volksabstimmung fand in Baden statt (13. April 1919 über die neue badische Verfassung). Zur Verfassungsänderung durch Volksentscheidung (Volksentscheid) ist — entsprechend den Vorschriften über die Verfassungsänderung auf dem ordentlichen Weg der Gesetzgebung — eine qualifizierte Mehrheit erforderlich (System der starren Verfassungen). Wie die Verfassungsänderung im Reichstag nur bei erhöhter Präsenzziffer (Anwesenheit von $^2/_3$ der gesetzlichen Mitgliederzahl, die nach der Wahlbeteiligung schwankt) und qualifizierter Mehrheit der Abstimmenden (wenigstens $^2/_3$ der Anwesenden) staatsrechtlich möglich ist, so erfordert die Verfassungsänderung durch Entscheidung des Reichsvolkes nicht nur die einfache Mehrheit der Abstimmenden, sondern die qualifizierte „Mehrheit der Stimmberechtigten". Außer durch Volksbegehren und Volksentscheidungen haben einzelne Länder die politische Grundtendenz der unmittelbaren Demokratie dadurch zum Ausdruck gebracht, daß sie auch die vom Parlament beschlossenen Gesetze mit einer Verkündungsformel versehen, welche das Volk als den eigentlichen Gesetzgeber erscheinen läßt, der sich des Parlaments als des normalen Ausdrucksorgans seines Willens bedient: z. B. lautet in Baden die Verkündungsformel: „Das badische Volk hat durch den Landtag das folgende Gesetz beschlossen" (ebenso in Hessen). In ähnlicher Weise sagt die Eingangsformel (Präambel) der neuen Weimarer Reichsverfassung: „Das deutsche Volk .... hat sich diese Verfassung gegeben." In Wahrheit handelt es sich hier nur um einen Ausdruck der politischen Idee der Volkssouveränität, welcher staatsrechtlich ohne Bedeutung ist.

V. Kapitel.

Rechtspolitik und Rechtsanwendung.

Hat ein Gesetzentwurf den ganzen staatsrechtlich vorgezeichneten Weg von der „Einbringung" bis zur Publikation zurückgelegt, so erlangt er mit dem Zeitpunkt des Inkrafttretens (wenn im Gesetz selber nichts anderes bestimmt, 14 Tage nach Ausgabe des amtlichen Publikationsblattes) rechtliche Gültigkeit im Sinn der Normen eines positiven Gesetzes. Die Gesetzgebungspolitik findet ihren Abschluß in der Rechtserzeugung. Das fertige Gesetzeswerk löst sich ab von seinem Schöpfer, tritt ihm selbstherrlich gegenüber. Es fordert vom Juristen Erkenntnis und Anwendung. Die rechtspolitischen Gesichtspunkte, die zur Schaffung des Gesetzes führten, treten in den Hintergrund. Sie können höchstens als „Materialien" in der Gesetzesauslegung eine Rolle spielen. Das fertige Gesetz schiebt sich als markanter Zwischenpunkt zwischen Rechtspolitik und Rechtsanwendung.

So hat es zunächst den Anschein, als ob zwischen Rechtspolitik und Rechtsanwendung überhaupt keine unmittelbare Beziehung gegeben sei. Die Rechtspolitik erscheint als etwas, das ganz außerhalb des juristischen Denkens liegt, wie es Aufgabe des Richters oder Verwaltungsbeamten ist. Denn diese haben sich ja grundsätzlich nur um das Recht zu kümmern, das ist, nicht um das Recht, das sein sollte. Sie haben keine Politik zu treiben, sondern das bestehende positive Recht anzuwenden.

Indessen zeigt sich bei näherem Zusehen, daß auch die Rechtsanwendung nicht ohne Rechtspolitik möglich ist, daß rechtspolitisches Denken auch für denjenigen notwendig ist, dessen Aufgabe in erster Linie in der Anwendung des positiven Rechts besteht. Und zwar gilt dies sowohl für den Richter als auch für den Verwaltungsbeamten, für letzteren sogar in noch höherem Grade.

Der Richter wird in zweifacher Weise dazu veranlaßt, das Gebiet der Rechtspolitik zu betreten.

Der eine Fall ist dann gegeben, wenn die vorhandene Gesetzgebung ihn zwingt über ihren engeren Rahmen hinauszugreifen, weil sie ihm für die zu fällende konkrete Entscheidung überhaupt keine positiven Rechtsregeln zur Verfügung stellt. Die Gesetzgebung selbst weist also eine Lücke auf. Hier muß der Richter durch eine rechtspolitische Erwägung für den konkreten Fall diese Lücke ausfüllen. Das geschieht auf folgende Weise: Der Richter spricht sein Urteil nach der Regel, die er als Gesetzgeber für den konkreten Fall aufstellen würde. Diese Rechtsfindungsweise gilt ganz allgemein für alle Lücken im Recht, soferne die Gesetzgebung nicht geradezu eine entgegengesetzte Anweisung für den Richter aufgestellt hat. So ist beispielsweise der Strafrichter nicht befugt, eine Straftat, für welche das Gesetz keine Strafdrohung aufgestellt hat, nach derjenigen Norm abzuurteilen, die er selbst als Strafrechtspolitiker aufstellen würde. Denn das Strafgesetzbuch und die Verfassung bestimmen ausdrücklich, daß keine Strafe ausgesprochen werden darf, die nicht im Gesetz ihre Grundlage findet (nulla poena sine lege). Mit dieser Einschränkung darf aber für die Ausfüllung von Gesetzeslücken die obige Regel ganz generell aufgestellt werden. Es empfiehlt sich freilich für den Gesetzgeber, jene Verweisung dem Richter gegenüber im Gesetz ausdrücklich auszusprechen, wie dies z. B. in Art. 1 des Schweizer Zivilgesetzbuches geschehen ist.

Der andere Fall, in welchem der Richter bei der Rechtsanwendung auf rechtspolitische Erwägungen hingewiesen wird, kommt dann in Frage, wenn eine Bestimmung des Gesetzes für die Entscheidung auf Grundsätze verweist, welche im Gesetz nicht positiv zum Ausdruck gebracht sind, sich vielmehr aus den Grundgedanken des Gesetzes ergeben und letztlich zumeist in ethischen Werturteilen ihre Grundlage haben. Beispiele solchen Vorgehens bieten die Gesetze insbesondere in der Verweisung auf „billiges Ermessen", auf „Treu und Glauben", auf die „guten Sitten". Auch hier muß der Richter die ethischen Grundgedanken des Gesetzes aufsuchen und diese dann seiner Entscheidung zugrunde legen; es genügt nicht etwa einfach darauf zu verweisen, daß die konkrete Entscheidung der Billigkeit entspreche. Denn Billigkeitserwägungen sind keine Erwägungen im Sinne der logischen Verarbeitung von Begriffen und Sätzen, sondern sie enthalten nur Konstatierung des Vorhandenseins eines Gefühles oder instinktiven Triebes, auf das wir unsere Entscheidung dann zu gründen pflegen, wenn das logisch-begriffliche Denken uns nicht weiter führt. Wir geben damit zu, die Gründe für den Wert eines Gesetzes oder einer gesetzlichen Einzelvorschrift nicht verstandesmäßig erkennen und entwickeln zu können, sondern nur von dem Gefühl geleitet zu sein, daß das Gesetz oder die zu beurteilende Vorschrift gut sei.

Solche Erwägungen sind aber keine Rechtsanwendung; sie sind auch keine Rechtspolitik. Denn Rechtsanwendung und Rechtspolitik sind Aufgabenkreise des erkennenden Verstandes. Das Gefühl ist aus ihnen zwar nicht schlechterdings verbannt, aber es darf nicht die eigentliche Grundlage der Entscheidungen abgeben. Anwendung bestehenden positiven Rechts und Auffindung von Normen des seinsollenden Rechts sind vorwiegend Leistungen kritischer Besinnung. Scharfes begrifflich strenges und logisch aufgebautes Denken vermag allein dem Rechtsanwendenden und dem Rechtspolitiker das umfassende Material von Gegenständen, Gründen und Gegengründen vorzuführen, aus denen letztlich jede juristische und rechtspolitische Entscheidung resultiert.

Aufgabe des Richters aber ist es, den möglichen Gegensatz zwischen geltendem und „richtigem" Recht in jedem Fall klar zu erfassen und juristische Gedankengänge nicht von rechtspolitischen Zweckmäßigkeits- oder Gerechtigkeitsvorstellungen trüben zu lassen. Er hat das geltende Recht anzuwenden, auch wenn es in einem einzelnen Falle nicht zu einer „richtigen" Entscheidung führt. Denn er ist nicht Herr über das Gesetz sondern Diener des Gesetzes. Seine Stellung ist gerade durch die Eigentümlichkeit charakterisiert, daß er Diener des Gesetzes aber auch nur Diener des Gesetzes ist. Wo freilich der Gesetzgeber selber durch sein Schweigen oder durch ausdrückliche Ermächtigung den Richter in dem oben dargestellten Sinne auf das richtige Recht verweist, da ist der Richter nicht nur ermächtigt, sondern rechtlich verpflichtet, die dem Juristen generell aufgegebene Harmonie zwischen positivem und idealem Recht herzustellen. Je mehr er hierzu befähigt ist, desto besser wird er in der Lage sein, die Rechtsanwendung im Sinn des Gesetzgebers zu gestalten. Dieses aber ist seine höchste und letzte Aufgabe. In ihr bewährt er sich restlos und endgültig als Diener des Gesetzes, indem er nicht nur dessen Buchstaben befolgt, sondern den Sinngehalt des Gesetzes aus seinen Einzelbestimmungen herausschält und jenen Sinngehalt selbst der Verwirklichung zuführt.

Damit erst erfüllt der Richter durch Rechtsanwendung das richterliche Priesteramt, das Ulpianus am Eingang des Corpus juris als Ziel aller rechtsanwendenden Tätigkeit formuliert hat. Denn Pflege der Gerechtigkeit und Verkündung der Kenntnis des Guten und Gerechten ist mehr als schematische Subsumtion von Lebenserscheinungen unter Formeln des positiven Rechts.

Darum kann der Richter rechtspolitische Gesichtspunkte und Einstellungen nie ganz von sich weisen, wenn er sich auch stets bewußt sein muß, wieweit seine Erwägungen juristischer und wieweit sie rechtspolitischer Natur sind. Aber er muß über die Enge positivrechtlicher Vorstellungen vielfach hinausgreifen. Will er seinen Beruf richtig verstehen und üben, dann muß er immer wieder nach dem Wozu fragen, nach dem Sinn des Richterspruches, nach dem Sinn des Rechts, nach dem Sinn der Rechtswissenschaft, nach dem Sinn des Lebens.

Er muß Rechtsanwendung mit Rechtsphilosophie und mit Rechtspolitik verknüpfen, indem er von der Höhe umfassender Gesamtanschauung die Bewährung und Durchführung des Rechts in den tausend Fragen des Alltags ermißt. Dann wird ihm klar, inwieweit das Recht, das ist, als richtiges Recht benotet werden kann und inwieweit es einer Vervollkommnung fähig und bedürftig ist.

Gerade aus der Anschauung des konkreten Lebensfalles gewinnt er ein zutreffendes Urteil über die Bedürfnisse des Lebens, denen die Rechtsordnung zu genügen hat. Auch bei der unbedeutendsten Rechtsfrage gibt sich ihm Veranlassung von der Besonderheit des Einzelfalles auf das generell Lebensnotwendige zurückzugreifen. Denn der Einzelfall wird niemals eine befriedigende Lösung finden, bevor er an einem allgemein durchgreifenden Maßstab gemessen, das rechtsbedeutsam Typische herausgestellt ist.

Die Rechtsanwendung ist ohne Verknüpfung mit der Weltanschauung undenkbar. Denn die Wertung des Lebensfalles am begrenzten bedingt richtigen positiven Recht bleibt unbefriedigend. Unser Denken fordert ein absolut gültiges Verfahren, das alles denkbare Einzelgeschehen in einheitlicher Weise ordnet, bestimmt, richtet. Ein solches Verfahren ist in der Anwendung positiven Rechts auf ein Lebensverhältnis nur unvollkommen durchgeführt. Die letztlich befriedigende formale Ordnung und die letztlich befriedigenden Werte, an denen das Leben zu messen ist, finden sich nur in der Weltanschauung. Logische Ordnung und Subsumtion reicht keineswegs aus, auch dort nicht, wo sich scheinbar im positiven Recht eine lückenlose Regelung des vorliegenden Spezialfalles findet. Vollends da nicht, wo das geltende Recht hinausweist auf metajuristische Gesichtspunkte und damit den Richter zu rechtspolitischem Denken zwingt. Nicht der Begriff, nicht die Einzelvorschriften des Rechts, sondern die Idee des Rechts führen zu einer grundsätzlichen Auffassung des Menschenlebens, zur Offenbarung seines Sinnes und des „Richtigen" schlechthin.

Damit stellt sich dem Richter außer dem bereits erkannten Gegensatz zwischen dem Recht, das ist, und dem Recht, das sein soll, zwischen juristischem und rechtspolitischem Denken der andere umfassende Gegensatz gegenüber, der dem Menschen überall — nicht nur in der Rechtsanwendung und in der Rechtspolitik — entgegentritt: Idee und Wirklichkeit in ihrer ständigen restlos nie überbrückbaren Spannung. Gerade der rechtsanwendende Jurist begegnet auf Schritt und Tritt diesem Gegensatz. Denn einerseits hat er mit dem begrenzten Stoff zu arbeiten, den ihm die Lebensverhältnisse darbieten, anderseits will er die ordnende Vorstellung absoluter Harmonie an diese Gegebenheiten herantragen.

Der zur Rechtsanwendung berufene Jurist muß darauf verzichten ein Idealrecht zu formen, das zugleich Bestimmung von begrenzter Bedeutung für bedingten Stoff aufweist und doch eine absolute Gültigkeit für alle Zeiten und Völker beansprucht. Aber er wird es trotzdem nie unterlassen hinaufzustreben von der bedingten Besonderheit seines Stoffes zur Allgemeingültigkeit eines umfassenden formalen Verfahrens in der Behandlung individuell verschiedenartiger Lebenserscheinungen, indem er aus seiner Weltanschauung ein Gerechtigkeitsideal schöpft.

Er darf dieses Gerechtigkeitsideal nicht aus seinem subjektiven Bewußtsein ableiten, sondern er muß es objektiv begründen. Damit schreitet er aber einerseits in den metajuristischen Bereich weltanschaulicher Lebenserfassung, anderseits in das Gebiet rechtspolitischer Weiterformung eines positiven Rechtszustandes. Diese Gedankengänge durchdringen schließlich sein ganzes Tun. Alle Arbeit des Tages wird er unter solcher allgemein tendierender Einstellung leisten. Auf dem Grunde seiner Weltanschauung gelangt er zu einem tieferen Verständnis des Rechts und dieses wirkt sich dann in seiner rechtsanwendenden Tätigkeit lebenskräftig aus.

Gerade bei einer derartigen tieferen Auffassung vom Recht, vom Staat und von seinem Beruf, beiden zu dienen, unterliegt indessen der Richter besonders leicht der Versuchung schon in das geltende Recht rechtspolitische Gedanken in der Weise hereinzutragen, daß er entgegen dem Wortlaut des Gesetzes zu einem befriedigenden Ergebnis zu gelangen trachtet, auch wenn das positive Recht ein solches nicht ermöglicht.

In solchen Fällen muß sich der Richter aber stets bewußt sein, daß er Diener des Gesetzes bleiben und daß das Gesetz seinen starren Willen durchführen muß um der Rechtssicherheit und um des Bestandes des Staates willen. Dura lex, sed lex. Der Richter muß den Gegensatz „geltendes“ Recht auf der einen und „richtiges“ Recht auf der anderen Seite ständig vor Augen haben — nur das geltende Recht hat er anzuwenden, auch wenn es im einzelnen Falle nicht zu einer „richtigen“ Entscheidung führt. Nur wo der Gesetzgeber selber den Richter in dem oben angegebenen Sinne auf das „richtige“ Recht verweist, da ist dieser in der Lage, in seiner Entscheidung auch im Einzelfall die Harmonie zwischen geltendem und richtigem Recht tatsächlich herzustellen. Nur in diesem Bereich seiner Tätigkeit kann er innerhalb der Aufgabe der Rechtsanwendung den Sinn des Rechts in vollkommener Weise in die Lebenswirklichkeit überführen, während anderseits in seiner Tätigkeit immer ein Rest jener Unvollkommenheit sich auswirkt, der den Menschen den Abstand von Ideal und Wirklichkeit täglich neu erleben läßt.

Von fast noch größerer Bedeutung als für den Richter ist die Rechtspolitik für den Verwaltungsbeamten. Ob dieser nun etwa auf die Einrichtung der Schule sein Augenmerk zu richten hat oder ob ihm die Fürsorge für soziale Hilfstätigkeit obliegt, ob er an der höchsten Stelle seines Landes oder im engsten Kreis seines Amtes waltet, — überall ist seine Aufgabe die gleiche: Mängel der Menschen oder der Verhältnisse frei und vorurteilslos zu erkennen und bewußt im Sinn der Idee der Vervollkommnung mit schöpferischen Gedanken zu bessern und neu zu gestalten.

Eine solche Tätigkeit ist aber ohne ein Hinausgreifen in das Reich der Rechtspolitik undenkbar. Wohl besteht heute nicht selten die Gefahr, daß das positive Recht den Verwaltungsbeamten beengt, daß er sich erdrückt fühlt von der Masse der bestehenden Gesetze und Verordnungen, die ihm jede Bewegungsfreiheit nehmen, jede Individualisierung auszuschließen scheinen. Mag er auch mit frischer Initiative an seine Aufgabe herantreten, so kann ihn dieser positive Rechtsstoff doch lähmen und ihm seine Verantwortungsfreudigkeit rauben. Um so weniger aber darf er sich den freien Blick trüben lassen und rechtspolitischen Erwägungen seinen Sinn verschließen. Denn gerade der Verwaltungsbeamte kann der Wirklichkeit des Lebens und seiner Entwicklung, in die er fördernd eingreifen soll, nur dann gerecht werden, wenn er nach einheitlichen großen Gesichtspunkten einer allgemeinen Welt- und Lebensanschauung handelnd den Notwendigkeiten eines jeden Tages mit offenen Augen gegenüberzutreten vermag und sich dabei seiner Verantwortung bewußt bleibt. Um dieser Wirklichkeit des Lebens gerecht zu werden, darf er sich nicht auf die Vollziehung der bestehenden Vorschriften beschränken; er muß vielmehr an deren Ausbau mitarbeiten, eine rein juristische Einstellung zu den Verwaltungsaufgaben genügt nicht, sie muß durch rechtspolitische Betrachtung ergänzt werden.

Die rechtspolitische Betrachtungsweise stellt den Juristen in den lebendigen Zusammenhang des staatlichen Geschehens hinein. Sie verhindert, daß er sich mit toter Rechtsanwendung begnügt. Er sieht die eigentlichen Bedürfnisse des Gemeinschaftslebens in ihrem unmittelbaren Sosein und mit ihren unmittelbaren Wirkungen und Anforderungen an neue grundsätzliche Gestaltung durch Rechtssetzungsakt.

Er erkennt damit die rechtspolitische Betätigung als *seine* Aufgabe im Gemeinschaftsleben. Der Wesensgehalt der Rechtspolitik erschließt sich ihm als immanenter Sinngehalt aller Rechtsanwendung, soferne sie in einem höheren Sinn eben diese Bezeichnung verdient. Denn *Rechtsanwendung bedeutet letztlich konkrete Lebensgestaltung nach einem regulativen Prinzip, das allem rechtlichen Denken zugrunde liegt.*

Alle streng juristische Meditation und alle rechtspolitische Konzeption ruhen auf dem *regulativen Prinzip einer grundsätzlichen Ordnung des sozialen Geschehens im Sinne immanenter Widerspruchslosigkeit* und erhalten ihren Wert aus der *Weltanschauung*. In großer Perspektive gesehen ist rechtspolitisches Denken Erfüllung rechtsanwendenden Nachdenkens und Rechtsanwendung nur ein Durchgangspunkt in der gedanklichen Kette transzendenter Zielsetzung.

Die *Entelechie* des Gemeinschaftslebens entfaltet sich konkret in der Rechtsanwendung und abstrakt in der Rechtsgestaltung durch schöpferischen Rechtssetzungsakt. Diese gleichartige Inhärenz erweist einen neuen Zusammenhang zwischen *Rechtsanwendung* und *Rechtspolitik*.

Der Sinngehalt der Rechtspolitik erschöpft sich ebensowenig wie derjenige der Rechtsanwendung in formaler Ordnung nach einem formalen Ordnungsprinzip, sondern er ergibt sich erst aus der spekulativen Erwägung über das immanente Zielstreben, welches das Gemeinschaftsleben als *organisches* Phänomen charakterisiert.

Aus dem Sinngehalt der Rechtspolitik aber resultiert ihre Bedeutung für die Politik als solche und daraus wiederum erkennen wir die funktionale Relation zwischen Recht und Politik: wir begreifen die *Politik als Funktion des Rechts.*

Zweiter Teil.

Staatspolitik und Staatsrecht.

Erster Abschnitt.

Das Staatsrecht als Funktion der Staatspolitik.

Das Staatsrecht gehört zu den Realien der Staatspolitik. Das geltende Staatsrecht bezeichnet den Aufbau des politischen Gemeinwesens und die Formen politischer Wirksamkeit. Zu klarer und restloser Erkenntnis der politischen Wirklichkeit ist daher die Kenntnis des jeweiligen Staatsrechts unerläßlich. Doch wer das geltende Staatsrecht in seinem Sinngehalt erfassen will, darf es nicht aus sich selbst begreifen wollen. Denn das Staatsrecht ist keine bloße gedankliche Konstruktion, sondern ein lebendiges Gebilde der politischen Wirklichkeit, herausgewachsen aus dem politischen Leben und bestimmt für das politische Leben. Es steht im Brennpunkt alles politischen Lebens: jede politische Aktion spielt sich entweder im Rahmen des Staatsrechts ab oder sie ist gerade dadurch gekennzeichnet, daß sie diesen Rahmen zu sprengen sucht. Revolutionen zerstören den staatsrechtlichen Bestand. Bedeutende Evolutionen des Gemeinschaftslebens finden fast immer im Staatsrecht ihren normativen Niederschlag. Denn das Staatsrecht bezeichnet die Form des staatlichen Lebens und jede inhaltliche Änderung grundsätzlicher Art wird sich in der äußeren Form des Rechtes widerspiegeln.

So erscheint das Staatsrecht als Funktion der Staatspolitik: eine bestimmte Staatspolitik als veränderliche Größe erzeugt ein bestimmtes Staatsrecht als abhängige Größe. Die Staatspolitik bildet die Grundlage für das jeweils geltende Staatsrecht. Die Verfassung ist das Werk der Staatspolitik, meist ein Ergebnis von Kompromissen. Daß im Staat überhaupt eine Verfassung aufgerichtet wird und daß das Staatsrecht seine konkrete Ausgestaltung nach einer bestimmten Richtung hin erfährt, ist das Ziel politischer Aktionen, das Ergebnis politischer Kämpfe. Aus der unmittelbaren sozialen Wirklichkeit heraus erwächst das Recht und nur aus dieser Wirklichkeit heraus kann es begriffen werden. Macht erzeugt das positive Recht, Macht steht hinter ihm. Der Macht verdankt das Recht seine Geltung. Rechtsschöpfung ist ein politischer Erfolg, begründet auf politischer Macht.

Wir richten in bewußter kultureller Schöpfungstat durch eine Aktion der Rechtspolitik die Rechtsordnung auf, die dem Kampf aller gegen alle Ende gebietet und mit der Macht des Gesamtwillens die Willkür des Einzelwillens bricht. Dadurch werden Kräfte für die individuelle und soziale Höherentwicklung frei, die sich sonst nutzlos in wildem Streit verzehren würden. Jedem wird die Entwicklungsmöglichkeit, der Entfaltungsspielraum gesichert, ehedem ein Vorrecht des Starken, der mit roher kriegerischer Kraft sich allein durchsetzen und so Inhalt und Sinn des menschlichen Lebens verwirklichen konnte.

Das Recht ist des Schwachen Schutz. Denn es verleiht ihm rechtliche Macht und sichert durch die Organisation der staatlichen Zwangsgewalt die Verwirklichung der angestrebten Rechtslage. Das Recht ist aber auch des Starken Schranke, indem es seiner Willkür Grenzen setzt. So schafft es durch Ordnung Freiheit. Dies gilt aber nicht nur für die individuellen Interessensphären untereinander sondern auch für die Stellung des Individuums zum Staat.

Im Kampf des Staatsbürgers um seine Freiheit kamen die Verfassungen zustande, die sie verbriefen sollen. Die Verfassung, die „Konstitution", war „paktiert" oder „oktroyiert" oder auf den Trümmern einer zerschlagenen Staatsform neugebildet. Jedenfalls enthielt sie eine Umgrenzung der obrigkeitlichen Gewalt zugunsten des „Untertanen". Sie setzte das Recht an Stelle der Willkür. Die praktische Lösung dieses staatspolitischen Postulats war die verfassungsmäßige Einrichtung einer Volksvertretung, an deren Zustimmung die Gesetzgebung gebunden war. So schuf die Staatspolitik das neuere Staatsrecht und sogar den neueren Verfassungsbegriff, indem sie als wesentliches Begriffsmerkmal die Beteiligung der Volksvertretung an der Ausübung der Staatsgewalt in den Vordergrund stellte.

Sicherstellung der Individualsphäre gegenüber der übermächtigen Staatsgewalt ist der Leitgedanke, welcher den modernen Verfassungen zugrunde liegt. Die ganze Organisation der Staatsgewalt, die ja den eigentlichen Inhalt der Verfassung überhaupt bildet, dient diesem Gedanken. Freilich ist bei dieser ganzen Einstellung der historische Ausgangspunkt unverkennbar: die staatspolitische Forderung der Zurückdrängung der absoluten Fürstengewalt. Fast alle Verfassungen der Gegenwart sind von diesem Geiste beherrscht. Wenn auch da und dort politische Strömungen sich geltend machen, welche die Freiheit der Diktatur opfern wollen, so kann doch auch heute noch als die herrschende politische Einstellung der Kampf gegen jede Form des Absolutismus angesehen werden, mag er nun Fürstenabsolutismus oder Parlamentsabsolutismus oder Diktatur heißen.

Seine klassische Ausdrucksform hat dieses verfassungsgestaltende Prinzip in der Erklärung der Menschen- und Bürgerrechte gefunden, wie sie am 26. August 1789 von der französischen Nationalversammlung beschlossen wurde und dann an die Spitze der ersten französischen Verfassung trat.

Diese Formulierung der Menschen- und Bürgerrechte ist vorbildlich geworden für die europäischen Verfassungen; sie ist aber ihrerseits keine unbedingt ursprüngliche Neuschöpfung, sondern sie lehnt sich vielmehr an nordamerikanische Vorbilder an, die selbst wiederum in der englischen Rechtsgeschichte ihre Vorläufer haben. Über die Magna charta von 1215 und die Bill of rights von 1689 führt die Linie zur ersten verfassungsmäßigen Ausprägung der Grundrechte in dem nordamerikanischen Staate Virginien (Bill of rights am 12. Juni 1776 von der Konvention angenommen). Durch Aufnahme in die Unabhängigkeitserklärung der Vereinigten Staaten vom 4. Juli 1776 haben die Hauptsätze der virginischen Bill allgemeinere Verbreitung erlangt. Das demokratische Gleichheitsprinzip und das liberale Freiheitsprinzip kehren seitdem in ebenso unlöslicher wie schwer zu verwirklichender Bindung in den meisten Verfassungen immer wieder. Wie die Weimarer Verfassung in zwei Hauptteilen „Aufbau und Aufgaben des Reichs" und anderseits „Grundrechte und Grundpflichten der Deutschen" zum Inhalt hat, so hatten schon die alten Verfassungsurkunden aus der ersten Zeit der amerikanischen Unabhängigkeit (die Vorbilder der französischen Verfassungsgesetzgebung von 1789—1791) in Umkehrung dieser Reihenfolge eine Bill of rights und einen Plan of government aufgestellt. Und entsprechend dem Gegensatz von Gleichheit und Freiheit finden wir auch dort die Grundsätze der Volkssouveränität und der Gewaltenteilung zusammengekettet. Der Leitgedanke aber blieb dort wie hier der Schutz der persönlichen Freiheit. Diesem verfassungsgestaltenden Prinzip mußten sich alle anderen Grundsätze einordnen.

Die Erklärung der Menschen- und Bürgerrechte will allen Staatsgliedern ihre Rechte und Pflichten vor Augen führen. Sie will, daß die Handlungen der gesetzgebenden und der vollziehenden Gewalt jederzeit im Hinblick auf das Endziel jeder politischen Einrichtung gewürdigt werden können. Dieses Endziel ist wie das Endziel des staatlichen Zusammenschlusses überhaupt „Erhaltung der natürlichen und unverjährbaren Menschenrechte. Diese Rechte sind Freiheit, Eigentum, Sicherheit und Widerstand gegen Bedrückung". Das wichtigste von diesen Grundrechten aber ist jener Zeit der Abkehr vom Absolutismus das Recht der Freiheit. Ihm ist die weitaus überwiegende Mehrzahl der Artikel gewidmet. Ihm dient die ganze Organisation der Staatsgewalt damals wie heute.

Der Sinn der Grundrechte liegt also in dem Gedanken der

Sicherstellung der Individualsphäre gegenüber der übermächtigen Staatsgewalt. Aus dem Kampf gegen den Absolutismus geboren wollen sie den Rechtskreis des Einzelnen zu seinem Schutze umschreiben. Sie sind einerseits Vorläufer, anderseits Bestandteil der modernen „subjektiven öffentlichen Rechte" des Staatsbürgers gegenüber dem Gemeinwesen. Mit ihrem eigentlichen Sinngehalt bilden sie eine Wurzel des modernen Rechtsstaates und eine frühe Ausprägung der konstitutionellen Idee. Die Struktur des modernen Rechtsstaates freilich ist insoferne über das Prinzip der Grundrechte hinausgewachsen, als heute jeder Eingriff in die Individualsphäre („Freiheit und Eigentum") einer gesetzlichen Grundlage bedarf. Die Staatsgewalt in ihrer Verkörperung durch die Exekutive ist also heute nicht nur enumerativ durch einzelne „angeborene" Individualrechte beschränkt. Rechtsstaat und Volkssouveränität haben das Programm erfüllt, das in dem Rechtsgedanken der Grundrechte erstmals dem Staatsbürger als Versprechen dargeboten wurde. Trotzdem enthalten die Grundrechte der Weimarer Verfassung auch heute noch ein Element unabgeschlossener Entwicklung in sich. Soweit sie nicht unmittelbar Rechtssätze darstellen, lassen sie als Programmsätze den verfassungsgestaltenden staatspolitischen Tendenzen freien Spielraum. Selbst von einem ganz bestimmten Zielstreben getragen, wollen sie mit dem Hinweis auf staatspolitische Ziele das Lebensprinzip des staatlichen Organismus zur Entfaltung bringen. Darum ist es ein unbestreitbares Verdienst des Mitglieds des Verfassungsausschusses Abg. Beyerle gewesen, daß er weit über die dürftigen Andeutungen des Regierungsentwurfes hinaus die Ausarbeitung der Grundrechte nicht nur zu einem Niederschlag der Grundgedanken der heutigen deutschen Rechtskultur, sondern zugleich zu einem umfassenden Programm künftiger Rechtsentwicklung werden ließ.

Dem Gedanken der staatsbürgerlichen Freiheit dient aber außer der Aufstellung von Grundrechten auch die Organisation der Staatsgewalt. Mag die Souveränität im Staat (als Organsouveränität) beim Fürsten oder beim Volk liegen, die Ausübung der Staatsgewalt ist verteilt auf verschiedenartige Organe, die unter sich teils unabhängig teils gegenseitig gebunden sind. So will man von vornherein jedem Absolutismus die Spitze abbrechen. Man will es vermeiden, einem einzelnen Staatsorgan diktatorische Gewalt zuzumessen. Aus diesem staatspolitischen Grund verteilt man die staatspolitische Macht oder — juristisch ausgedrückt — die staatsrechtliche Zuständigkeit.

Der Gesichtspunkt der Gewaltenteilung als politisches Postulat ist naturgemäß viel stärker ausgeprägt im Staat mit Fürstensouveränität als im Staat mit Volkssouveränität. Denn das Bedenken ist viel einleuchtender, welches gegen die Konzentration der Macht in einer einzigen Hand spricht, als der Argwohn, welcher sich gegen die Diktatur des Volkes selbst wendet, wenn auch die politische Wirklichkeit gelehrt hat, daß die sogenannte Diktatur des Volkes immer zu einer Diktatur einzelner über das Volk wird, die sich auf der Zustimmung einer bevorrechteten Schicht aufbaut.

Aus diesem Grund kennen die derzeitigen Verfassungen des Deutschen Reiches und der deutschen Länder keine strenge Durchführung der Gewaltenteilungslehre, so wie sie von Montesquieu in seinem Werk „esprit des lois" (1748) und von Rousseau entwickelt worden ist. Allerdings die Grundsäule des modernen Rechtsstaats, die Unabhängigkeit der Rechtspflege von der Verwaltung und damit von der Politik blieb auch im neuen Verfassungsbau überall bestehen. Nicht nur die Reichsverfassung verkündet in Art. 102: „Die Richter sind unabhängig und nur dem Gesetz unterworfen", sondern auch die Verfassungen der Länder erkennen jenes fundamentale Prinzip ausdrücklich an; die preußische und die bayerische Verfassungsurkunde bekunden übereinstimmend: „Die Rechtspflege wird durch unabhängige, nur den Gesetzen unterworfene Gerichte ausgeübt." Die Unabhängigkeit der Rechtspflege ist garantiert durch die sachliche und persönliche Unabhängigkeit der Richter. Die Verwaltung, also insbesondere die Justizverwaltung, kann weder den einzelnen Richterspruch irgendwie sachlich beeinflussen, also z. B. einem Richter die Verurlung oder Freisprechung eines politischen Verbrechers befehlen, noch durch Versetzung oder Absetzung des Richters oder durch Drohung mit solchen Maßnahmen einen Urteilsspruch, wie sie ihn wünscht, erzwingen. Dieser moderne Staatsrechtsgrundsatz, wie ihn die Staatspolitik gestaltete, ist auch noch heute nicht nur Rechtssatz, sondern auch staatspolitisches Postulat. Mag man darüber streiten, ob hier oder dort politische Justiz geübt wird, ob also tatsächlich die Justiz politischen Einflüssen zugänglich ist, ob eine Politisierung der Rechtspflege eingetreten ist — einig sind sich alle in der Bewertung der Politisierung der Rechtsprechung: sie wird von allen Seiten abgelehnt.

Der staatspolitische Grundsatz der Gewaltenteilung hat auch darin seinen staatsrechtlichen Niederschlag gefunden, daß die vollziehende Gewalt, die Exekutive, organisatorisch von der gesetzgebenden Gewalt getrennt ist: „Der Reichspräsident kann" — so sagt Art. 44 der Weimarer Verfassung von 1919 — „nicht zugleich Mitglied des Reichstags sein". Denn der Reichspräsident ist die Spitze der Exekutive, und der Reichstag ist der Gesetzgeber des Deutschen Reiches (Art. 68 Abs. II der Reichsverfassung: „Die Reichsgesetze werden vom Reichstag beschlossen").

Aber diese organisatorische Trennung der Gewalten, die Verteilung der Zuständigkeit auf verschiedene Staatsorgane bedeutet keine völlige Loslösung der Gewalten voneinander. Rechtsprechung und Verwaltung sind als „Vollziehung" im weiteren Sinn an den Willen der gesetzgebenden Gewalt gebunden. Freilich nur an diejenigen Akte der gesetzgebenden Gewalt, die sich als „Gesetze" qualifizieren. Kein Parlament kann durch gewöhnlichen Majoritätsbeschluß in ein gerichtliches Verfahren eingreifen um eine der jeweiligen Mehrheit günstig erscheinende Lösung herbeizuführen. Einem solchen Parlamentsabsolutismus steht die Unabhängigkeit der Rechtsprechung gegenüber. Aber das Parlament kann als Gesetzgeber durch Aufstellung von Rechtssätzen das richterliche Urteil inhaltlich binden. Wäre es anders, hätten wir schrankenlos freie richterliche Rechtsschöpfung, dann hätten wir eine Diktatur der Gerichte, deren Absolutismus der staatsbürgerlichen Freiheit, dem Gedanken der Rechtssicherheit nicht minder abträglich wäre. Freie richterliche Rechtsfindung darf nur innerhalb der Schranken und auf Grund der Ermächtigung des Gesetzes Platz greifen.

Denn der Grundsatz der Gesetzmäßigkeit beherrscht als staatspolitisches Postulat wie als geltendes Recht die Betätigung der vollziehenden Gewalt: der Rechtsprechung wie der Verwaltung. In dem Grundsatz der Gesetzmäßigkeit aller Verwaltungs- und Rechtsprechungsakte findet das Grundrecht der Freiheit seine erhabenste Stütze. Alle Eingriffe der Staatsgewalt in die Individualsphäre (in „Freiheit" und „Eigentum") bedürfen einer gesetzlichen Grundlage. Die Grenzen menschlicher Betätigungsfreiheit und damit individueller Entfaltungsmöglichkeit können — wie die Erklärung der Menschen- und Bürgerrechte dies ausdrückt — nur durch das Gesetz, also im Interesse des nationalen Gesamtwillens gezogen werden. Auch hier beobachten wir, wie eine Grundforderung der Staatspolitik sich im Staatsrecht verankert, im monarchischen wie im rupublikanischen. Die alte bayerische Verfassungsurkunde vom 26. Mai 1818, die bis zur Revolution in Geltung war, hatte bestimmt: „Ohne den Beyrath und die Zustimmung der Stände des Königreichs kann kein allgemeines neues Gesetz, welches die Freyheit der Personen oder das Eigenthum der Staats-Angehörigen betrifft, erlassen, noch ein schon bestehendes abgeändert, authentisch erläutert oder aufgehoben werden."

Und die neue bayerische Verfassungsurkunde wiederholt diesen Rechtssatz in ihrem § 74 mit den Worten: „Alle für die Einwohner des Staates verbindlichen Rechtsvorschriften, welche die Freiheit der Person oder das Vermögen betreffen, können nur im Wege der Gesetzgebung erlassen, rechtsverbindlich erläutert, abgeändert oder aufgehoben werden."

Das Gesetz aber ist uns heute der souveräne Willensausdruck des souveränen Volkes; es ist — wie die Erklärung von 1789 sagt —

der Ausdruck des „allgemeinen Willens“ (volonté générale), während es ehedem als der durch Zustimmung der Volksvertretung rechtlich beschränkte Wille des Monarchen erschien. Die Eingangsformel der Gesetze macht diesen Unterschied deutlich. „Ludwig III., von Gottes Gnaden König von Bayern, Pfalzgraf bei Rhein, Herzog von Bayern, Franken und in Schwaben usw. usw. Wir haben nach Vernehmung des Staatsrats mit Beirat und Zustimmung der Kammer der Reichsräte und der Kammer der Abgeordneten beschlossen und verordnen, was folgt...“, so lasen wir früher an der Spitze der bayerischen Gesetze und heute heißt es: „Der Landtag des Freistaates Bayern hat folgendes Gesetz beschlossen:...“. Noch deutlicher kommt die neue Form staatspolitischer Autorität des Gesetzes in der Eingangsformel zum Ausdruck, wie sie in anderen deutschen Ländern üblich ist, z. B. in Baden: „Das badische Volk hat durch den Landtag das folgende Gesetz beschlossen.“

Abgesehen von der jetzigen Möglichkeit einer unmittelbaren Volksgesetzgebung, ist wie früher so auch heute die Mitwirkung der Volksvertretung begriffswesentlich für das Gesetz im modernen Sinn, das sog. „Gesetz im formellen Sinn“ (während man als „Gesetz im materiellen Sinn“ jeden Rechtssatz bezeichnet, also mit Einschluß der sog. Rechtsverordnung einer Verwaltungsbehörde, die sich mit Gebot und Verbot an den Staatsuntertanen wendet).

Der Grundsatz der Gesetzmäßigkeit, der besagt, daß alle Richtersprüche und alle Verwaltungsakte sich auf formelle Gesetze stützen müssen, und der Grundsatz der Gewaltenteilung, der eine Verteilung der Zuständigkeit auf eine Mehrzahl von Staatsorganen ausspricht, bilden die staatspolitischen Grundforderungen und die staatsrechtlichen Grundlagen staatsbürgerlicher Freiheit. So sehr, daß die Erklärung der Menschen- und Bürgerrechte sogar sagen konnte: „Eine Gesellschaft, in welcher die Gewährleistung der Rechte nicht gesichert und die Gewaltenteilung nicht festgesetzt ist, hat überhaupt keine Verfassung“ (Art. 16).

Aber nicht nur Rechtsprechung und Verwaltung sind gebunden, sondern sogar die über ihnen stehende Gesetzgebung. Die verfassungsmäßig festgelegten Grund- und Freiheitsrechte sind ihr nicht nur Richtschnur, sondern auch Schranke. Sie entrollen nicht nur ein Programm künftiger Gesetzgebung, sondern sie binden diese Gesetzgebung bereits im voraus. Aber sie leiten ihre innere Autorität ebenso wie die Akte der gewöhnlichen Gesetzgebung aus der Rechtsüberzeugung der Gesamtheit der Rechtsgenossen her. Der Gemeinschaftswille liegt ihnen ebenfalls zugrunde.

Doch nicht immer erscheint das Gesetz als der allgemeine Wille. Häufig wachsen die Verhältnisse über das Gesetz hinaus, das Gesetz veraltet, es wird den Bedürfnissen des Lebens nicht mehr gerecht. Da regt sich Unzufriedenheit und der allgemeine Wille fordert eine andere Gestaltung als sie vom Gesetze vorgeschrieben ist. Zumal gilt dies im Staatsrecht, im Verfassungsrecht. Nicht nur, daß das Staatsrecht unvermerkt durch die Staatspraxis sich fortbildet, wie dies namentlich für das englische Staatsrecht kennzeichnend ist. Oft wird geradezu eine Umgestaltung des Verfassungsrechts gefordert mit der Begründung, daß der „Verfassungswille" des Volkes mit dem geschriebenen Verfassungsrecht nicht mehr im Einklang stehe, hier eine lästige Beengung seiner Entfaltungsfreiheit empfinde.

In solchen Fällen erliegt dann das Staatsrecht mitunter wohl auch einem staatspolitischem Ansturm gegen seinen Bestand: einer Revolution von unten oder einem Staatsstreich von oben. Beide wollen das Staatsrecht, das ist, durch ein Staatsrecht, das in ihrem Sinne sein soll, ersetzen. Die Staatsräson setzt sich über das Staatsrecht hinweg. Das kann übrigens auch ohne Verfassungssturz geschehen, wenn eine gebieterische Notlage die Regierung zwingt, sich über eine Verfassungsbestimmung hinwegzusetzen, also in einem höheren Staatsinteresse das Staatsrecht zu durchbrechen. Freilich ist das unter allen Umständen ein Rechtsbruch, nicht anders, als die Revolution ein Bruch des geltenden Rechts ist. Inwieweit aber ein Rechtsbruch entschuldigt werden kann, dies kann nicht selbst wiederum nach Normen des Rechts bemessen werden und darum entzieht es sich auch dem Urteil des Juristen, dessen Denken notwendig rechtsgebunden ist.

Über die Aktionen der Staatspolitik fällt nicht das Staatsrecht das letzte endgültige Urteil, sondern die Geschichte. Die Staatspolitik selbst aber gestaltet das Staatsrecht.

Zweiter Abschnitt.

Die Ideen der Staatspolitik als Prinzipien des Staatsrechts.

Die Staatspolitik schuf auch das neue deutsche Staatsrecht, die Verfassung des Reichs und die Verfassungen der Länder. Darum sind diese Verfassungen keine juristischen Konstruktionen, sondern lebendige politische Wirklichkeit. Die politischen Ideen, welche die Zeit beherrschten, haben in den Verfassungen ihren juristischen Ausdruck gefunden. Politische Postulate haben sich in Rechtssätzen durchgesetzt. Wer diese Rechtssätze richtig in ihrem Zusammenhang und in ihrem Sinn erfassen will, muß auf die staatspolitischen Leitgedanken zurückgreifen, die ihnen zugrundeliegen.

Allerdings ist es an dieser Stelle nicht unsere Aufgabe, jene Leitgedanken selbst einer kritischen Würdigung zu unterziehen. Die wertende Stellungnahme liegt außerhalb des Aufgabenbereiches wissenschaftlicher Erkenntnis. Aber die wissenschaftliche Forschung kann diese wertende Stellungnahme vorbereiten. Nur wer die geltende Regelung in ihrem vollen Inhalt erfaßt hat, kann sie bewerten und ermessen, ob eine Änderung überhaupt von Nutzen sein kann und welche Änderungen eine Vervollkommnung bedeuten würden.

Es gilt also zunächst und in erster Linie, die geltende Ordnung des staatlichen Aufbaues in ihren leitenden juristischen Prinzipien zu erfassen und dadurch in ein tieferes Verstehen der Einzelbestimmungen einzudringen. Bei diesen Leitgedanken handelt es sich allerdings zugleich um politische Postulate und diese wiederum sind Gegenstand parteipolitischer Programme. Die Betrachtung des Staatsrechts weist also hin auf eine Betrachtung der Staatspolitik. Aber darum darf doch die juristische Untersuchung niemals in das politische Gebiet abgleiten, so nahe dies auch liegt und so unvermeidlich es scheinen möchte: bei näherem Zusehen ergibt sich eine scharfe Grenzlinie, die Rechtsbetrachtung und politische Stellungnahme deutlich voneinander trennt. Der Jurist und vor allem der Staatsrechtslehrer muß sich bemühen, diese Grenze niemals zu überschreiten, ohne sich dabei bewußt zu werden, daß er in ein fremdes Gebiet eintritt. Dieses Gebiet hat eine andere Problemstellung und die dort herausgearbeiteten Lösungen haben einen anderen Sinngehalt. Die Staatsrechtslehre als Wissenschaft hat es mit verstandesmäßigen Erkenntnissen zu tun, die Politik hingegen mit Willensentscheidungen. Die Wertbetrachtung ist unmittelbarer Gegenstand der Politik. Für den Juristen kommt sie nur mittelbar in Frage: soweit nämlich, als der geltenden rechtlichen Ordnung selbst eine Wertung zugrundeliegt. Dann aber ist die Wertung des Juristen gebunden, nicht wie die des Politikers frei. Nicht nach seiner eigenen politischen Einstellung, nach seiner eigenen Weltanschauung entscheidet der Jurist als solcher, sondern nach der politischen Einstellung, wie sie in der Rechtsordnung ihren Niederschlag erhalten hat. Nicht seine eigene Weltanschauung bestimmt das Ergebnis der Wertung, sondern die Weltanschauung, die sich in den rechtlichen Normen ausgeprägt hat. Besonders deutlich tritt dies in anderen Rechtsgebieten zutage, während im Staatsrecht nur allzu leicht eine Vermengung rechtlicher und politischer Gesichtspunkte einer klaren Erkenntnis der geltenden Ordnung hindernd im Wege steht. Es leuchtet ohne weiteres ein, daß der Zivilrichter an sein Gesetzbuch gebunden ist, daß er nicht immer schon dann zu einer Zahlung verurteilen kann, wenn diese sittlich gerechtfertigt erscheint und ihre Unterlassung dem sittlichen Empfinden widerstreiten würde. Noch schärfer ist dieses rechtliche Grundprinzip im Strafrecht formuliert und es hat in dieser Ausprägung sogar in die Reichsverfassung Eingang gefunden: „Eine Handlung kann nur dann mit einer Strafe belegt werden, wenn die Strafbarkeit gesetzlich bestimmt war, bevor die Handlung begangen wurde". Die Strafgesetze bestimmen aber nicht nur das Ob, sondern auch das Maß der Strafe und der Richter ist bei der Strafzumessung in der Bewertung der Straftat an die Bewertung des Gesetzgebers, wie sie in dem Strafrahmen zum Ausdruck kommt, gebunden. Freilich können sich die Anschauungen innerhalb der Rechtsgemeinschaft wandeln, so daß strafwürdig erscheint, was im Gesetz noch nicht mit Strafe bedroht ist, oder anderseits vielleicht eine gesetzliche Strafdrohung als nicht mehr angemessen empfunden wird. In solchen Fällen hat der Richter niemals die Möglichkeit einer Korrektur des Gesetzes, mag er noch so sehr die öffentliche Kritik am geltenden Recht billigen. Der Jurist ist an das Recht gebunden. Das gilt aber nicht minder vom Staatsrecht. Hier wäre eine Verwechslung des geltenden und des geforderten Rechts, eine Vermengung von Politik und Recht, ebenso fehl am Orte wie bei Auslegung und Anwendung des Strafrechts oder des Zivilrechts. Auch im Bereich des Staatsrechts ist es notwendig, rechtliche und rechtspolitische Probleme begrifflich streng zu scheiden. Wenn aber die Darstellung des geltenden Rechts bewußt verlassen und der Boden politischer Erörterung betreten wird, dann bleibt es Aufgabe einer Politik als Wissenschaft abseits von rein subjektiven Werturteilen eine objektive Begründung der politischen Postulate anzustreben, die Anspruch auf übersubjektive Geltung erheben kann.

Nur so wird es dem Bearbeiter des Staatsrechts gelingen, dem Vorwurf parteipolitischer Einseitigkeit zu entgehen, wenigstens einem berechtigten Vorwurf solcher Art. Gerade die Vervollkommnungstheorie als gesetzgebungspolitisches Wertungsprinzip und die vitalistische Staats- und Rechtslehre gestatten ihm auch bei Wertungen politischen Charakters den Bereich objektiver Sachbehandlung erst an einer viel späteren Stelle zu verlassen als das ohne solche Problemstellung möglich ist. Es muß darum der Auffassung, wie sie beispielsweise von Triepel in seinem Aufsatz „Föderalismus und Revision der Weimarer Reichsverfassung" vertreten wird, grundsätzlich entgegengetreten werden. Triepel nimmt an, daß staatspolitische Untersuchungen, welche das Staatsrecht de lege ferenda zum Vorwurf wählen, alsbald „in die Sphäre der Subjektiven geraten müssen" (Zeitschr. f. Polit. Bd. 14 S. 195). Wenn dem so wäre, hätte Triepel allerdings mit der daran geknüpften Folgerung recht, daß die Argumente des Juristen an wissenschaftlicher Überzeugungskraft verlieren, je mehr innerhalb des Kreises, zu dem er spricht, die Ansichten über die in Betracht kommenden Werte auseinandergehen. „Sind aber", so erklärt Triepel — von seinem Standpunkt durchaus mit Recht — „jene Ansichten gar zu Dogmen politischer Parteien erhoben worden, so kann der Rechtslehrer von Anfang an darauf gefaßt sein, daß er von einem Teile seiner Hörer oder Leser zum Parteimanne gestempelt, und daß seine wissenschaftliche Glaubwürdigkeit in Zweifel gezogen wird". Denn subjektive Argumente können niemals übersubjektive Überzeugungskraft beanspruchen. Sie können nur auf das Gefühl wirken und auch dann nur, wenn der stimmungsmäßige Untergrund beim Leser oder Hörer sich in Resonanz befindet mit dem Beweisführer. Anders freilich wird es, wenn es gelingt, in grundsätzlich orientierter Methode zu objektiv begründbaren Ergebnissen vorzudringen, wie es ja allenthalben die Aufgabe der Wissenschaft ist.

Doch für uns handelt es sich in den folgenden Untersuchungen zunächst gar nicht um eine freie politische Bewertung staatlicher Einrichtungen, sondern nur um die nüchterne Erkenntnis der bestehenden Ordnung. Auch wenn wir den Sinn der Verfassungssätze durch ein Zurückgehen auf die politischen Erwägungen und Zielsetzungen zu ergründen suchen, verlassen wir damit den Denkbereich juristischer Fragestellung und Problemlösung noch keineswegs. Denn wir erheben jene Leitgedanken, deren Entfaltung sich uns in den Sätzen der Verfassung offenbart, nicht selbst zum Gegenstand einer bewertenden Stellungnahme sondern wir nehmen sie hin als Tatsachen, deren Berücksichtigung nur dem Verstehen der Rechtssätze dienen will. Nicht anders ist es, wenn wir die geltende Rechtsordnung ihrerseits als staatspolitische Grundlage des Staatsgefüges uns vergegenwärtigen. Wir wollen damit nicht hineinsteigen in den Gefühlsbereich politischer Wertmomente, sondern im Gegenteil durch die klare Erkenntnis der Realität des Rechts herausstreben in das Betätigungsfeld objektiver Forschungsarbeit.

In diesem Sinne wollen wir im folgenden drei staatspolitische Leitgedanken näher ins Auge fassen, auf denen das geltende Verfassungsrecht aufgebaut ist und die dadurch zu staatspolitischen Grundlagen des neuen Deutschen Reiches geworden sind: es sind dies der Grundsatz der Volkssouveränität, Grundstein und Strukturprinzip des ganzen Verfassungsbaues in Reich und Ländern, der Grundsatz der parlamentarischen Regierungsweise als Leitgedanke für den Aufbau der Zentralgewalt in Reich und Ländern und der Grundsatz der bundesstaatlichen Gliederung als realpolitische Anerkennung der geschichtlich gegebenen Tatsache des Eigenlebens der Länder in Verbindung mit einer Berücksichtigung der Lebensnotwendigkeiten des Reiches.[1])

---

[1]) Gerhard Anschütz bezeichnet in seiner geistvollen Rede „Drei Leitgedanken der Weimarer Reichsverfassung" (Tübingen 1923) im Gegensatz zu der im Text vertretenen Ansicht als „die großen Leitgedanken der Weimarer Verfassung": Staatlichkeit des Reichs, Unitarismus und Demokratie. Bezüglich des letzteren Punktes stimme ich mit ihm überein. Der Grundsatz der Volkssouveränität, wie er in der Ausgestaltung des neuen Reiches als demokratische Republik sich staatsrechtlich auswirkt, erscheint mir sogar so kennzeichnend für den ganzen Verfassungsbau, daß ich glaubte, ihn an die Spitze stellen zu müssen. Was den Unitarismus als Leitgedanken betrifft, so habe ich im Text weiter unten (S. 158 f.) dargelegt, daß meiner Auffassung nach der darin liegende Leitgedanke umfassender zu formulieren ist und möchte an dieser Stelle nur hinzufügen, daß die graduelle Verschiedenheit in der Prägung „unitarischer" und „föderalistischer" Züge, wie sie die geltende Verfassung im Gegensatz zur Bismarckschen Verfassung aufweist, zwar für den hier und dort waltenden Geist, für die politische Tendenz derer, welche die Verfassungen schufen, kennzeichnend ist, aber selbst jedenfalls nicht als eine der staatspolitischen Grundlagen des neuen Reiches angesehen werden kann. Hier liegt eben kein essentieller, sondern nur ein gradueller Unterschied im Verfassunsgrecht vor, wenn auch nicht geleugnet werden soll, daß die dahinter stehenden Grundtendenzen selbst im Wesen verschieden sind. Wesentlich für die Verfassung selbst (nicht nur fur die ihr zugrundelegenden politischen Tendenzen!) ist die Tatsache, daß man in Weimar an der bundesstaatlichen Struktur des Reiches festgehalten hat und zwar entgegen einer Strömung, die bewußt auf den Einheitsstaat hinzielte. Die Tatsache, daß das Deutsche Reich auch nach der Weimarer Verfassung ein Bundesstaat geblieben, daß es nicht gelang, einen Einheitsstaat daraus zu machen, erscheint mir für die staatsrechtliche Betrachtung wesentlich.

Im einzelnen besteht übrigens auch hier gar kein Gegensatz der Meinungen. Denn auch Anschütz gibt den Staatscharakter der Länder zu (S. 12). Anderseits erkenne ich an, daß die „unitarischen" Züge stark in den Vordergrund treten, wenn ich freilich — im staatspolitischen Gegensatz zu Anschütz — unter Berufung auf mein staatsphilosophisches Grundprinzip einer „Weiterentwicklung Deutschlands zum Einheitsstaat" nicht das Wort reden kann; doch betrifft dieser Gegensatz der Meinungen nicht die staatsrechtliche Lehre, sondern die staatspolitische Willenseinstellung. Ebensowenig als den Unitarismus kann ich die Staatlichkeit des Reiches als staatspolitische Grundlage des Deutschen Reiches ansehen. Mochte immerhin bei Einführung der Bismarckschen Verfassung da und dort die Staatlichkeit der neuen organisatorischen Bildung bezweifelt worden sein, so drang doch immer mehr und mehr die Meinung durch, daß schon das Bismarcksche Reich ein Staat war. Das Reich von Weimar ist ebenfalls ein Staat und zwar wie das Bismarcksche, ein Bundesstaat. Ich habe

1. Kapitel.

Die Organsouveränität des Volkes als Organisationsprinzip.

Der Grundsatz der Volkssouveränität findet schon im Vorspruch, der sog. Präambel der Weimarer Verfassung seinen deutlichsten Ausdruck: „Das Deutsche Volk, einig in seinen Stämmen und von dem Willen beseelt, sein Reich in Freiheit und Gerechtigkeit zu erneuern und zu festigen, dem inneren und dem äußeren Frieden zu dienen und den gesellschaftlichen Fortschritt zu fördern, hat sich diese Verfassung gegeben."

Und gleich der 1. Artikel bestimmt sodann: „Das Deutsche Reich ist eine Republik. Die Staatsgewalt geht vom Volke aus."

Man möchte versucht sein — staatsrechtlich — den entscheidenden Unterschied zwischen der Weimarer Verfassung und der Bismarckschen Verfassung darin zu erblicken, daß die neue Verfassung das Reich zur Republik stempelt. Doch wäre diese Meinung abwegig. Denn auch das Bismarcksche Reich war in gewissem Sinn eine Republik. Zwar hatten wir einen „Deutschen Kaiser" an der Spitze des Deutschen Reiches, aber dieser Kaiser war nicht „Kaiser von Deutschland", nicht Monarch des Deutschen Reiches. Wir unterscheiden heute innerhalb der Gesamtheit aller Staaten Monarchien und Republiken und bezeichnen nur solche Staaten als „Monarchien", in denen das staatsrechtlich oberste Organ der Vollziehung eine Einzelpersönlichkeit ist, welche sich durch Lebenslänglichkeit ihrer Stellung und gewisse fürstliche Ehrenvorrechte auszeichnet. Monarch in diesem Sinne war z. B. der König von Preußen und der König von Bayern und darum waren Preußen und Bayern Monarchien. Nicht aber war der Deutsche Kaiser Monarch von Deutschland, Monarch war er vielmehr nur als König von Preußen für die Monarchie Preußen. Im Reich jedoch war das staatsrechtlich oberste Exekutivorgan kein Einzelorgan, keine Einzelpersönlichkeit, sohin kein „Monarch" (d. h. Einzelherrscher) sondern ein mehrgliedriges Organ. Die Organsouveränität lag nicht beim Kaiser sondern bei den „Verbündeten Regierungen", vertreten durch den Bundes-

diesen Gedanken, ohne ihm indessen den Rang eines Leitgedankens zusprechen zu können, darin zum Ausdruck gebracht, daß ich die bundesstaatliche Struktur des neuen Reiches als organisatorisches Grundprinzip formulierte. Das föderalistische Prinzip oder der Grundsatz der bundesstaatlichen Gliederung enthält eben zugleich die Qualifikation des Bundesstaates als „Staat". Es besteht also eine Gegensätzlichkeit in unseren Auffassungen nach dieser Richtung nur in der Bewertung, abgesehen von der abweichenden Terminologie (ich bezeichne mit „Föderalismus" die bundesstaatliche Gliederung selbst oder eine politische Richtung, die sie fordert, während nach Anschütz Föderalismus und Unitarismus „Organisationstypen des zusammengesetzten Staates, insbesondere des Bundesstaates" sind, also eine besondere Art der Ausgestaltung einer bundesstaatlichen Gliederung.

rat. Der Bundesrat bestand aus den „Vertretern der Mitglieder des Bundes". Das Präsidium des Bundes stand dem jeweiligen Könige von Preußen zu, der in seiner Eigenschaft als Präsident des Bundes den Titel „Deutscher Kaiser" führte. Mit Rücksicht auf diese Tatsache konnte man daher das Deutsche Reich pointiert als eine „Republik mit monarchischer Spitze" bezeichnen. Es darf aber dabei nicht vergessen werden, daß der Kaiser trotz gewisser selbständiger repräsentativer Zuständigkeiten, die etwa denen des jetzigen Reichspräsidenten entsprechen, nicht die eigentliche Spitze der Reichsverwaltung darstellte. Das Staatsoberhaupt des Deutschen Reiches war vielmehr der Bundesrat, ihn hätte man insoferne als „Monarchen" bezeichnen können, wenn es sich um eine Einzelpersönlichkeit in lebenslänglicher Stellung und mit fürstlichen Ehrenvorzügen gehandelt hätte. Das war aber nicht der Fall; zudem vertrat der Bundesrat ja gar nicht einmal nur monarchische Einzelstaaten sondern auch die freien Reichsstädte, welche schon vor der Revolution ganz unzweifelhaft Republiken waren. Es geht aus diesen Gründen nicht an, das Bismarcksche Reich als Monarchie — im eigentlichen Sinn — zu bezeichnen.

Der entscheidende Unterschied gegenüber dem alten Reich liegt also nicht darin, daß das Reich der Weimarer Verfassung eine Republik ist, sondern darin, daß es eine Republik mit Volkssouveränität ist: „Die Staatsgewalt geht vom Volke aus."

Die Idee der Volkssouveränität kann entweder als politische Forderung oder als juristisches Prinzip aufgefaßt werden.

Als politische Forderung will sie besagen, daß dem Staatsvolk im Staate die höchste Autorität zukomme, daß von ihm alle Machthaber ihre Gewalt abzuleiten haben, daß alle Gewalt nur im Namen des Volkes ausgeübt werden dürfe und niemals gegen das Wohl und gegen den Willen des Volkes. Dem Herrscher ist nach dieser politischen Doktrin seine Gewalt nur bedingt vom Volk übertragen. Die Staatsgewalt beruht nur auf einem Vertrag. Wenn der Gewalthaber mit seiner Macht Mißbrauch treibt und die Entwicklungsmöglichkeiten der Nation unterdrückt, kann das Volk ihn absetzen. Wir haben das Recht des Widerstandes gegen die Bedrückung als eines der Grund- und Freiheitsrechte kennen gelernt! In der Tat ist diese ganze Lehre, wie sie das Naturrechtszeitalter entwickelt und sogar schon als geltendes Recht verkündet hat, von entscheidender Bedeutung für die Gestaltung der neueren Verfassungen geworden. Bahnbrechend ist auch hier die Erklärung von 1789 vorangegangen, indem sie die Programmsätze aufstellte: „Der Ausgangspunkt jeder Souveränität liegt in Wahrheit beim Volke. Keine Körperschaft, keine Einzelperson kann eine Macht ausüben, die sich nicht ausdrücklich vom Volk herleitet. Der

Schutz der Menschen- und Bürgerrechte erfordert eine öffentliche Gewalt; diese Gewalt ist folglich eingerichtet zum Vorteil Aller und nicht zum eigenen Nutzen derer, denen sie anvertraut ist. Die Gesellschaft hat die Befugnis Rechenschaft zu fordern von jedem öffentlichen Beamten über seine Verwaltungstätigkeit."

Die politische Forderung der Volkssouveränität, die demokratische Idee, kann hier nicht umfassend gewürdigt werden. Eine Wertungsdiskussion, die hier letztlich auf eine weltanschauliche Stellungnahme hinausführen würde, müßte den Rahmen der hier vorgetragenen staatsrechtlichen Gedankengänge sprengen. Ich möchte an dieser Stelle nur in aller Kürze vom Standpunkt meiner Weltanschauung und Staatsauffassung zu dem sie eng berührenden Problem der „organischen Demokratie" mich äußern, wie es neuerdings in der politischen Literatur von mehreren Schriftstellern aufgeworfen worden ist. Betrachtet man Erhaltung und Entfaltung des individuellen und des Gemeinschaftslebens als Inhalt und Ziel des Lebens und damit als die Aufgabe des Staates als einer organischen Lebensbildung, so wird man entscheidenden Wert auf eine solche Ausgestaltung des Staatswesens legen, die Lebenserhaltung und Lebensentfaltung in jeder Beziehung sichert und fördert. Wenn nun im Staatswesen dafür Sorge getragen ist, daß die Willensimpulse, die aus der Gemeinschaft selbst hervorgehen und in ihr einen mächtigen Widerhall hervorrufen, sich von den treibenden auf die leitenden Staatsmächte übertragen und so im organischen Handeln des Gemeinwesens zum Durchbruch kommen, dann ist damit die Möglichkeit geschaffen, daß die organische Entelechie des Gemeinwesens wirksam wird. Die Entelechie, welche dem Ziel des organischen Wachsens und Strebens näherführt, wird in dieser ihrer Wirkungsmöglichkeit der Idee eines ewigen Aufstieges dienen. Dazu kommt noch eine andere Wertbetrachtung, die von dem staatspolitischen Kernproblem der Führerauslese ihren Ausgangspunkt nimmt: Die Idee der Volkssouveränität kann dem Gedanken einer planvollen Führerauslese dienen und auch praktisch nutzbar gemacht werden. Allerdings kann man — wie Grabowsky in seinem Aufsatz „Formal- und Realdemokratie" (Zeitschr. für Politik Bd. XV S. 130) mit Recht hervorhebt — große Männer nicht züchten; denn sie sind immer eine Gnade. Aber man kann ihnen den Weg zur Entfaltung leichter machen.

Mit der Entfaltung der individuellen wird aber in diesem Falle zugleich die Entfaltung der überindividuellen Entelechie ermöglicht. Die vom Vertrauen der Nation getragenen Führer werden den Willen des Volkes im staatlichen Leben verwirklichen und so den Sinngehalt des nationalen Lebens erfüllen. Grabowsky hebt einen anderen Wesenszug als Kennzeichen organischer Demokratie hervor: „die zweifache

Tendenz, die Gesamtheit des Volkes in stärkerem Maße, als das bisher gelungen ist, geordnet zusammenwachsen zu lassen und diese geschlossene Masse dann intensiver als bisher mit dem Staat zu verbinden". In ihre letzten Konsequenzen verfolgt, bedeutet indessen auch diese Auffassung eine Betonung des Lebendigen im Staat. Die Erfassung des gemeinsamen Lebenssinnes schließt die Volksgenossen zur organischen Einheit zusammen und die Erkenntnis der organischen Wesenheit des Staates als Lebensform der Nation bedeutet ohne weiteres die Verknüpfung von Volk und Staat. Indessen wäre es ein schwerer Fehler solche Einheit und Verknüpfung künstlich durch Nachbildung vergangener Organisationsformen zu neuem Leben erwecken zu wollen. Jede Periode staatlichen Lebens hat ihre eigenen Lebensformen. Eine Wiedererweckung früherer Organisationsformen wäre ebensowenig „organisch" wie eine Verpflanzung fremder Organisationsformen in den eigenen staatlichen Lebensbereich. Das staatliche Leben läßt sich ebensowenig künstlich formen wie das individuelle, wenn darum auch der Wert bewußter Schöpfungstat nicht verkannt werden soll. Aber eine organische Staatsgestaltung muß aus dem Zeitempfinden und aus der organischen Umwelt herauswachsen, soll sie sich zu wahrer Lebensfülle entfalten. Eine vitalistische Politik, die auf einer organischen Staatslehre aufbaut, wird dem eigentlichen Sinn des Gemeinschaftslebens nachzuspüren streben und dabei in erster Linie dem Entwicklungsgedanken, der Idee des Fortschreitens alles Lebendigen zur Entfaltung neuer Lebensformen Rechnung tragen.

Nach dem staatspolitischen Grundsatz der Volkssouveränität soll nun aber die letzte Entscheidung, die letzte Kontrolle beim Volke liegen, da ja nur sein eigener Wille, sein eigenes Zielstreben, sein Entfaltungswille im Staatsleben zum Ausdruck kommen soll und alle anderen Staatsorgane nur dazu berufen sind, dem Willen des Volkes im Einzelfall Ausdruck zu verleihen. Setzt sich ein Staatsorgan mit dem Willen des Volkes in Widerspruch, so muß es abgesetzt, „zurückgerufen" werden von der Vertrauensstellung, die ihm das Volk eingeräumt hat („Recall").

Diese staatspolitische Idee der Volkssouveränität kommt in der Einrichtung des Staates in mehr oder minder ausgeprägter Form als juristisches Prinzip zur Geltung. Allerdings fehlt im deutschen Staatsrecht ein eigentliches Rückberufungsrecht gegenüber Gesetzgebungs-, Verwaltungs- und Rechtsprechungsorganen; das letztere deshalb, weil dadurch der höhere Gesichtspunkt der richterlichen Unabhängigkeit einer Politisierung der Rechtspflege geopfert werden müßte. Aber auch gegenüber den Organen der Verwaltung und der Gesetzgebung hat man ein Rückrufsrecht nicht eingeführt. Als verwandte Erscheinungen kommen wohl die Absetzung des Reichspräsidenten „auf Antrag des Reichstags durch Volksabstimmung" (RV. Art. 43) und die Parlamentsauflösung in den deutschen Ländern auf Volksbegehren (im Reich nur durch den Reichspräsidenten!) in Betracht. Es ist jedoch zu berücksichtigen, daß der einzelne Abgeordnete von seinen Wählern staatsrechtlich unabhängig ist. „Die Abgeordneten sind Vertreter des ganzen Volkes; sie sind nur ihrem Gewissen unterworfen und an Aufträge nicht gebunden," mit diesen Worten verwirft Art. 21 der Reichsverfassung die Einrichtung des imperativen Mandats sowohl als auch die der Abberufung. Die Verfassungsbestimmungen der Länder decken sich mit dieser Vorschrift.

Die Idee der Volkssouveränität kommt am deutlichsten zum Ausdruck in der unmittelbaren Demokratie, wo das Volk selbst zu Beratung und Beschlußfassung über die Staatsangelegenheiten zusammentritt, Gesetzgebung und Regierung in einer Hand vereinigt. Dieser Schweizer Typus der unmittelbaren Demokratie ist aber nur in engbegrenztem Raume möglich. Je größer ein Gemeinwesen, desto schwerer wird die Einführung und Benützung unmittelbar demokratischer Einrichtungen. An Stelle der unmittelbaren Volksherrschaft tritt die Herrschaft durch das Mittel des Parlaments. In diesem Sinne sagt beispielsweise mit besonderer Deutlichkeit die preußische Verfassung: Träger der Staatsgewalt ist die Gesamtheit des Volkes. „Das Volk äußert seinen Willen nach den Bestimmungen dieser Verfassung und der Reichsverfassung unmittelbar durch die Volksabstimmung (Volksbegehren, Volksentscheid und Volkswahl), mittelbar durch die verfassungsmäßig bestellten Organe." Die bayerische Verfassung hingegen lehnt sich mehr an das Vorbild der Reichsverfassung an, indem sie in § 2 das Prinzip der Volkssouveränität wie folgt formuliert: „Die Staatsgewalt geht von der Gesamtheit des Volkes aus. Sie wird nach den Bestimmungen dieser Verfassung und der Verfassung des Deutschen Reiches unmittelbar durch die Staatsbürger und mittelbar durch die in dieser Verfassung eingesetzten Organe ausgeübt."

In allen Fällen ist das Volk oberstes Staatsorgan und zwar zumindest für die staatsrechtliche Betrachtung, während man bei Berücksichtigung der gegebenen politischen Machtverhältnisse und Wirkungsmöglichkeiten vielleicht das Parlament als oberstes Organ ansprechen könnte in dem Sinne, daß das Parlament das politisch wichtigste, entscheidende Staatsorgan sei.

Die Besonderheit der abweichenden Formulierung des Gedankens in der preußischen Verfassung liegt darin, daß hier nicht Volk und Staat identifiziert werden, daß vielmehr die Gesamtheit des Volkes nur ein Organ im Staat, allerdings dessen höchstes, darstellt. Das

Volk ist nach der preußischen Verfassung „Träger der Staatsgewalt", d. h. das oberste Staatsorgan, welches die Vermutung der Zuständigkeit für sich hat und gewissermaßen (wie früher die Monarchen als „Träger der Staatsgewalt") alle Rechte der Staatsgewalt in sich vereinigt. Dies gilt wenigstens für die juristische Konstruktion des Verfassungsbaues, wenn auch die tatsächliche politische Einflußnahme, die „Ausübung der Staatsgewalt", auf enge Grenzen zurückgesetzt ist.

Im Reich kam der Gedanke der Volkssouveränität erstmals bedeutsam zum Durchbruch in der Wahl zur Nationalversammlung und der damit verbundenen Ermächtigung zur Aufstellung einer Verfassung. Die Verfassung selbst hat dann an dem Grundsatz festgehalten und versucht, in Einzelbestimmungen ihn durchzuführen. So schuf sie die Staatsform der „demokratischen Republik", den „Volksstaat", der den Gedanken der Mehrherrschaft und den Gedanken der Konzentration der höchsten Gewalt beim Volk in sich vereinigt. Die Volksherrschaft drückt sich darin aus, daß dem Volk die Staatsgewalt dem Rechte nach zusteht, daß es sie inne hat, wenn auch die Ausübung der Regel nach dem Reichspräsidenten, dem Reichstag und der Reichsregierung zusteht. Nur ausnahmsweise übt das Volk als oberstes Staatsorgan selbst die Staatsgewalt aus durch die sog. unmittelbar demokratischen Einrichtungen: Volksabstimmung, Volksbegehren, Volkswahl.

Die elementarste Äußerung des Volkswillens ist das Volksbegehren oder, wie es auch bezeichnet wird, die Volksinitiative. Hier geht der Anstoß zur Erlassung eines Staatsakts, also vor allem eines Gesetzes, unmittelbar vom Volk aus.

Eine solche Volksinitiative ist in der Reichsverfassung zunächst in Art. 18 vorgesehen. Es handelt sich hier um die Gliederung des Reiches in Länder, die Änderung des Gebiets von Ländern und die Neubildung von Ländern. Diese Gebietsänderung oder Neubildung kann unmittelbar durch den Willen der Bevölkerung gefordert werden. Wenn ein Drittel der zum Reichstag wahlberechtigten Einwohner des abzutretenden Gebiets es verlangt, so muß die Reichsregierung eine Volksabstimmung anordnen und dadurch den Willen der Bevölkerung feststellen. In diesem Falle genügt dann (auch wenn eines der beteiligten Länder nicht zustimmt) zur Gebietsänderung einfaches Reichsgesetz, während außerdem (falls ein beteiligtes Land nicht zustimmt) verfassungsänderndes Reichsgesetz erforderlich ist.

Die andere Form der Volksinitiative ist die sog. Gesetzesinitiative, der Gesetzesvorschlag. Das rechtliche Verfahren zur Schaffung eines Gesetzes, der staatsrechtliche „Weg eines Gesetzes" wird regelmäßig durch eine Regierungsvorlage oder durch einen Antrag „aus der Mitte" des Parlaments eröffnet. Ausnahmsweise kann jedoch das Volk selbst die Aufstellung von Rechtssätzen oder die Änderung und Aufhebung bestehender Rechtssätze einleiten durch Volksbegehren. Freilich genügt hiezu nicht ein in unbestimmter Form gestelltes Verlangen z. B. in der Form eines Beschlusses: „Das deutsche Volk verlangt eine volle Aufwertung aller Vorkriegsschulden". Art. 73 der Reichsverfassung schreibt vielmehr vor: „Dem Volksbegehren muß ein ausgearbeiteter Gesetzentwurf zugrunde liegen." Die Gesetzesinitiative hat das „Begehren nach Vorlegung eines Gesetzentwurfes" zum Gegenstand. Dieses Begehren muß von einem Zehntel der Stimmberechtigten gestellt werden. Der im Volksbegehren enthaltene Gesetzentwurf ist von der Regierung dem Reichstag zu unterbreiten. Nimmt der Reichstag, der ja nach Art. 68 Abs. II der Gesetzgeber im Deutschen Reich ist, den Gesetzentwurf unverändert an, dann hat das Volksbegehren schon jetzt seinen Zweck erfüllt. Das Gesetz ist zustandegekommen. Wenn aber der Reichstag den Entwurf ablehnt oder nur mit Veränderungen annimmt, muß noch ein „Volksentscheid" herbeigeführt werden. Das Volk hat in diesem Fall die Möglichkeit seinen Entwurf gegen den Willen des Parlaments vollinhaltlich zum Gesetz werden zu lassen.

Eine besondere Form des Volksbegehrens enthält Art. 73 Abs. II der Reichsverfassung. Dieser Bestimmung liegt der Fall zugrunde, daß der Reichstag bereits über ein Gesetz Beschluß gefaßt hat, das Gesetz bereits angenommen hat, aber gegen die Stimmen einer starken Minderheit. Beträgt die parlamentarische Opposition mindestens ein Drittel des Reichstags, dann kann diese Opposition den Antrag stellen, die Verkündung des Gesetzes auszusetzen mit der politischen Absicht, in der gewonnenen Zwischenzeit ein Volksbegehren zu inszenieren. Das nun stattfindende Volksbegehren ist keine Gesetzesinitiative im engeren Sinne; es gibt nicht den *Anstoß* zum Gesetzgebungsvorgang — liegt ja doch schon ein vom Gesetzgeber beschlossenes Gesetz fertig vor. Es handelt sich vielmehr um eine hindernde, *negative* Maßnahme. Die Gesamtheit des Volkes soll aufgerufen werden, um ihren Willen dahin kund zu tun, daß das vom Reichstag beschlossene Gesetz *nicht* in Kraft treten soll. Zu diesem Zweck kann ein Zwanzigstel der Stimmberechtigten (des ganzen Reiches!) den Antrag stellen, das Gesetz dem Volksentscheid zu unterbreiten.

Die rechtlich und politisch bedeutsamste Form der Volksinitiative ist das Volksbegehren, welches auf eine *Änderung der Verfassung* gerichtet ist. Die geltende Reichsverfassung kann nämlich nicht nur im Weg der ordentlichen parlamentarischen Gesetzgebung jederzeit geändert werden (wie dies schon mehrfach geschehen ist!), sondern auch auf Volksbegehren durch Volksentscheid. Die im Volk verbreitete Auffassung, daß jede Änderung der Verfassung Revolution oder Staatsstreich bedeute und daß die Verfassung nur durch Gewalt, nicht aber auf dem Weg des Rechts geändert werden könne, ist also ein verhängnisvoller Irrtum.

Der „Volksentscheid" ist eine vom Volksbegehren gänzlich verschiedene und streng davon zu unterscheidende staatsrechtliche Einrichtung. Es gibt Volksbegehren ohne Volksentscheid (so wenn der Reichstag das verlangte Gesetz unverändert annimmt) und es gibt, wie wir noch sehen werden, Volksentscheid ohne Volksbegehren.

Der Volksentscheid (in Bayern: „Volksentscheidung") ist die im Ausland unter dem Namen „Referendum" bekannte unmittelbar demokratische Einrichtung. Im Gegensatz zur Volksinitiative, die vom Volke selbst ausgeht, wird die Volksentscheidung erst auf irgendeinen anderen Anstoß hin angeordnet. Das Volk äußert also hier nicht ungefragt seinen Willen, sondern es entscheidet auf Befragung, wobei allerdings der erste Anstoß, der die Volksbefragung und damit die Volksentscheidung herbeiführen will (in Form eines Volksbegehrens), ebenfalls vom Volk ausgehen kann (aber nicht muß). Der Ausdruck „Referendum" stammt aus dem älteren Schweizer Staatsrecht. Er bezeichnete ursprünglich etwas ganz anderes: Die Regierungsbevollmächtigten bei den Tagsatzungen (Tagungen) der Bundesgenossen nahmen solche Angelegenheiten, zu deren endgültiger Erledigung ihnen die Vollmacht fehlte, zur Berichterstattung mit zurück zu ihren Auftraggebern, denen sie dann referierten. Sie nahmen — wie man sagte — die Angelegenheiten „ad referendum".

Die Volksentscheidung ist in Reich und Ländern im allgemeinen fakultativ, d. h. das Volk kann in gewissen Angelegenheiten zur Entscheidung aufgerufen werden, es muß aber in keinem Falle befragt werden. Der Reichstag kann also — wie oben schon betont — sogar eine Verfassungsänderung beschließen ohne eine Volksentscheidung herbeiführen oder abwarten zu müssen, das gleiche gilt in den meisten Ländern. Eine Ausnahme stellt das hessische und badische obligatorische Verfassungsreferendum dar. Die erste Volksabstimmung in Deutschland überhaupt fand übrigens auch in Baden statt und zwar am 13. April 1919 über die neue badische Verfassung.

Eine Entscheidung des Volkes ist in der Reichsverfassung zu drei verschiedenen Zwecken gegeben: zur Feststellung des Willens der Bevölkerung bei Gebietsveränderungen (Art. 18), zur Abstimmung über den Antrag des Reichstags auf Absetzung des Reichspräsidenten (Art. 43) und zum Zweck der unmittelbaren Volksgesetzgebung (Gesetzesreferendum).

Das Volk kann vom Reichspräsidenten (ohne vorangehendes Volksbegehren!) zur Entscheidung über jedes vom Reichstag beschlossene Gesetz aufgerufen werden. Wenn der Reichspräsident ein

Gesetz nicht billigt, braucht er es also nicht auszufertigen und zu verkünden; er kann vielmehr an das Volk appellieren, wenn er glaubt, daß dieses den Gesetzesinhalt ebenfalls verwirft. Freilich, wenn der Reichspräsident den Volksentscheid nicht anordnen will, muß er das Reichsgesetz „binnen Monatsfrist im Reichsgesetzblatt verkünden" (Art. 72).

Andere Fälle des Volksentscheids haben wir schon als Folgeerscheinungen des Volksbegehrens kennen gelernt: ein Zwanstigstel der Stimmberechtigten kann den Volksentscheid über ein Gesetz fordern, dessen Verkündung auf Antrag der parlamentarischen Opposition ausgesetzt ist; und ein Zehntel der Stimmberechtigten kann die Abstimmung des ganzen Volkes über einen Gesetzesvorschlag herbeiführen, wenn dieser nicht vom Reichstag vorher angenommen wird.

Weitere Fälle des Volksentscheids sind im Interesse der deutschen Länder beim Gesetzgebungsverfahren gegeben: Der Einspruch des Reichsrats gegen ein vom Reichstag beschlossenes Gesetz kann zur Anordnung des Volksentscheids durch den Reichspräsidenten führen (Art. 74). Namentlich kann aber der Reichsrat sich einer Verfassungsänderung dadurch widersetzen, daß er, wenn sein Einspruch erfolglos geblieben ist, den Volksentscheid verlangt.

Damit haben wir kennen gelernt, wie der Grundsatz der Volkssouveränität im Reich seine staatsrechtliche Ausdrucksform gefunden hat. Die verfassungsmäßige Fixierung dieses Grundsatzes in den Ländern ist ähnlich gestaltet. Hervorzuheben ist nur, daß die unmittelbar demokratischen Einrichtungen nicht in allen Ländern vorgesehen sind: einige Länder (z. B. Mecklenburg-Strelitz) haben auf die Einrichtung eines Volksbegehrens verzichtet. Bemerkenswert ist ferner nach der anderen Richtung hin, daß das Landesstaatsrecht gegenüber dem Reichsstaatsrecht eine wichtige Erweiterung der Gegenstände des Volksbegehrens kennt: das Volksbegehren kann nämlich nach Landesstaatsrecht (da hier ein überparlamentarisches Staatsoberhaupt fehlt) auch auf Auflösung des Parlaments gerichtet werden (so z. B. nach der preuß. Verfassung Art. 6 und nach der bayerischen Verfassung § 10). Das souveräne Staatsvolk steht so über dem Parlament und kann einen Mißbrauch der politischen Macht des Parlaments durch die Forderung der Auflösung (Volksbegehren) und durch den dann folgenden Beschluß der Auflösung (Volksentscheidung) abwehren. Auch können sich auf diesem Wege etwaige Änderungen in der politischen Überzeugung des Volkes, eine Umschichtung der politischen Machtverhältnisse, der Stärke der Gefolgschaft der politischen Parteien geltend machen. Wenn das Parlament, durch welches in der „parlamentarischen" oder „mittelbaren" Demokratie das Volk die Staatsgewalt ausübt, den politischen Willen des Trägers der Staatsgewalt nicht mehr widerspiegelt, macht das Volk selbst von seinem ursprünglichen Rechte Gebrauch. So tritt der Grundsatz der Volkssouveränität auch in der parlamentarischen Demokratie in Erscheinung.

II. Kapitel.

Das parlamentarische System als Regierungsprinzip.

Der Grundsatz der Volkssouveränität besagt in der staatsrechtlichen Konstruktion, daß alle Staatsgewalt vom Volk ausgehe, in der politischen Ideologie, daß die Souveränität (also die höchste Gewalt) im Staate dem Volke zustehe. Die Durchführung dieses Grundsatzes im Staatsrecht kommt darin zum Ausdruck, daß in gewissen Fällen das Volk selbst die Initiative ergreifen und selbst die Entscheidung fällen kann und daß im übrigen die anderen Staatsorgane, an den Willen des Volkes gebunden, diesen möglichst unverfälscht zum Ausdruck zu bringen haben; die anderen Staatsorgane leiten ihre Gewalt vom Volk als höchstem Organ ab, sie ordnen sich diesem höchsten Organe unter: das Volk wählt die Parlamente und den Reichspräsidenten unmittelbar; auf Grund eines Volksbeschlusses kann der Reichspräsident abgesetzt werden und durch Volksbeschluß können in den Ländern auch die Parlamente aufgelöst werden; der Reichstag als Volksvertretung aber kann durch den seinerseits unmittelbar vom Volk gewählten Reichspräsidenten, der insofern selbst den Gedanken der Volkssouveränität verkörpert, aufgelöst werden.

Ihre Konsequenz findet diese staatsrechtliche Begründung aller Staatsgewalt auf der Volkssouveränität in dem verfassungsmäßigen Grundsatz der parlamentarischen Regierungsweise. Das parlamentarische Regierungsprinzip oder das parlamentarische System, vielfach auch kurzweg als „Parlamentarismus" bezeichnet, bedeutet die Bindung der Regierung und damit der ganzen Verwaltung an das Parlament, in welchem sich ja der Volkswille der Regel nach verkörpert und sohin das Entfaltungsstreben des staatlichen Organismus zum Ausdruck gelangt.

Das parlamentarische System wird hier ebenso wie die Idee der Volkssouveränität nur unter staatsrechtlichen Gesichtspunkten betrachtet. Es handelt sich für uns nur um eine Darstellung des in der Weimarer Verfassung durchgeführten Rechtsgrundsatzes und um die Erkenntnis seiner juristischen Zusammenhänge. Insbesondere soll die hier zum Ausdruck kommende Ableitung des parlamentarischen Prinzips aus dem verfassungsrechtlichen Grundsatz der Volkssouveränität veranschaulicht werden. Eine abschließende politische Stellungnahme zu der Frage der Werthaftigkeit der parlamentarischen Regierungsweise würde den Rahmen der vorliegenden Untersuchung sprengen. Um so nachdrücklicher möchte ich aus diesem Grunde auf die notwendige Ergänzung der staatsrechtlichen durch die politische Betrachtung hinweisen. Eine ausgezeichnete positive Würdigung des Grundsatzes der parlamentarischen Regierungsweise in knappester Darstellung findet sich in einer Aufsatzserie von K. Beyerle in der „Allgemeinen Rundschau" (Wochenschrift für Politik und Kultur, München 1921 Nr. 25 bis 28), die unter dem Titel „Parlamentarisches System — oder was sonst?" auch als Broschüre erschienen ist (München 1921). Nach Erörterung einiger grundsätzlicher Punkte setzt sich der Verfasser eingehend mit der gegnerischen Kritik des Parlamentarismus auseinander und stellt schließlich die positiv für Beibehaltung des parlamentarischen Verfassungsgrundsatzes sprechenden Umstände und Tatsachen klar heraus. Er würdigt dabei insbesondere die praktische Bedeutung der parlamentarischen Regierungsweise und lehrt bloße Akzidenzen von dem eigentlichen Wesentypus scheiden. So schärft er den Blick für die Erkenntnis des realpolitischen Problems einer wirklichen Vervollkommnung des Verfassungsgrundsatzes, indem er vor übereilten Experimenten warnt.

Das parlamentarische Regierungsprinzip ist übrigens selbst keine notwendige Folge der Existenz eines Parlaments: wir hatten schon vor der Revolution im Deutschen Reiche einen Reichstag, aber die parlamentarische Regierungsweise war trotzdem der Bismarckschen Verfassung fremd. Es hängt dies auch nicht etwa notwendig damit zusammen, daß das Deutsche Reich vor der Revolution mit einer im politischen Sinn „monarchischen Spitze" gekrönt war. Denn der Parlamentarismus ist auch in streng monarchisch organisierten Staaten denkbar und tatsächlich eingeführt: ich erwähne als hervorragendes Beispiel England. Der Parlamentarismus setzt also zwar ein Parlament voraus, aber er ist nicht immer mit dem Parlament gegeben. Wo er freilich eingeführt ist, bedeutet er einen ungeheuren Machtzuwachs des Parlaments. Denn dieses gewinnt dadurch Einfluß nicht nur auf die Gesetzgebung und so erst mittelbar auf die gesetzgebundene Verwaltung und Justiz, sondern unmittelbar zugleich auch auf die Verwaltung. Das Parlament beherrscht nicht nur die Formen und den Rahmen, innerhalb deren sich die Verwaltungstätigkeit abspielt, sondern auch den Inhalt, den ganzen Geist der Verwaltung.

Mit der Staatsform hat die Frage des parlamentarischen Regierungsprinzips an sich keinen Zusammenhang. Der Parlamentarismus kann im monarchischen Staat — wie wir schon sahen — eingeführt sein oder auch fehlen, wie z. B. in den deutschen Einzelstaaten vor der Revolution. Anderseits aber kann der Parlamentarismus auch in der Republik fehlen: das politisch interessanteste Beispiel einer großen

Republik, welche das parlamentarische Regierungsprinzip nicht kennt, bieten uns die Vereinigten Staaten von Nordamerika. Der nordamerikanische Präsident und seine Staatssekretäre sind vom Parlament in der Verwaltung völlig unabhängig. Aus diesem Grunde ist auch schon mit Recht betont worden, daß die Machtbefugnisse des Präsidenten der Vereinigten Staaten einen ungleich bedeutenderen Umfang haben als etwa die des früheren Deutschen Kaisers.

Im Deutschen Reich ist das parlamentarische Regierungsprinzip nicht erst eine Neuerung, die durch die Weimarer Verfassung in unser Staatsrecht Eingang gefunden hat, es ist auch keine Schöpfung der Revolution, wie es ja auch keine spezifisch republikanische Einrichtung ist. Es wurde noch zur Zeit der kaiserlichen Herrschaft eingeführt und zwar durch die Verfassungsnovelle vom 28. Oktober 1918.

Die Verfassungsnovelle von 1918 brachte eine Aufhebung des Art. 21 Abs. II der alten Bismarckschen Verfassung und außerdem mehrere wichtige Neueinfügungen in das Verfassungswerk, die alle den Zweck verfolgten, dem Reichstag einen maßgeblichen Einfluß auf die Verwaltung zu sichern.

Art. 21 Abs. II der alten Verfassung von 1871 hatte bestimmt: „Wenn ein Mitglied des Reichstages ein besoldetes Reichsamt oder in einem Bundesstaat ein besoldetes Staatsamt annimmt oder im Reichs- oder Staatsdienste in ein Amt eintritt, mit welchem ein höherer Rang oder ein höheres Gehalt verbunden ist, so verliert es Sitz und Stimme in dem Reichstag und kann seine Stelle in demselben nur durch neue Wahl wieder erlangen." Die Aufhebung dieses Artikels hatte sohin die Bedeutung, daß fortan ein Parlamentarier in die Regierung eintreten konnte ohne dadurch sein Mandat zu verlieren.

Neu aufgenommen wurden gleichzeitig in die alte Reichsverfassung u. a. folgende Vorschriften: „Zur Erklärung des Krieges im Namen des Reichs ist die Zustimmung des Bundesrats und des Reichstags erforderlich.

Der Reichskanzler und seine Stellvertreter sind für ihre Amtsführung dem Bundesrat und dem Reichstag verantwortlich."

Mit den Bestimmungen, welche Kriegserklärung, Friedensschluß und Vertragsabschlüsse an die Zustimmung des Reichstags binden, hatte dieser einen entscheidenden Einfluß auf die wichtigsten Geschäfte der gesamten auswärtigen Verwaltung, also auf die Außenpolitik erlangt. Diese Regelung ist von der Weimarer Verfassung inhaltlich übernommen worden, die staatsrechtliche Stellung des Reichstags erscheint im neuen Reich nur insoferne noch weiter emporgehoben als Kriegserklärung und Friedensschluß jetzt „durch Reichsgesetz" erfolgen. Da aber, wie wir wissen, der Reichstag der Gesetzgeber im

Deutschen Reich ist, tritt er bei diesen Akten der Außenpolitik jetzt selbst als Herr des Geschäfts auf, während früher nur seine Zustimmung von dem Herrn des Geschäfts einzuholen war; dieser aber war der Kaiser, dessen Prärogative nur durch das Erfordernis der Zustimmungserklärungen eingeschränkt war.

Der Einfluß des Reichstags auf die übrigen Geschäfte der auswärtigen Verwaltung und auf die gesamte innere Politik kam dadurch zur Geltung, daß der Reichskanzler (der im Oktober 1918 noch immer der einzige Reichsminister war!) zu seiner Amtsführung fortan des Vertrauens des Reichstags bedurfte und daß er jetzt für seine eigenen politischen Handlungen und die des Kaisers dem Reichstag verantwortlich war.

Sogar die Personalveränderungen im Heere, insbesondere die Ernennung der Höchstkommandierenden gelangten in den Einflußbereich des Parlaments. Denn für die Personalveränderungen im Reich wurde das Erfordernis der Gegenzeichnung des Reichskanzlers aufgestellt und für die Personalveränderungen der Kontigente das Erfordernis der Gegenzeichnung des einzelstaatlichen Kriegsministers, der selbst wiederum dem Bundesrat und dem Reichstag für die Verwaltung des Kontingents verantwortlich war.

Die weitaus wichtigste der Neuerungen von 1918 war die Einfügung des Verfassungssatzes: „Der Reichskanzler bedarf zu seiner Amtsführung des Vertrauens des Reichstags." Mit der Einführung selbständiger Ressortminister durch das neue Staatsrecht hat dieser Satz eine konsequente Ausdehnung erfahren: „Der Reichskanzler und die Reichsminister bedürfen zu ihrer Amtsführung des Vertrauens des Reichstags", sagt die Weimarer Verfassung in Art. 54, und fügt ergänzend hinzu: „Jeder von ihnen muß zurücktreten, wenn ihm der Reichstag durch ausdrücklichen Beschluß sein Vertrauen entzieht." Aus dieser Fassung geht hervor, daß die Regierung jedenfalls des Vertrauens der Volksvertretung bedarf, daß aber nur ein ausdrückliches Mißtrauensvotum sie zum Rücktritt zwingt. Ein positives Vertrauensvotum ist also staatsrechtlich nicht nötig; politisch kann ein solches Vertrauensvotum allerdings außerordentlich wertvoll sein, wenn die Mehrheitsverhältnisse schwankend sind und bei wichtigen politischen Entscheidungen Zweifel auftauchen, ob wirklich noch die Mehrheit des Parlaments hinter der Regierung steht.

Im Geschäftsordnungsausschuß des Reichstags stimmte die Mehrheit des Ausschusses im Oktober 1924 bezüglich der Auslegung des Artikels 54 der Reichsverfassung der Ansicht des Vorsitzenden, Abgeordneten Dr. Kahl, zu, daß das Vertrauen des Reichstags in die Amtsführung der Regierung solange staatsrechtlich zu präsumieren sei, bis ein vom Reichstag angenommenes ausdrückliches Mißtrauensvotum die Regierung oder einen der Minister zum Rücktritt veranlasse. Ein Antrag der Nationalsozialistischen Freiheitspartei, nach dem die Reichsregierung zu ihrer Amtsführung die Annahme eines ausdrücklichen Vertrauensvotums durch den Reichstag bedürfe, wurde abgelehnt.

Mit dem Vertrauenserfordernis des parlamentarischen Regierungsprinzips hängt der Vorgang der Regierungsbildung im Reich aufs engste zusammen. Die Weimarer Verfassung bestimmt in Art. 53: „Der Reichskanzler und auf seinen Vorschlag die Reichsminister werden vom Reichspräsidenten ernannt und entlassen." In der Auswahl der Persönlichkeiten ist der Reichspräsident demnach staatsrechtlich vollkommen frei. Vor allem ist in diesem Zusammenhang hervorzuheben, daß das staatsrechtliche Prinzip des Parlamentarismus, der Grundsatz der parlamentarischen Regierungsweise, durchaus nicht erfordert, daß immer nur Parlamentarier oder daß überhaupt Parlamentarier als Minister bestellt werden. Ein Kabinett von Fachleuten, ein Beamtenministerium ist mit dem parlamentarischen Regierungsprinzip theoretisch und praktisch wohl vereinbar. Gefordert ist nämlich nicht, daß die Regierung dem Parlament entnommen werde, sondern nur daß sie ihm genehm sei, daß sie also das Vertrauen der parlamentarischen Mehrheit genieße. In der Tat haben im Laufe der letzten Jahre in Reich und Ländern schon vielfach Männer den Regierungen angehört, die nicht Abgeordnete waren.

Während nun in den Ländern die Regierung schon vom Parlament selbst eingesetzt wird, geschieht dies im Reich durch den Reichspräsidenten. In den Ländern sehen wir sohin einen viel unmittelbareren staatsrechtlichen Zusammenhang der Regierung mit dem Parlament als im Reich: wenn die Regierung aus den Reihen des Parlaments selbst gebildet wird, erscheint sie geradezu als ein Ausschuß desselben zur Verwaltung der Staatsgeschäfte. Eine andere Form der Regierungsbildung wäre übrigens in den Ländern kaum durchführbar, da hier kein Staatsoberhaupt vorhanden, wie dies im Reich der Reichspräsident ist. Auch wo (wie z. B. in Württemberg und Baden) ein Staatspräsident vorhanden ist, hat dieser nicht die Funktion eines überparlamentarischen Staatsoberhaupts, das — vom Volk gewählt — dem Landtag ebenbürtig zur Seite stünde, sondern nur die Funktion eines Kabinettchefs, eines Ministerpräsidenten; er ist also nicht dem Reichspräsidenten vergleichbar, sondern nur dem Reichskanzler. Wir erinnern uns aber daran, daß der Reichskanzler im Reich nicht selbst die Minister ernennt (sohin staatsrechtlich die Regierung bildet), sondern seinerseits ernannt wird vom Reichspräsidenten. Das hindert natürlich nicht, daß — politisch gesprochen — doch der Reichskanzler die Regierung bildet: er wird, wie man zu sagen pflegt, vom Reichspräsidenten mit der Regierungsbildung betraut. Aber staatsrechtlich ist die von ihm ausgearbeitete Kabinettsliste nur ein Vorschlag, der erst durch den Ernennungsakt des Reichspräsidenten zur Wirksamkeit erwächst.

Der Reichspräsident ist selbst an diesen Vorschlag des Kanzlers auch gar nicht gebunden; staatsrechtlich wenigstens ist er nicht verpflichtet, gerade nun diejenigen Persönlichkeiten zu Ministern zu machen, welche ihm der Kanzler vorgeschlagen hat. Er könnte vielmehr jederzeit einen anderen Kanzler wählen und neuerdings mit der Regierungsbildung beauftragen. Politisch freilich ist die Lage anders zu würdigen. Die Betrachtung der tatsächlichen Vorgänge bei der Regierungsbildung ergibt, daß der Reichspräsident schon von vornherein bei der Auswahl des Kanzlers so vorgeht, daß er den Führer der stärksten Partei des Reichstags empfängt und nach ihm die anderen Parteiführer. Staatsrechtlich verpflichtet ist der Reichspäsident zu diesem Vorgehen nicht. Aber die von ihm eingesetzte Regierung wird ja später des Vertrauens des Reichstags bedürfen (dies allein ist Rechtssatz!) und es ist demgemäß eine selbstverständliche Forderung politischer Klugheit, daß der Reichspräsident, schon bevor er eine Regierung einsetzt, sich über die Stimmung der Fraktionen unterrichtet.

Die Erfahrung lehrt, daß der parlamentarische Einfluß auf die Regierungsbildung so lebhaft sich geltend macht, daß es oft mit den größten Schwierigkeiten verbunden ist, die geeignete Zusammensetzung endgültig aufzustellen. Abgesehen von parteipolitischer Taktik, welche etwa die Oppositionsstellung einer verantwortlichen Mitarbeit an der Staatsleitung vorzieht (weil es natürlich parteipolitisch nützlicher ist, am Mißerfolg Kritik zu üben, als sich selbst eine Verantwortung für den politischen Erfolg aufzubürden), abgesehen von solchen Sonderbestrebungen wird es der Wunsch der Fraktionen sein, nach ihrem Stärkeverhältnis in der Regierung vertreten zu sein: durch Fraktionsmitglieder oder sonstige (außerhalb des Parlaments stehende) Persönlichkeiten, die das Vertrauen der Fraktion genießen. Personenfragen spielen mit herein. Aber es wäre wohl eine Verkennung der Tatsachen, wollte man annehmen, daß es den Fraktionen bloß darum zu tun sei, einem oder mehreren von ihnen einen Ministerposten zu verschaffen. Dies schon deshalb, weil ja die Regierungsmitglieder (ganz ähnlich wie die Abgeordneten) kein imperatives parteipolitisches Mandat erhalten, an das sie gebunden wären. Die Aufgabe der Regierung und ihrer einzelnen Mitglieder kann nicht darin bestehen, Parteipolitik zu treiben, weder die Parteipolitik der herrschenden Mehrheitspartei noch eine Kompromißpolitik, die sich jeweils aus den parteipolitischen Strömungen im Kabinett (als einem Parlament im Kleinen!) ergäbe. Aufgabe der Regierung ist es vielmehr, selbständig-zielbewußte Staatspolitik zu treiben: das Staatswohl über den Nutzen der Partei zu stellen.

Darum liegt auch im Reich die Regierungsbildung gar nicht beim Parlament selbst, sondern beim überparteilichen Reichspräsidenten. Der Reichspräsident, der seine Organstellung im Reich selbst aus einer Volksabstimmung herleitet, der also — im Gegensatz zum Präsidenten der französischen Republik — nicht vom Repräsentativorgan bestellt wird, ist staatsrechtlich und politisch dazu berufen, ein Gegengewicht zu dem im Parlament in wechselnden Mehrheitskombinationen ausgetragenen Gegensatz der Parteiströmungen zu bilden und — auf längere Dauer als das Parlament gewählt — gewissermaßen einen „ruhenden Pol in der Erscheinungen Flucht" darzustellen. Aber die Stellung des Reichspräsidenten spiegelt nicht nur den Grundsatz der Volkssouveränität, sondern auch den Grundsatz der parlamentarischen Regierungsweise deutlich genug wider. Im Gegensatz zum nordamerikanischen Präsidenten muß im Deutschen Reich das Staatsoberhaupt die Regierung so bilden, daß sie jederzeit das Vertrauen des Parlaments genießt. Dazu kommt aber als außerordentlich wichtige staatsrechtliche Ergänzung die Vorschrift des Art. 50 der Weimarer Verfassung: „Alle Anordnungen und Verfügungen des Reichspräsidenten, auch solche auf dem Gebiete der Wehrmacht, bedürfen zu ihrer Gültigkeit der Gegenzeichnung durch den Reichskanzler oder den zuständigen Reichsminister. Durch die Gegenzeichnung wird die Verantwortung übernommen." Darnach ist der Reichspräsident nicht nur in denjenigen Fällen von der (parlamentarisch gebildeten!) Regierung abhängig, in denen er durch sie regiert, sondern auch in den Fällen, in welchen er auf Grund eigner selbständiger Zuständigkeit selbst Regierungsakte erläßt. Man denke hier in erster Linie an die „diktatorischen" Befugnisse des Reichspräsidenten nach Art. 48 der Verfassung. Alle diese Regierungsakte bedürfen ministerieller Gegenzeichnung. Der Gegenzeichnung bedarf aber auch z. B. die Verfügung (im offiziellen Sprachgebrauch „Verordnung"), welche den Reichstag auflöst. Um den Reichstag aufzulösen, benötigt also der Reichspräsident die Unterschrift eines Kanzlers, der seinerseits des Vertrauens des Reichstags bedarf! Man erkennt auf den ersten Blick die ungeheure politische Tragweite dieser Verfassungsbestimmung. Auf eine kurze Formel zusammengepreßt, können wir sie etwa so ausdrücken: Das Parlament bestimmt die Richtung der ganzen Politik; alle Verwaltungsakte, mit Einschluß der Regierungsakte des Staatsoberhaupts, sind von seinem Willen abhängig.

Und doch gibt es auch im neuen Staatsrecht noch einen selbständigen Wirkungsbereich der Exekutive. Die Worte der Verfassung: „Der Reichskanzler bestimmt die Richtlinien der Politik und trägt dafür gegenüber dem Reichstag die Verantwortung. Innerhalb dieser Richtlinien leitet jeder Reichsminister den ihm anvertrauten

Geschäftszweig selbständig und unter eigener Verantwortung gegenüber dem Reichstag" (Art. 56) sind keine bloße Phrase. Wir alle wissen aus der Beobachtung der politischen Wirklichkeit, in welch entscheidender Weise gerade die Regierung in den wichtigsten politischen Fragen den Weg bestimmt. Und gerade deshalb fordert ja auch das parlamentarische Regierungsprinzip, daß diese Regierung des Vertrauens der Volksvertretung bedarf. Läge die Leitung des Staates unmittelbar in der Hand des Parlaments, so daß die Regierung nur ein Vollzugsausschuß für seine Befehle wäre, dann wäre die Stellung der Regierung gar keine Vertrauensstellung im wahren Sinne des Wortes. So aber regiert nicht das Parlament, sondern die Regierung. Wollte das Parlament selbst die Zügel ergreifen, so wäre dies ein „Übergriff in die Rechte der Exekutive". Es ist ja auch gar nicht möglich, daß eine Körperschaft, wie das Parlament, die Regierung selbst führt. Man braucht hier gar nicht an die „hohe Politik" zu denken, an die Führung der Außenpolitik, die vielfach nur von ganz wenigen Eingeweihten gemacht werden kann, soll sie nicht vor der Ausreifung des Einzelerfolgs Schaden nehmen. Man braucht nur die Parlamentsdrucksachen einzusehen und die Form zu erkennen, in welcher das Parlament seine ureigenste Befugnis, die Gesetzgebung, ausübt: Wenn es sich darum handelt, ein neues Gesetz zu schaffen, dann wird in aller Regel (auch dann, wenn der Anstoß vom Parlament ausgeht) kein ausgearbeiteter Gesetzentwurf aus der Mitte der gesetzgebenden Körperschaft vorgelegt. Man begnügt sich vielmehr damit, die Regierung um Vorlegung eines Gesetzentwurfes zu ersuchen. Wozu wäre auch schließlich die „Regierung" da, wenn das Parlament selbst regieren wollte?!

Man sieht, die Ausübung der Regierungsgeschäfte muß einem eigenen Organ überlassen bleiben und der parlamentarische Einfluß muß sich darauf beschränken, diese Regierung zu überwachen und dafür zu sorgen, daß ihre allgemeine Tendenz der Richtung entspricht, welche das Volk als oberstes Organ des Staates eingehalten wünscht. Das *parlamentarische Regierungsprinzip* ordnet sich in diesem Sinne dem *Grundsatz der Volkssouveränität* unter.

Die parlamentarische Überwachung vollzieht sich vornehmlich in den ständigen *Ausschüssen*. Man denke z. B. an den auswärtigen Ausschuß des Reichstags. Daneben kommt aber auch noch die Einsetzung besonderer *Untersuchungsausschüsse* für einzelne Zwecke in Betracht. Diese Untersuchungsausschüsse können Erhebungen jeder Art anstellen und sich dabei der Mitwirkung der Gerichte und Verwaltungsbehörden bedienen. Sie sind englischen Vorbildern nachgeformt und haben in gewissem Sinne Vorläufer in den Enquetekommissionen des alten preußischen Staatsrechts. Aber sie dienen nicht nur dazu, um den Einfluß des Parlaments gegenüber der Regierung geltend zu machen und die Durchführung der Regierung im Sinne der parlamentarischen Mehrheit zu überwachen, sondern sie sind zugleich auch als ein Schutzmittel gegen parlamentarische Mißwirtschaft in die Hand der Minderheit gegeben: „Der Reichstag hat das Recht und auf Antrag von einem Fünftel (!) seiner Mitglieder die Pflicht (!), Untersuchungsausschüsse einzusetzen. Diese Ausschüsse erheben in öffentlicher Verhandlung die Beweise, die sie oder die Antragsteller für erforderlich erachten. Die Öffentlichkeit kann vom Untersuchungsausschuß mit Zweidrittelmehrheit (!) ausgeschlossen werden."

Im übrigen sind die Minister für ihre Geschäftsführung dem Parlament verantwortlich und können von ihm jederzeit zitiert werden. Art. 33 der Weimarer Verfassung schreibt vor: „Der Reichstag und seine Ausschüsse können die Anwesenheit des Reichskanzlers und jedes Reichsministers verlangen."

Zur Geltendmachung der Ministerverantwortlichkeit stehen dem Parlament in Reich und Ländern verschiedene Mittel zur Verfügung: Das ordentliche parlamentarische Mittel ist die Rechenschaftsforderung. Dem Zweck der Rechenschaftsforderung dienen die „Interpellationen". Das außerordentliche parlamentarische Mittel ist die Kundgabe des Mißtrauens. Außer den parlamentarischen Mitteln steht dem Parlament dann noch das gerichtliche Mittel der Anklage vor dem Staatsgerichtshof zur Verfügung. Diese Anklage erhebt gegen den Minister nicht den Vorwurf, daß er einen politischen Fehler begangen habe, sie ist vielmehr darauf gerichtet, daß der Minister in Ausübung seines Amtes durch Handlungen oder Unterlassungen die Verfassung oder ein Gesetz schuldhaft verletzt habe.

Nach Art. 59 der Weimarer Verfassung ist übrigens eine solche Anklage des Reichstags nicht nur gegen Reichskanzler und Reichsminister möglich, sondern sogar gegen den Reichspräsidenten. Das muß uns auf den ersten Blick überraschen, da wir doch gehört haben, daß der Reichspräsident nur durch oder unter Mitwirkung des Kanzlers oder eines Ministers einen Regierungsakt erlassen kann und daß dann das gegenzeichnende Regierungsmitglied die Verantwortung übernimmt (Art. 50 der RVerf.). Die Lösung gibt auch hier die Erkenntnis des Unterschiedes der staatsrechtlichen und der staatspolitischen Seite. Nur in politischer Beziehung ist der Reichspräsident durch die Gegenzeichnung gedeckt. Der Vorwurf, daß eine politische Aktion unklug, unvorteilhaft war, trifft nicht ihn, darf vom Reichstag nicht ihm gegenüber erhoben werden, sondern gegenüber dem verantwortlichen Minister. Von der Verantwortung für begangenes Unrecht dagegen schützt den Reichspräsidenten die Gegenzeichnung nicht.

Durch das Erfordernis der Gegenzeichnung und durch das Erfordernis des parlamentarischen Vertrauens gegenüber der Reichsregierung ist auch der Reichspräsident in den Bann des parlamentarischen Regierungsprinzips gezogen und damit vor die schweren staatspolitischen Aufgaben gestellt, die darin enthalten sind.

Die Schwierigkeiten der parlamentarischen Regierungsweise sind ganz unverkennbar und treten immer dann besonders deutlich in Erscheinung, wenn es gilt, eine Regierungskrise zu lösen. In Ländern, die wie England und die nordamerikanische Union politisch im wesentlichen auf dem Zweiparteiensystem beruhen oder doch bis vor ganz kurzer Zeit auf diesem System aufgebaut waren, handelt es sich ganz einfach darum, daß bald die eine bald die andere Partei die Regierung übernimmt, daß also die beiden Parteien sich in mehr oder minder regelmäßiger Folge ablösen. Ein ganz selbstverständlicher Vorgang, wenn man bedenkt, daß im Laufe der Zeit immer die Opposition (die ja — wie wir schon ausgeführt haben — taktisch immer die günstigere Position hat) den Sieg davon trägt, daß vor der zersetzenden Kritik immer die regierende Partei „abwirtschaftet", da alle Mängel, die irgendwo und irgendwann im Staatsleben auftreten, ihr zur Last gelegt werden, ohne daß doch die Opposition, wenn sie zur Regierung gelangt, diese Schäden vermeiden könnte! Bei einem komplizierten Aufbau der parteipolitischen Schichtung, wie wir ihn dagegen im Deutschen Reich und in den deutschen Ländern haben, ist fast immer die Bildung einer Koalition erforderlich. Denn eine Regierung, die sich nur aus Vertrauensleuten einer einzigen Partei zusammensetzt (wie beim Zweiparteiensystem), wird kaum je über die notwendige parlamentarische Majorität verfügen. Sie bedarf aber nach Reichsverfassungsrecht immer des Vertrauens der Volksvertretung.

Dabei ist das parlamentarische Regierungsprinzip nach der Reichsverfassung gar nicht auf das Reich als solches beschränkt. Die parlamentarische Regierungsweise ist vielmehr durch Art. 17 der Weimarer Verfassung auch für die Länder zwingend vorgeschrieben: „Die Landesregierung bedarf des Vertrauens der Volksvertretung". Darin zeigt sich, daß der Grundsatz der parlamentarischen Regierungsweise eben eine der staatspolitischen Grundlagen des neuen Reiches ist, Grundlage nicht nur für den organisatorischen Aufbau der Reichsgewalt sondern auch für den der Landesgewalt.

Die Reichsgewalt überläßt es der Landesgewalt nicht frei auf dem Ausgangspunkt der Volkssouveränität das Gebäude ihrer Verfassung zu zimmern. Der Gesichtspunkt der Einheitlichkeit ist von überragender Bedeutung, er soll die Einheit des Reiches garantieren. Bei der Ausarbeitung der Reichsverfassung wollte man, gestützt auf den Gedanken der Souveränität des Reichsvolkes, sogar den Einheitsstaat schaffen. Aber da machte sich eine andere mächtige Strömung in der Staatspolitik geltend und gestaltete das Staatsrecht in ihrem

Sinne. Der Föderalismus erhob sich als politische Forderung mit ungebrochener Stärke und schuf so als dritte staatspolitische Grundlage im Verfassungswerk von Weimar den staatsrechtlichen Grundsatz der bundesstaatlichen Gliederung.

III. Kapitel.

Die bundesstaatliche Gliederung als Strukturprinzip.

Der Grundsatz der bundesstaatlichen Gliederung ist das staatspolitische Vermächtnis des Bismarckschen Verfassungswerkes. Als Bismarck das Deutsche Reich schuf, trug er dem Gedanken des historisch erwachsenen Eigenlebens der einzelnen Länder dadurch Rechnung, daß er ihre staatsrechtliche Selbständigkeit möglichst ungeschmälert erhielt. Sein Leitgedanke war der Zusammenschluß der selbständigen Gliedstaaten zu einem Bunde. Ganz anders als die Weimarer Verfassung kam die Verfassung von 1871 zustande. Die Eingangsworte geben dies anschaulich kund: „Seine Majestät der König von Preußen im Namen des Norddeutschen Bundes, Seine Majestät der König von Bayern, Seine Majestät der König von Württemberg, Seine königliche Hoheit der Großherzog von Baden und Seine Königliche Hoheit der Großherzog von Hessen und bei Rhein für die südlich vom Main belegenen Teile des Großherzogtums Hessen, schließen einen ewigen Bund zum Schutze des Bundesgebietes und des innerhalb desselben gültigen Rechtes sowie zur Pflege der Wohlfahrt des Deutschen Volkes. Dieser Bund wird den Namen Deutsches Reich führen und wird nachstehende Verfassung haben."

Die Idee des ewigen Bundes hat hier als staatspolitischer Leitgedanke der Bismarckschen Verfassung einen plastischen Ausdruck gefunden. Wie der Norddeutsche Bund durch einen völkerrechtlichen Akt, durch ein Bündnis selbständiger Staaten ins Leben gerufen wurde, so auch das Deutsche Reich durch Angliederung der selbständigen süddeutschen Länder. Mag man darüber streiten, ob die völkerrechtlichen Verträge, welche zum Zweck der staatsrechtlichen Begründung des Deutschen Reiches abgeschlossen wurden, als staatsrechtliche Grundlage des Verfassungsbaues bis zum Jahre 1918 zu gelten hatten. Mit der Neubegründung des Deutschen Reiches auf dem Prinzip der Volkssouveränität ist dieser Streit für das geltende Staatsrecht jedenfalls gegenstandslos geworden. Etwas anderes aber ist es um die politische Bedeutung jener Verträge.

Die historisch-politische Bedeutung der Reichsgründungsverträge geht meines Erachtens weit über ihre juristische Bedeutung hinaus. Während die letztere entweder schon mit der Reichsgründung oder spätestens mit der Revolution zerfiel, haben als geschichtliche Entstehungsgrundlage des Deutschen Reiches die Verträge auch noch heute einen politischen Gegenwartswert. Es läßt sich nicht leugnen, daß die Einzelstaaten es waren, die das Reich schufen und daß diese Einzelstaaten dabei ihr traditionelles Eigenleben nicht opfern sondern im Gegenteil sichern und fördern wollten. Die Einzelstaaten haben sich auch jetzt noch im Reichsbau erhalten und lebenskräftig erwiesen. Sie verdanken ihr staatliches Dasein nicht der Weimarer Verfassung sondern umgekehrt hat vielmehr die Weimarer Verfassung das staatliche Eigenleben der Länder als politische Realität hingenommen und als staatsrechtliche Organisationsgrundlage anerkennt. Der Gedanke des ewigen Bundes, den Bismarck schuf, lebt auch heute noch im staatspolitischen Wollen der Völker, welche jener Bund zusammenschloß. Diese Vorstellungen sind wie das Bewußtsein der eigenen Lebensfähigkeit noch heute die eigentlichen Träger des „föderalistischen" Gedankens. Und ein Bundesstaat ist ja das Deutsche Reich auch nach der Weimarer Verfassung geblieben! Ich kann also Anschütz nicht zustimmen, wenn er in seiner Rede über „Drei Leitgedanken der Weimarer Reichsverfassung" (S. 10) erklärt: „Die alte Verfassung verschwand und mit ihr verschwand auch, was man, mit Recht oder Unrecht ihre „vertragsmäßigen" Elemente und Grundlagen genannt hatte, einschließlich der einst im November 1870 mit den süddeutschen Staaten abgeschlossenen Verträge und Bündnisse." Die vertragsmäßigen Grundlagen verschwanden überhaupt niemals sondern sie wirken lebendig weiter! Daran ändert der Neubau der Weimarer Verfassung auf der Grundlage der Volkssouveränität nicht das mindeste.

Bismarck selbst war der Auffassung, daß den Bündnisverträgen sogar eine fortdauernde rechtliche Geltung zukam, daß sie also nicht mit der Errichtung des Deutschen Reiches als der Erfüllung eines in den Verträgen gegebenen Versprechens hinfällig wurden. Nach seiner Meinung mußte das Deutsche Reich fortdauernd als auf der Grundlage des Bundesverhältnisses beruhend angesehen werden. So schrieb er einmal an König Ludwig II. von Bayern: „Ich bin beglückt durch das Vertrauen, welches Ew. Majestät mir aussprachen und werde stets bestrebt sein, dasselbe zu verdienen; aber unabhängig von persönlichen Bürgschaften dürfen Ew. Majestät auf diejenigen rechnen, welche in der Reichsverfassung selbst liegen. Letztere beruht auf der föderativen Grundlage, welche sie durch die Bundesverträge erhalten hat, und kann nicht ohne Vertragsbruch verletzt werden."

Und am 6. Januar 1888 schrieb er an den späteren deutschen Kaiser Wilhelm II., die „verbündeten Fürsten" seien „nicht Untertanen, sondern Bundesgenossen des Kaisers und wird ihnen der Bundesvertrag nicht gehalten, so werden sie sich auch nicht dazu verpflichtet fühlen". Er rät ihm daher, den Bundesfürsten zu versichern, daß er als Kaiser „die vertragsmäßigen Rechte der verbündeten Fürsten ebenso gewissenhaft achten und schätzen werde wie seine Vorgänger" („Gedanken und Erinnerungen" III. Band, Stuttgart 1921 S. 15 und 16).

Wie dem auch sei, der Gedanke des „ewigen Bundes" jedenfalls ist überhaupt kein Rechtsbegriff, keine juristisch faßbare Formel. Ein grundsätzlicher Anhänger der föderalistischen Staatsidee, Hermann Rehm, geht in seinem Vortrag über Unitarismus und Föderalismus (1898) sogar soweit, daß er die Eingangsformel überhaupt nicht mehr zur Verfassungsurkunde rechnet, daß er also deren Inhalt die Rechtsnatur eines Verfassungssatzes abspricht, obwohl auch er in den Eingangsworten der Bismarckschen Verfassung die obersten Prinzipien, welche die Reichsverfassung beherrschen (also die staatspolitischen Grundlagen des Bismarckschen Reiches!) erblickt und demgemäß im Deutschen Reich einen Bund von Staaten und den Staat eines Bundes sieht. Allerdings gelangt dann Rehm (im bewußten Gegensatz zur damals herrschenden Staatslehre) unter Zugrundelegung dieser Theorie zu dem Ergebnis, daß eine Abänderung der Eingangsformel im Weg der ordentlichen Verfassungsänderung gar nicht möglich sei. Für das politische Ergebnis ist diese Auffassung zweifellos richtig. Die Änderung der föderativen Grundlagen des Reiches im Weg des Gesetzgebungsverfahrens lag zur Zeit des alten Reiches außerhalb des Bereiches politischer Möglichkeit. Darüber hinaus aber erwies sich die Idee des ewigen Bundes sogar als lebenskräftiger denn die Verfassung selbst[1]).

Es hängt dies damit zusammen, daß die föderative Struktur

[1]) Politisch wirkt die Idee des ewigen Bundes, das „föderalistische Prinzip" noch heute fort als Grundlage der Verfassung. Man darf nun allerdings nicht (wie ehedem Sendel!) den Bundesgedanken dahin verstehen, als ob das Deutsche Reich überhaupt kein Staat, sondern nur ein „Staatenbund", eine völkerrechtliche Vereinigung der deutschen Gliedstaaten wäre. Dies behaupte ich weder von dem Reich der Bismarckschen noch von dem Reich der Weimarer Verfassung und insoferne geht eigentlich die ganze Kritik R. Hübners an meiner Rede über „Bismarcks Verfassungspolitik (Zeitschr. f. d. ges. Staatsw. 80. Jg. S. 349 ff.) in ihrem Grundgedanken fehl; Hübner unterstellt, daß ich den Staatscharakter des Reichs leugne, mit folgenden Worten: „Noch immer also die alte Lehre, daß Bismarcks Reich ein Bund gewesen und geblieben, kein Staat geworden sei, und daß deshalb auch heute das Reich fortdauernd auf der Grundlage der Bundesverträge beruhend angesehen werden müsse." Hübner übersieht, daß ich die Staatsqualität des Reiches nicht geleugnet, sondern ausdrücklich anerkannt habe, indem ich als Grundgedanken der Bismarckschen Reichspolitik folgendes herausstellte: Der Reichsgedanke soll nicht verkümmert werden, aber das Reich soll anderseits auch nicht das einzelstaatliche Leben verschlingen; das Deutsche Reich ist ein Reich, ein eigener Staat mit eigener Souveränität mit einem Inbegriff auf die Gesamtheit übertragener staatlicher und hoheitlicher Attribute, also kein bloßer Anbau an das Gebäude der Einzelstaaten, sondern die umfassende Wölbung, unter der die einzelnen Staaten in ihrer Gesamtheit wohnen. Aber die Souveränität des Reiches ruht nicht beim Kaiser, sondern bei der Gesamtheit der verbündeten Regierungen. Denn es ist ein „Bund", es ist ein „Bundesverhältnis". Damit ist zugleich der entscheidende Fortschritt des Bismarckschen Verfassungswerkes gegenüber der Staatenbundsperiode in der deutschen Geschichte erkannt und gewürdigt.

des Deutschen Reiches dem eigentlichen Lebensprinzip des Reiches entspricht, daß sie geradezu aus diesem Lebensprinzip herausgewachsen ist.

Es erscheint mir bemerkenswert, wie einer der ersten verdienstvollen Förderer der deutschen Rechtseinheit, der Heidelberger Zivilist Thibaut diesen Gedanken in seiner Broschüre „Über die Notwendigkeit eines allgemeinen bürgerlichen Rechts für Deutschland" vor mehr als 100 Jahren zum Ausdruck brachte: ihm „erscheint jene Vereinzelung und Zerstückelung als fast nothwendig; auch verspricht sie auf den möglichen Fall so viele bedeutende Vorteile, daß schwerlich ein Politiker im Stande seyn wird, zu beweisen, die volle Einheit nutze den Deutschen mehr, als jene Vereinzelung. Der Zustand großer Staaten ist immer eine Art unnatürlicher Spannung und Erschöpfung. Ein warmes Leben nur an Einem Punkt; ein einförmiges Streben nur zu Einem Ziele; ein stetes Unterdrücken des Individuellen, Mannigfaltigen einer einzigen gemeinen Sache wegen; und im Grunde keine ganz innige Verbindung zwischen dem Regenten und Unterthanen! In einem Bunde kleiner Staaten hat dagegen die Eigenthümlichkeit des Einzelnen freyen Spielraum, das Mannigfaltige kann sich ins Unendliche ausbilden, und die Verbindung zwischen dem Volk und Regenten ist weit inniger und lebendiger .... Ohnehin dürfen die Deutschen nicht vergessen, wie sehr jene Zersplitterung ihrem Charakter anpaßt, wenigstens wie jetzt die Nation sich ausgebildet hat. Überall widerstreitende Elemente, welche verbunden sich aufreiben könnten, aber nebeneinander gestellt sich wetteifernd zu dem Höheren treiben, und unendlich viel Mannigfaltiges, Eigenthümliches wecken und nähren werden! Mit diesem Reichthum des Mannigfaltigen werden die Deutschen stets einen ausgezeichneten Platz unter den Völkern behaupten, während leicht alles zur Plattheit und Stumpfheit herabsinken könnte, wenn es der allmächtigen Hand eines Einzigen gelänge, die Deutschen Völker zu einer vollen politischen Einheit zu stimmen."

Wir betrachten Erhaltung und Entfaltung der vorhandenen Anlagen als den Sinn des Lebens, der für das staatliche Sein nicht minder gilt als für das individuelle. Die Entfaltung des Lebens vollzieht sich im engeren und engsten Kreise und diese Entwicklung zu schützen, dazu dient der Zusammenschluß gegen äußere Gefahren. So entspringt der Bundesgedanke der germanischen Auffassung des Staates überhaupt, nach der ein gegenseitiges Treueverhältnis die Bundesglieder zu gemeinsamer Arbeit und gemeinsamer Gefahrenabwehr zusammenschließt ohne die individuelle Entwicklung zu hemmen. Daß der Bundesgedanke, das föderalistische Prinzip gerade der germanischen Staatsauffassung entspricht, hat seinerzeit schon Bismarck bei der Reichsgründung klar erkannt. Am 24. Dezember 1870 schrieb er an den König von Bayern: „Ew. Majestät setzen mit Recht voraus, daß auch ich von der Zentralisation kein Heil erwarte, sondern gerade in der Erhaltung der Rechte, welche die Bundesverfassung den einzelnen Gliedern des Bundes sichert, die dem deutschen Geist entsprechende Form der Entwicklung und zugleich die sicherste Bürgschaft gegen die Gefahren erblicke, welchen Recht und Ordnung in der freien Bewegung des heutigen politischen Lebens ausgesetzt sein können."

Eng verwachsen mit dem staatlichen Lebensempfinden des deutschen Volkes und aufgebaut auf dem rationalbegründbaren Lebensprinzip jedes staatlichen Daseins, hat das Reich, wie es Bismarck schuf, tatsächlich den Sturz der Staatsform überdauert. Die deutsche Nation hat sich die Form des staatlichen Zusammenschlusses, die ihrer Wesensart, ihrer Entelechie, entspricht, erhalten.

Wir verlassen mit dieser Feststellung den Bereich normativen Denkens und suchen in den historischen Zusammenhängen die kausalgesetzliche Gebundenheit: wir erkennen, daß jeder Staat als suprapersonaler Organismus sein eigentümliches unnachahmliches Leben in sich trägt. Die Staatsform und die Ausgestaltung der Verfassung als bewußte Schöpfungstat ruhen in ihrem letzten Grunde doch auf eigenen Daseins- und Wachstumsbedingungen und, was der Gesetzgeber zu gestalten scheint, das ist in Wahrheit aus unergründlicher Lebenstiefe in unbewußter intuitiver Schau erfaßt — oder aber es bleibt ein Fremdkörper im nationalen Recht mit allen Spuren künstlicher Formgebung. Auch das Staatengeschick bestimmt sich nach dem richtungsweisenden Lebensprinzip der Entelechie, das jedem Organismus eigen ist. Und daraus leitet sich die rechtspolitische Forderung ab, daß die Rechtsentwicklung und vornehmlich die Entwicklung des Verfassungsrechts organisch sich fortbilde. Wir wollen darum den Sinn bewußter gesetzgeberischer Arbeit nicht verkennen und ihren Wert nicht leugnen, wie es die alte historische Rechtsschule in übertriebenem Skeptizismus tat. Aber wir betonen, daß die Rechtsschöpfung sich zielklar am Prinzip des Lebens selbst orientieren muß, wenn sie mit dem Anspruch auf objektive Gültigkeit auftreten will.

Indem Bismarck die Realität des politischen Lebens deutlich erfaßte und den erkannten Lebensnotwendigkeiten Rechnung trug, erwies er sich als Meister der Realpolitik und zwar gerade auch auf dem Gebiet der Verfassungspolitik. Er berücksichtigte als Reale der Politik das Gegebensein historisch erwachsener Machtgebilde und geschichtlich gewordener und eingewurzelter Ideen. Diese gegebenen Machtgebilde waren die deutschen Einzelstaaten, die auf eine jahrhundertelange Entwicklung als selbständige Staatsindividuen zurückblicken konnten, die gegebenen Ideen waren die verschiedenartigen politischen Strömungen, welche man unter der Sammelbezeichnung „Föderalismus" zusammenzufassen pflegt.

Der **Bismarcksche Föderalismus** ist heute zum politischen Schlagwort geworden und darum teilt er das Schicksal jedes politischen Schlagwortes: die Deutungen sind mannigfaltig, die Mißverständnisse zahlreich, und manche denken sich wohl überhaupt nichts bestimmtes dabei, wenn sie jenes Wort im Munde führen. Das hat sich insbesondere gezeigt in der öffentlichen Kritik, welcher die **Denkschrift der bayerischen Staatsregierung vom Jahre 1924 zur Revision der Weimarer Verfassung** da und dort begegnete. Vielfach wurde die hier ausgesprochene Forderung einer **Rückkehr zum Föderalismus Bismarcks** dahin mißverstanden, als ob damit eine Wiederherstellung der Verfassung vom Jahre 1871 überhaupt gefordert würde; eine solche Forderung wird aber in der Tat von niemand erhoben. Würde sie doch die gesamte historische Entwicklung der Zwischenzeit einfach ignorieren; und es wäre in Wahrheit ein müßiges Beginnen das Rad der Weltgeschichte rückwärts drehen zu wollen. Der **Föderalismus Bismarcks** ist keineswegs identisch mit der **Verfassung Bismarcks**. Er ist **mehr**, er ist aber auch **weniger**. In einer Erläuterung zu der bayerischen Denkschrift von 1924 bezeichnet der bayerische Staatsrat Dr. **Schmelzle** in einem Zeitungsartikel seine und der bayerischen Regierung Auffassung vom Föderalismus Bismarcks mit folgenden Worten: „Die Forderung der Rückkehr zum Föderalismus Bismarcks bedeutet Rückkehr zu der **geistig-politischen Grundeinstellung, mit der Bismarck an die Regelung des Verhältnisses zwischen Reich und Bundesstaaten, im besonderen des Verhältnisses zwischen Reich und Bayern, heranging**; sie bedeutet dagegen nicht ohne weiteres und in allem die Rückkehr zu der praktischen Ausgestaltung, die der Bismarckische Föderalismus in der Verfassung von 1871 gefunden hat." Dem ist gewiß durchaus zuzustimmen. Denn der Föderalismus ist eine politische **Idee**. Er kann in einem konkreten Verfassungswerk jeweils also nur bis zu einem gewissen Grade und in Verbindung mit anderen politischen Ideen zum Ausdruck kommen; anderseits aber wird eben dann eine solche Verfassung auch anderen Prinzipien ihre praktische Verwirklichung verleihen.

Für die Bismarcksche Ausprägung der föderalistischen Idee ist die **historisch-organische Betrachtungsweise** ein wesentliches Fundament. Bismarck erkannte das Seiende als Gewordenes; er hatte ein untrügliches Gefühl für die überkommenen Gedanken und fortwirkenden Tendenzen. Aus ihnen bildete er die Geschicke der Zukunft. Geschichte und traditionell gegebene Einstellungen waren ihm nicht Vergangenheitsbilder sondern wirksame Kräfte schöpferischer Gestaltung. So schuf er den deutschen Gesamtstaat als organische Fortbildung der ihm vorliegenden staatlichen Konstellation. Mit unübertrefflicher Klarheit hat dies M. Doeberl in seinem aufschlußreichen Werk über „Bayern und die Bismarcksche Reichsgründung" (München 1925) in folgenden Worten (S. 195ff.) hervorgehoben: „Neben dem Augenmaß für die Lebensnotwendigkeiten des Gesamtstaates besaß Graf Bismarck etwas, was den Unitariern von damals wie denen von heute fehlte: den historischen, von mechanischen, fremdländischen Staatstheorien freien Blick für die Eigenart des deutschen Landes und des deutschen Volkes. ... Nachdem Bismarck dem Gesamtstaate das zur Erfüllung seiner Aufgaben nötige Maß von Zuständigkeiten gesichert hatte, überließ er dem Einzelstaate Raum für ein kraftvolles Ausleben seiner staatlichen Persönlichkeit — in weiser Abstufung nach Umfang und Geschichte .... Gerade diese seltene Verbindung von Einheit und Autonomie, von Einheit des Gesamtstaates und von Besonderheit der Gliedstaaten, hat das deutsche Volk zu einer beispiellosen schöpferischen Kraftentfaltung in den Werken des Friedens wie des Krieges befähigt, die die glänzendsten Kaisertage des alten Reiches überbot und in der nächsten Generation die Bewunderung, aber auch den Neid einer Welt hervorrief. Was ehedem Zwist und Unsegen gewesen, das hat er so in eine Quelle des Reichtums gewandelt. ... Mit dieser föderativen Politik hat Bismarck zwischen dem Nationalstaat und den Einzelstaaten eine solche Interessengemeinschaft geschaffen, daß nicht der Reichstag, vielmehr ganz im Sinne der ursprünglichen Absichten Bismarcks die im Bundesrate vertretenen Regierungen die Stützen des neuen Reiches wurden, dieselben territorialen Gewalten, die das alte Reich gesprengt, die eben noch mit der preußischen Vormacht um Sein oder Nichtsein gerungen hatten... Gerade während des Weltkrieges wurde von der deutschen Reichsregierung ausdrücklich anerkannt, daß sich die föderative Reichsverfassung aufs neue glänzend bewährt habe, daß sie den Bedürfnissen und Verhältnissen Deutschlands auf den Leib geschnitten und deshalb sorgsam zu pflegen und vor unitaristischer Verkrümmung zu behüten sei ....."

Und im Anschluß an diese Worte eine wehmütige Erinnerung: Hätte die deutsche Regierung — noch zu Beginn des Weltkrieges wäre es möglich gewesen — den Gedanken des Föderalismus in Elsaß-Lothringen zur Durchführung gebracht, das Geschick unseres Vaterlandes wäre ein anderes geworden und die Europäische Landkarte wiese heute andere Grenzen auf!

Unitarismus und Föderalismus liegen auch heute als verfassungspolitische Gestaltungsprinzipien mit einander in Streit. Dieser Streit kann vor dem Forum der Wissenschaft niemals ausgetragen werden. Die Entscheidung wird bestimmt von den politischen Mächten. Unsere Aufgabe kann es hier nur sein, diesen Gegensatz zu klären, auf seine letzten Prinzipien zurückzuführen, zu denen der einzelne je nach seiner Weltanschauung, nach seinem politischen Glaubensbekenntnis Stellung nimmt, und sodann darzulegen, wie nach geltendem Staatsrecht das Verhältnis zwischen Reich und Ländern ausgestaltet ist.

Dabei erkennen wir, daß sich der staatspolitische Gegensatz in der Gegenüberstellung Unitarismus — Föderalismus eigentlich gar nicht vollkommen erschöpft. Es handelt sich hier vielmehr um zwei wesensverschiedene politische *Grundeinstellungen*. Diese aber werden nicht so sehr durch konkrete politische Forderungen gekennzeichnet, als vielmehr durch allgemeine gefühlsbetonte Interessen. Will man diese allgemeinen Einstellungen irgendwie benennen, so dürfte wohl die anschaulichste Prägung „*Zusammenschluß*" und „*Eigenleben*" als ihr Ziel formulieren.

In diesem allgemeinen Gegensatz kann man nun verschiedene Formen des näheren unterscheiden: *Föderalismus*, *Partikularismus* und *Separatismus* sind die drei Stufen innerhalb der allgemeinen Tendenz, welche auf das Eigenleben gerichtet ist.

Der *Separatismus* verfolgt das Ziel des Eigenlebens unter völliger Preisgabe des Gemeinschaftsgedankens; er opfert für dieses Ziel den staatlichen Zusammenschluß der Volksgemeinschaft. Der *Partikularismus* setzt den Gemeinschaftsgedanken hintan, er stellt die Einzelinteressen über die Gesamtinteressen[1]). Der *Föderalismus*

---

[1]) Der *Partikularismus* ist sowohl vom *Separatismus* als auch vom *Föderalismus* scharf zu unterscheiden, was freilich da und dort bei platter und oberflächlicher Darstellung politischer Tagesfragen übersehen wird. So kommt es dann vor, daß die zweifellos berechtigten Erwägungen, die gegen Separatismus und Partikularismus vorgebracht werden müßten, in naivem Gedankensprung unbesehen auch auf den Föderalismus bezogen werden. Dabei dürfen wir uns auch durch die Wortfassung über den Sinn der Begriffe nicht täuschen lassen. Wenn z. B. von dem alten „Föderaljammer" des Deutschen Bundes gesprochen wird, so kann die darin enthaltene Wertung in keiner Weise auf den im Bundesstaat zum Ausdruck gelangenden „Föderalismus" übertragen werden. Es wäre dies derselbe Fehler auf politischem Gebiet, wie wenn man in einer staatsrechtlichen Betrachtung Bundesstaat und Staatenbund verwechseln würde. Der Bismarcksche Bundesstaat hat mit seinem Föderalismus den Partikularismus, der die Ära des Deutschen Bundes beherrschte, überwunden. Und gerade darin liegt ja das Verdienst der Bismarckschen Verfassungspolitik, daß es ihm gelang, die notwendige Einheit herzustellen ohne die Lebensmöglichkeit der Gliedstaaten zu zerstören. Glücklich und erfolgreich überwand er den „Sondergeist der Teile, dem jede festere Zusammenfassung über einen bloßen ‚Bund' hinaus widerstrebte und widerstrebt", m. a. W. eben den Partikularismus. Dafür werden wir ihm alle Dank wissen, auch die Föderalisten und gerade die Föderalisten. Darum irrt *Hübner*, wenn er in seiner Kritik zu meiner Rede über Bismarcks Verfassungspolitik (Zeitschr. f. d. ges. Staatswissenschaft 80. Jg., S. 349 ff.) erklärt, die Rede werde „durch jene unglückliche Auffassungsweise unserer Geschichte beherrscht, die nicht einsehen kann oder will, daß der Sondergeist der Teile .... durch lange Jahrhunderte hindurch der Grund für die Ohnmacht und Zerrissenheit Deutschlands gewesen ist und uns auch heute wieder mit höchster Gefahr bedroht". Damit trifft Huebner in Wahrheit gar nicht den *Föderalismus* — auch nicht den „Föderalismus, wie man ihn in Bayern versteht" —, sondern nur den *Separatismus* und den *Partikularismus*, den auch der Föderalist bekämpft, nicht aber, wie Hübner sagt, „beschönigt". Oder sollte etwa der bayerischen Föderalist Veranlassung haben, die seperatistischen Bestrebungen in der bayerischen Rheinpfalz zu billigen, zu beschönigen oder gar zu fördern? Auch von ihnen gilt das von Hübner

hält sich von solchen Übertreibungen und Verzerrungen der auf das Eigenleben gerichteten Tendenz frei und will dieses Eigenleben nur innerhalb des bündischen Zusammenschlusses pflegen und zur Geltung bringen.

In solcher Einordnung in das Gefüge des größeren organischen Gemeinwesens erblicke ich das Wesen des gesunden oder „echten" Föderalismus. Eine derartige nähere Bezeichnung wäre an sich nicht nötig, wenn sich nicht unter dem Deckmantel des „Föderalismus" auch ausgesprochen partikularistische Tendenzen allerorts breitmachen würden: Bestrebungen, die eine Selbständigkeit der Glieder im Bunde nicht um der individuellen Lebensentfaltung und so mittelbar im Interesse des Bundes selbst fordern, sondern in kleinlicher Kurzsichtigkeit den augenblicklichen eigenen Vorteil über das Wohl des Ganzen stellen — was letzten Endes ihnen doch selbst wiederum nur Schaden bringt, da die eigene Lebenserhaltung von der Pflege der zusammengeschlossenen organischen Einheit abhängig ist. So bedeutet Föderalismus an sich schon Verwirklichung des Lebenssinnes, während Partikularismus die Lebensmöglichkeit des Ganzen und der Teile untergräbt. Aus diesen Gründen hat es heute einen guten Sinn, den echten Föderalismus jenem falschen Föderalismus gegenüber zu stellen, der in Wahrheit Partikularismus ist. Zwischen echtem und falschen Föderalismus besteht so ein innerer Wesensunterschied, eine qualitative Verschiedenheit, nicht nur gradweise Abstufung, quantitative Verschiedenheit. Freilich ist es auch ein Gradunterschied in der Betonung der auf das Eigenleben gerichteten Tendenz[1]). Die vitalistische Theorie gibt m. E. auch hier das Unterscheidungsmerkmal an die Hand.

Im Bereich der anderen möglichen Grundeinstellung, der auf den Zusammenschluß gerichteten Tendenz, finden wir zwei unter sich grundverschiedene Bestrebungen: den Unitarismus und den Zentralismus.

Zentralismus ist nicht nur im Einheitsstaat, sondern auch im Bundesstaat möglich. Er stellt sich nicht als notwendiger Gegensatz gerade

zitierte Bismarck-Wort: „Mein Schlaf ist keine Erholung, ich träume weiter, was ich wachend denke, wenn ich überhaupt einschlafe. Neulich sah ich die Karte von Deutschland vor mir, darin tauchte ein fauler Fleck nach dem andern auf und blätterte sich ab.." Was Bismarck hier ahnend schaute, war nicht das föderalistische Streben nach bundesstaatlichem Zusammenschluß und gliedstaatlichem Eigenleben, sondern separatistische Loslösung aus dem Reichszusammenhang, erwachsend aus partikularistischem Sondergeist. Darum irrt Hübner auch, wenn er in Beziehung auf jenes Bismarck-Zitat bemerkt: „Dieser tragische Bismarck paßt nicht in die Lehre des bayerischen Föderalismus, wenn er vorgibt oder glaubt, die Bismarckschen Zustände und Methoden zurückzufordern und zurückzusehnen".

[1]) Ich kann daher Triepel nicht in vollem Umfang zustimmen, wenn er schreibt (Föderalismus und Revision der Weimarer Reichsverfassung, Zeitschr. f. Pol. Bd. 14 S. 198): „Ein ‚echter' Föderalismus würde sich also von einem andern höchstens durch die Stärke seiner Neigung und den Umfang seiner Forderungen, nicht aber im Wesen unterscheiden".

zum Föderalismus dar. Aber immer ist der Einheitsstaat die adäquate Ausdrucksform zentralistischer Tendenzen. Darum gehören Zentralismus und Unitarismus innerlich zusammen und charakterisieren gemeinsam jene politische Haltung, welche den Zusammenschluß über das Eigenleben stellt. Da aber der Zentralismus nicht einen notwendigen, nicht den Gegensatz zum Föderalismus darstellt, können wir den Zentralismus als politische Orientierung hier übergehen.

Unitarische und föderalistische Tendenzen rangen nach Zusammenbruch und Revolution um die Form der Neugestaltung des deutschen Verfassungswesens. Das Ergebnis dieses Kampfes gegensätzlicher politischer Machtgruppen liegt uns im geltenden Staatsrecht vor, in der Verfassung vom 11. August 1919.

Fragen wir uns, wie diese staatspolitischen Grundeinstellungen sich im Staatsrecht Ausdruck verschafft haben, so können wir zusammenfassend feststellen, daß die geltende Verfassung zwar unitarische neben föderalistischen Wesenszügen aufweist, daß aber im großen und ganzen die unitarischen Züge im Gegensatz zur Bismarckschen Verfassung überwiegen. Immerhin können wir auch im geltenden Verfassungsrecht die Struktur des Reiches als Bundesstaat mit selbständigen Staaten als Gliedern erkennen. Die Staatlichkeit und damit das Eigenleben der Länder blieb grundsätzlich gewahrt, wenn die Selbständigkeit und die politische Machtstellung der Länder auch erheblich eingeschränkt worden ist.

Allerdings haben diese Einschränkungen in der staatsrechtlichen Literatur bisher schon mehrfach Zweifel an dem Staatscharakter der Länder aufkommen lassen. Es wurde behauptet, die Länder seien nach der Weimarer Verfassung überhaupt keine Staaten mehr, sondern nur Provinzen mit höchstpotenzierter Selbstverwaltung. Nun ist diese wissenschaftliche Streitfrage zwar an sich nur eine terminologische Meinungsverschiedenheit, ein Streit um Worte. Je nachdem man den Staatsbegriff definiert, kann man die deutschen Länder unter diesen Staatsbegriff subsumieren oder die Subsumtion ablehnen. Anders gewendet: man kann, um den Ländern die Staatsnatur zuzusprechen oder abzusprechen, von vornherein die Fassung des Staatsbegriffes (bewußt oder unbewußt) so abstellen, daß das erstrebte Ergebnis in der Schlußfolgerung abgeleitet werden kann. Man legt von vornherein in den Staatsbegriff hinein, was man später aus ihm abzuleiten gedenkt. Wir können daher diese terminologische Differenz hier auf sich beruhen lassen. Legt man jedoch den Staatsbegriff zugrunde, welcher nun einmal sich historisch-politisch herausgebildet hat, so wird man die Staatlichkeit der Länder kaum leugnen können.

Wir stellen also fest: das Deutsche Reich ist auch heute noch ein Bundesstaat. Darin liegt ein Doppeltes: einmal, daß unser Reich selbst ein Staat ist und sodann, daß dieses Reich sich aus selbständigen Gliedstaaten zusammensetzt.

Die rechtliche Qualifikation des Reiches als Staat ist heute unbestritten. Wenn früher mit Bezugnahme auf die der Reichsgründung zugrundeliegenden Bündnisverträge die Staatlichkeit des Bismarckschen Reiches von einzelnen Staatsrechtslehrern bestritten wurde und dem Reich nur die Natur eines völkerrechtlichen Verbandes (ewiger Bund!) zugesprochen wurde, so kann doch angesichts der Entstehung der neuen Verfassung auf der Grundlage der Volkssouveränität und angesichts der heutigen verfassungsrechtlichen Ausgestaltung des Verhältnisses zwischen Reich und Ländern an der Staatsnatur des Reiches kein Zweifel bestehen: dies wenigstens für die staatsrechtliche Betrachtungsweise. Für die politische Würdigung könnte man freilich die Frage aufwerfen, ob im Hinblick auf den Versailler Vertrag und seine unerhörte Lahmlegung aller selbständigen nationalen Lebensregung noch behauptet werden könne, das Deutsche Reich sei ein souveräner Staat. Indessen wird man sogar für die Politik jetzt mehr und mehr sich veranlaßt fühlen, dem Deutschen Reich eine selbständige Stellung als Staat im Kreise der anderen Nationalstaaten zuzusprechen. Seitdem das Deutsche Reich mit dem Vertrag von Locarno als selbständig handelnder Kontrahent in die aktive internationale Politik wieder eingetreten ist, können wir es politisch wie juristisch als selbständiges staatliches Individuum betrachten. Und bezüglich des aus dem Versailler Vertrag herrührenden Bedenkens ist zu bemerken, daß nach streng juristischer Konstruktion die Souveränität des Reiches dadurch zwar Einschränkungen erfahren hat, daß aber diese Einschränkungen nicht rechtlich-einseitig auferlegt worden sind, sondern vom Reich auf Grund eigenen selbständigen Willensaktes vertragsweise übernommen wurden. Das ändert natürlich nichts an der Tatsache, daß der Vertrag von Versailles, politisch genommen, ein einseitiges Diktat ist, welches der übermächtige Sieger dem waffenlosen Unterworfenen aufgezwungen hat.

Aber nicht nur das Reich ist ein Staat, sondern auch die Länder sind Staaten.

Die Elemente des Staatsbegriffes sind bei den einzelnen Ländern feststellbar: Art. 1 der Reichsverfassung erklärt in seiner jetzigen Formulierung: „Die Staatsgewalt geht vom Volke aus", während der erste Entwurf der Reichsverfassung gesagt hatte: „Alle Staatsgewalt liegt beim deutschen Volke." Aus der Entstehungsgeschichte der Weimarer Verfassung geht sohin hervor, daß man für das Reichsvolk keineswegs Ursprung und Ausgangspunkt der Staatsgewalt überhaupt in Anspruch nahm, daß man vielmehr den Grundsatz der Volkssouveränität so verstanden wissen wollte, daß man die Reichsstaatsgewalt als vom Reichsvolk, die Landesstaatsgewalt als vom

Landesvolk ausgehend ansah. Es gibt sohin auch in den deutschen Ländern ein souveränes Volk als Element selbständiger Staaten. Das zweite Element des Staates, das Staatsgebiet, ist ebenfalls nicht nur beim Reich, sondern auch bei den Ländern gegeben; Art. 2 der Weimarer Verfassung erkennt dies an mit den Worten „Das Reichsgebiet besteht aus den Gebieten der deutschen Länder." Und als drittes Element im Staatsbegriff ist die Landesstaatsgewalt in Art. 5 der Reichsverfassung anerkannt. Dieser besagt: „Die Staatsgewalt wird in Reichsangelegenheiten durch die Organe des Reichs auf Grund der Reichsverfassung, in Landesangelegenheiten durch die Organe der Länder auf Grund der Landesverfassungen ausgeübt."

Übrigens geht schon rein äußerlich die Anerkennung der Staatlichkeit der Länder auch aus der Tatsache hervor, daß die Weimarer Verfassung den Ausdruck „Staat" nicht nur vom Reich, sondern auch von den Ländern verwendet.

Der organisatorische Aufbau der Reichszentralgewalt trägt der Staatlichkeit der Länder in der Einrichtung eines föderativen Zentralorganes, des Reichsrats, Rechnung. Der Reichsrat ist an die Stelle des früheren Repräsentanten der Organsouveränität im Reich, des Bundesrats getreten, allerdings ohne dessen Machtvollkommenheit zu erben. Art. 60 der Weimarer Verfassung bestimmt: „Zur Vertretung der deutschen Länder bei der Gesetzgebung und Verwaltung des Reichs wird ein Reichsrat gebildet."

Vor allem aber kommt die föderative Tendenz in der staatsrechtlichen Zuständigkeitsverteilung (d. h. in der politischen Machtverteilung) zwischen Reich und Ländern auch heute noch zum Ausdruck. „Solange und soweit das Reich von seinem Gesetzgebungsrechte keinen Gebrauch macht, behalten die Länder das Recht der Gesetzgebung." Dieses Recht der Gesetzgebung ist demnach nicht auf die Reichsverfassung zurückzuführen, sondern als ursprünglicher Ausfluß selbständiger Staatlichkeit von der Weimarer Verfassung in ihrem Art. 12 ausdrücklich anerkannt. Die Gesetzgebungshoheit der Länder ist nicht von der Reichsgewalt abgeleitet! Und wenn demgegenüber der berühmte Art. 13 der Weimarer Verfassung verkündet: „Reichsrecht bricht Landrecht", so ist dies nicht eine von ihr neu eingeführte Beschränkung der Landesgewalt, sondern war mit anderen Worten auch schon in der Bismarckschen Verfassung zu lesen.

Außer dem Recht der Gesetzgebung ist den Ländern zudem das Recht der Vollziehung geblieben. Verwaltung und Rechtsprechung liegen auch heute noch grundsätzlich in der Hand der Länder. Sogar dort, wo das Reich die Verwaltung einheitlich durch Reichsgesetz geregelt hat, bleibt den Ländern und ihren Organen die Vollziehung überlassen. Die reichseigene Verwaltung ist auch heute trotz ihres gewaltigen Ausbaues innerhalb der letzten Jahre noch die Ausnahme; und auch die reichseigene (von der Verfassung sog. „unmittelbare") Reichsverwaltung wird nach Art. 16 der Weimarer Verfassung in der Regel Landesangehörigen übertragen. Im übrigen aber werden nach Art. 14 die Reichsgesetze durch die Landesbehörden ausgeführt. Dieser Verwaltungsorganismus ist in den Ländern nicht von einer abgeleiteten, sondern von einer ursprünglichen Rechtsordnung getragen: die Verwaltungsgesetze, auf denen die Verwaltungstätigkeit nach dem Grundsatz der Gesetzmäßigkeit der Verwaltung fußt, sind großenteils Landesgesetze. Die Behördenorganisation der inneren Verwaltung gipfelt jeweils in der Landesregierung, der die gesamte Staatsverwaltung untergeordnet ist und die ihrerseits gegenüber dem Landesparlament nach dem Grundsatz der parlamentarischen Regierungsweise verantwortlich und gebunden ist. Die Reichszentralstellen haben demgemäß zumeist kein unmittelbares Eingriffsrecht gegenüber der lokalen Verwaltungstätigkeit, sondern nur das Mittel der sog. Reichsaufsicht auf dem Weg über die Landesregierung.

Die Zuständigkeit der Länder zur Einrichtung und Tätigkeit der Verwaltungsbehörden auf dem Gebiet der inneren Staatsverwaltung wird gemeinhin als „Polizeihoheit" bezeichnet. Sie bildet neben der „Justizhoheit" die wichtigste Entfaltungsmöglichkeit für die Landesstaatsgewalt. Die Justizhoheit aber ist den Ländern durch die Reichsverfassung sogar ausdrücklich gewährleistet. Entgegen einem im Verfassungsausschuß der Nationalversammlung gestellten Antrag, die gesamte Justiz mit Einschluß der Justizverwaltung auf das Reich zu übertragen, wurde die bestehende Gerichtsverfassung in Art. 103 der Weimarer Verfassung garantiert: „Die ordentliche Gerichtsbarkeit wird durch das Reichsgericht und die Gerichte der Länder ausgeübt."

Damit haben wir die wichtigsten föderalistischen Züge der neuen Reichsverfassung überblickt und es erübrigt nur mehr festzustellen, in welcher Weise sich die andere Grundeinstellung, die auf möglichst intensiven Zusammenschluß hinstrebt, im neuen Verfassungsrecht auswirkt.

Eine der bedeutsamsten Bestimmungen, welche im Sinn des Unitarismus getroffen sind, ist die Beschränkung der Verfassungsautonomie durch Art. 17 der Weimarer Verfassung: Daß hiernach der Grundsatz der parlamentarischen Regierungsweise auch für die Länder bindend vorgeschrieben ist, haben wir schon oben dargelegt. Daneben ist die Verfassungsautonomie aber auch noch insoferne beschränkt, als die Staatsform der Republik und die Grundsätze des Reichstagswahlrechts in der Landesverfassung festgelegt sein müssen. Aus diesem Grunde wäre es also beispielsweise nicht möglich, ausschließlich durch Änderung der bayerischen Verfassungsurkunde in

Bayern die monarchische Staatsform wieder einzuführen. Dazu wäre eine Änderung des Art. 17 der Reichsverfassung durch qualifizierten Mehrheitsbeschluß des Reichstags oder durch unmittelbare Volksgesetzgebung erforderlich.

Ein weiterer unitarischer Zug ist der Wegfall der früheren Reservatrechte. Es war dies eine besondere Kategorie von Sonderrechten, nämlich Vorbehaltsrechte einzelner Staaten, welche die Reichszuständigkeit beschränkten. Sie waren dadurch ausgezeichnet, daß sie nur mit Zustimmung des berechtigten Bundesstaats abgeändert werden konnten. Preußen hatte keine Reservatrechte, sondern nur Organisationsvorrechte (Präsidialrechte); es brauchte auch keine Reservatrechte: dank seiner Machtstellung im Reich und angesichts seiner Fähigkeit, jeden Versuch einer zu seinen Ungunsten beabsichtigten Verfassungsänderung mit seinem Stimmgewicht im Bundesrat zu unterdrücken. Den süddeutschen Ländern und den Hansestädten waren dagegen Reservatrechte eingeräumt. So konnte Bayern seine Heimat- und Niederlassungsverhältnisse selbständig regeln, desgleichen sein Eisenbahnwesen; es hatte eigene Post- und Telegraphenverwaltung und genoß die Einnahmen hieraus; es hatte eigene Militärhoheit, des weiteren war es von der Biersteuergemeinschaft ausgenommen und hatte schließlich ein Sonderrecht in bezug auf die Branntweingesetzgebung. Die letzteren Vorbehaltsrechte hatten auch die beiden anderen süddeutschen Gliedstaaten, während Hamburg und Bremen ein Sonderrecht auf Freihäfen hatten. Diese Sonderrechte sind im neuen Verfassungsrechte alle gefallen.

Das Reich hat nicht nur die Militär-, Finanz- und Verkehrshoheit an sich gezogen, sondern auch sein Aufsichtsrecht beträchtlich ausgedehnt. Wir haben nach jetzigem Staatsrecht nicht nur wie früher die sog. abhängige, sondern auch die „selbständige Reichsaufsicht", d. h. nicht nur wenn eine Materie bereits reichsgesetzlich geregelt ist, steht dem Reich über die Ausführung die Aufsicht zu; das Reich kann auch schon aufsichtlich eingreifen, bevor ein spezielles Reichsgesetz ergangen ist, wenn die Angelegenheiten vom Reich nur überhaupt geregelt werden können. Dabei ist diese Reichsaufsicht außerordentlich umfassend, indem sie innerhalb ihrer sachlichen Schranken die gesamte Tätigkeit der Länder zum Gegenstand hat mit Einschluß der Landesgesetzgebung.

Andere unitarische Gedanken wurden aus dem alten Verfassungsrecht herübergenommen, so der für den Bundesstaat notwendige Rechtssatz, daß Reichsrecht Landesrecht bricht und die Zuteilung der Kompetenz-Kompetenz an das Reich. Auch schon nach der Bismarckschen Verfassung konnte das Reich durch einseitigen Gesetzgebungsakt seine eigene Kompetenz zum Nachteil der Gliedstaaten ausdehnen. Allerdings war einer solchen Erweiterung der

Reichskompetenz nach zwei Richtungen hin eine Schranke gesetzt: einmal durch die Tatsache, daß Preußen mit seinen 17 Stimmen im Bundesrat jede Verfassungsänderung verhindern konnte und sodann durch die Bestimmung des Art. 78, wonach reichsrechtliche Eingriffe in Reservatrechte die Zustimmung der beteiligten Länder voraussetzten. Dadurch wurden Übergriffe der Reichsgewalt in das gliedstaatliche Eigenleben sowohl für Norddeutschland als auch für Süddeutschland verhindert.

Der Vorrang des Reichsrechts war der Bismarckschen Verfassung — wie gesagt — ebenfalls schon bekannt. Er entsprach in seinem Umfang vollkommen der Regelung, wie sie in der Weimarer Verfassung vorgesehen ist.

Keine Neuerung gegenüber der Bismarckschen Verfassung ist es ferner, wenn die Leitung der Außenpolitik beim Reich und nicht bei den Ländern liegt. Die innere Verwaltung und damit die Innenpolitik namentlich die Kulturpolitik ist den Ländern (dem Grundsatz nach) belassen worden. Im Innern kann sich die Landeseigenart frei entfalten. Nach außen hin aber tut Einheit und Zusammenschluß not, damit die Stimme des Deutschen überhaupt gehört werde im Rate der Völker. Das hat Bismarck schon so gewollt und das ist so geblieben.

Wenn wir alle diese unitarischen und jene föderalistischen Tendenzen, welche sich so im neuen Verfassungsrecht als staatspolitische Grundlagen des neuen Reiches herausgebildet haben, gegeneinander abwägen, müssen wir zugeben, daß die gliedstaatliche Selbständigkeit im Interesse des Zusammenschlusses eine weitgehende Einengung erfahren hat.

Wenn auch durch die Weimarer Verfassung den Ländern nicht jeder Spielraum für eigene Entfaltung genommen wurde, so wurde deren Entwicklungs- und Lebensmöglichkeit doch immerhin stark beeinträchtigt. Es hängt dies damit zusammen, daß bei der Schaffung der Weimarer Verfassung starke unitarische Tendenzen an der Arbeit waren, während anderseits die Länder, geschwächt durch die Umsturzbewegungen in ihren eigenen Grenzen, ihren Lebenswillen und ihre Lebenskraft nicht wirksam genug zur Geltung bringen konnten. Immerhin gelang damals schon eine wesentliche Abschwächung der im ersten Verfassungsentwurf vorgesehenen Unitarisierung. Der Schöpfer des ersten Verfassungsentwurfes, Staatssekretär Dr. Preuß, erkannte selbst bei der Zusammenkunft der Reichsregierung mit Vertretern der einzelstaatlichen Regierungen (25./26. Januar 1919) das Prinzip des Eigenlebens der deutschen Länder mit folgenden Worten an: „Der Eigenart der deutschen Stämme muß freier Spielraum gelassen werden, der aber seine notwendige Grenze gerade jetzt in der unbegrenzten Notwendigkeit eines starken nationalen Zusammenhalts finden muß." Damit ist zugleich der Gedanke des gesunden, echten Föderalismus in ausgezeichneter Weise zum Ausdruck gebracht. Freilich ergaben sich dann bei der Anwendung dieses allgemeinen Prinzips mancherlei Schwierigkeiten und die Meinungen gingen denn auch in der Tat sehr weit auseinander bei der Beurteilung der Frage, inwieweit der Tendenz des Eigenlebens innerhalb der Notwendigkeit eines straffen Zusammenhalts Rechnung getragen werden kann. In der weiteren Entstehungsgeschichte der Verfassung hat man den Gegensatz der beiden Richtungen mehr und mehr zu versöhnen gesucht.

Jedenfalls hat das einzelne Land auch noch nach dem neuen Verfassungsrecht die Möglichkeit eines selbständigen staatlichen Daseins und eigener staatlicher Entwicklung. Damit kann die im Einzelstaat und seiner Eigenart umschlossene Entelechie auch heute noch sich im politischen Leben durchsetzen. Wie dies zu geschehen hat, kann durch Rechtssatz nicht bestimmt werden. Es ist dies auch nicht nur eine Frage politischen Takts und staatsmännischer Klugheit, sondern eine Aufgabe der Staatsleitung, die an ihr Verantwortungsbewußtsein die allerhöchsten Anforderungen stellt. Handelt es sich doch um nichts mehr und nichts weniger als die Erhaltung und Entfaltung des Lebens in den staatlichen Organismen, die sich nun einmal historisch auf deutschem Boden entwickelt haben. Aber selbstverständlich gilt es vor allem, das Reich zu erhalten und zu entfalten, seine Lebensmöglichkeit nicht durch Gegeneinanderstreben im Innern zu untergraben. Soll das Ganze als individuelle Entwicklungseinheit erhalten bleiben, so müssen sich die einzelnen unterordnen und ihre Sonderwünsche auch zurückstellen können. Denn das große Ganze verbürgt erst die nationale Lebenserhaltung, ist also die Voraussetzung des Entfaltungsvorganges kultureller und wirtschaftlicher Art in den Gliedstaaten. Dieses ist der Sinn des föderalistischen Gedankens, erfaßt auf der Grundlage der vitalistischen Staats- und Rechtstheorie.

So eröffnet sich uns der Weg der Vervollkommnung als staatspolitischer Arbeitsplan: Vervollkommnung durch Entfaltung aller im deutschen Volk schlummernden Entwicklungsmöglichkeiten. Eine Vervollkommnung als objektive Wertgrundlage politischen Strebens fordert Erhaltung der deutschen Einheit nach außen und brüderliches Verstehen im Innern, Pflege der eigenen und Achtung der fremden Individualität, Erhaltung und Entfaltung der Eigenart des einzelnen deutschen Volksgenossen und des einzelnen deutschen Stammes, gesichert und gefördert durch das staatliche Eigenleben der deutschen Länder.

Es wäre ein verhängnisvoller Rückschritt, keine Vervollkommnung, wollten wir an der entscheidenden Bedeutung der Bismarckschen Reichsgründung achtlos vorübergehen und in der Pflege des Stammesgefühls die Pflege des Nationalgefühls verkümmern lassen — das Reich der

Bismarckschen Verfassung muß uns Ausgangspunkt und Grundlage weiterer schöpferischer Gestaltung unseres nationalen Daseins sein! Der Mangel staatlicher Zusammenfassung hat in der Frühzeit der deutschen Entwicklungsgeschichte die Herausbildung eines scharf ausgeprägten Nanationalgefühls auf lange Zeit hinaus verhindert. Ja es schuf sich erst der Staat die Nation — der Staat, der die gemeinsame politische, kulturelle, wirtschaftliche Entwicklung bedingte, wurde als nationale Zusammenfassung empfunden.

Aus diesen historischen und rechtlichen staatspolitischen Grundlagen des Deutschen Reiches erwächst die staatspolitische Aufgabe für die Zukunft. Der Grundsatz des bundesstaatlichen Aufbaues ist nicht nur Rechtssatz, sondern auch staatspolitisches Postulat und als solches gestützt von der objektiven Grundlage einer vitalistischen Staats- und Rechtsbetrachtung.

Wir fußen dabei auf der germanischen Staatsauffassung: dem ursprünglichen Volksempfinden ist Staat, Heimat und Vaterland identisch; „der Staat, das sind wir", dies ist die Empfindung des deutschen Staatsgefühles. Das Staatsvolk bestimmt die Richtung der Politik und das Recht, das in seinem Lande herrschen soll, es gestaltet seine politischen Seinsbedingungen aus seiner eigenen Lebenskraft nach seinem eigenen Lebenssinn. Das bedeutet der Gedanke der Volkssouveränität für unser deutsches Fühlen. Damit hängt es auch zusammen, daß ein Parlamentarismus, wie er auf fremdem Boden erwuchs, nicht ohne weiteres in deutschen Ländern angesiedelt werden kann, daß er sich der deutschen Sonderart anpassen, sich hier organisch einleben muß, bevor er allgemeine politische Anerkennung erringt. Dies aber erfordert nicht niederreißende Kritik, sondern aufbauende Mitarbeit nach dem Gesichtspunkt der Vervollkommnung. Wir dürfen keine politischen Einrichtungen zerstören ohne Besseres an ihre Stelle zu setzen.

Der Verfassungsgedanke der Volkssouveränität entspricht, historisch betrachtet, dem elementaren deutschen Staats- und Volksbewußtsein und damit der deutschen Sonderart, nicht nur der Charaktereigentümlichkeit des einzelnen Volksgenossen, der den Willen hat, selbständig mitzuarbeiten an der Gestaltung seines Staates — wie er im engeren Kreise der politischen Gemeinde im Sinne staatsbürgerlicher Selbstverwaltung aktiv mitwirkt —; sondern der Charaktereigentümlichkeit der deutschen Nation als solcher, wie sie sich einst in den germanischen Stämmen herausgebildet und entfaltet hat und heute noch in den unmittelbar demokratischen Einrichtungen der Schweizer Kantone fortlebt. Dieser Wille in Rechtssetzung und Rechtsübung als Volksgenosse in der Volksgemeinde, als Schöffe oder als Geschworener mitzuwirken, ist ein typisch-germanischer Wesenszug. Aber nicht minder trifft dies zu für das Bedürfnis nach Führung und das Vertrauen auf den gewählten Führer. Das parlamentarische Prinzip, das wir zunächst äußerlich aus dem westlichen Kulturkreise übernommen haben, kann dadurch der deutschen Eigenart angepaßt werden, daß dem Gedanken der Führung durch die auf parlamentarischer Basis einmal errichtete Regierung Rechnung getragen wird. Die Regierung darf nicht von unverantwortlichen politischen Mächten, auch nicht von parlamentarischen Augenblicksströmungen getrieben und gedrängt werden, sondern sie muß, gestützt auf das Vertrauen, dem sie ihre Einsetzung verdankt, frei sich entfalten können. Sie muß in der Lage sein, innerhalb der vorgezeichneten allgemeinen Richtung, welche das souveräne Volk durch das Bindeglied des Parlaments bestimmt, in selbständiger Abwägung der äußeren Bedingungen und Möglichkeiten zu „regieren", d. h. eben zu führen. Und das Vertrauen auf die Wegkundigkeit und Zielsicherheit der Führung muß dieser Führung die Kraft geben, das nationale Schicksal aus dem inneren Lebensprinzip des Volkes, aus seiner Entelechie heraus zu gestalten.

Im Gefühl und im Wollen treffen sich bei solcher schöpferischer Gestaltung Staatspolitik und Staatsrecht. Hier findet sich nach theoretischer Analyse die praktische Synthese.

Dritter Abschnitt.

Die Staatspolitik als Funktion des Staatsrechts.

Die Grundzüge des Staatsrechts sind wesentlich für die Politik: sie enthüllen die Struktur der organischen Gemeinschaft, an welcher die Politik sich auswirken will, und sie lassen die Mittel politischer Wirksamkeit erkennen. Gerade am Staatsrecht zeigt sich aber mit besonderer Deutlichkeit auch die einzigartige Wechselbeziehung zwischen Politik und Recht: das Staatsrecht läßt sich als Funktion der Staatspolitik darstellen und umgekehrt die Staatspolitik als Funktion des Staatsrechts. Die leitenden Ideen der Staatspolitik erweisen sich als die grundlegenden Prinzipien des Staatsrechts und wirken als solche wieder zurück auf die Staatspolitik.

Diese funktionale Beziehung zwischen Staatsrecht und Staatspolitik bedarf noch einer deutlicheren Herausarbeitung in Ansehung der Staatspolitik als Funktion des Staatsrechts. Es gilt einerseits aufzuzeigen, wie die Staatspolitik als abhängige Größe beeinflußt ist von dem jeweiligen Staatsrecht und sodann als Konsequenz dieser Feststellung darzulegen, inwieferne die Wissenschaft vom Staatsrecht der Politik als Wissenschaft und der Politik als Kunst dienen kann.

So ernten wir die Früchte einer lebendigen Erfassung des geltenden Staatsrechts aus politischem Verständnis heraus. Die vitalistische Staats- und Rechtslehre dient einer vitalistisch orientierten Politik als Ausgangspunkt und Fundament.

Wir kehren uns ab von der Oberflächlichkeit einer reinen Gefühlspolitik, die ihre Entscheidungen niemals begründen kann, weil sie sich selbst der Grundlagen dieser Entscheidungen niemals klar bewußt wird. Wir nehmen das parteipolitische Getriebe als ein Reale aller Politik hin, aber wir streben darüber hinaus. Wir ordnen unseren politischen Standpunkt ein in das Gesamtbild unserer Weltanschauung. Kritisch prüfen wir die eigene und die fremde Stellungnahme und würdigen sie nach ihrer Folgerichtigkeit und nach ihrer praktischen Tragweite. Wir ermessen aber eben dabei die Bedingtheit unseres Urteils und seine Abhängigkeit. Die Erfassung der Staatspolitik als Funktion des Staatsrechts weckt so das Bedürfnis nach letzter in sich geschlossener politischer Urteilsbildung und zeigt zugleich den Weg zur Befriedigung dieses Bedürfnisses.

Hier eben kann uns die Wissenschaft vom Staat und vom Recht Hilfe leisten. Wissenschaftliche Politik kann uns hinausführen über einseitige Parteianschauung zu einer einheitlichen Idee. Indem wir über die geltende Ordnung des Gemeinwesens nachdenken, deren Entstehungsgrundlagen und deren Sinn erkennen, finden wir die Entwicklungsrichtung, nach welcher die Zielstrebigkeit der organischen Staatseinheit hinweist.

Der Vervollkommnungsgedanke als oberstes Wertprinzip wissenschaftlicher Politik zeigt uns die einheitliche Aufgabe. Das Problem der Gesamtheit wird zugleich das Problem des Einzelnen. Ein jeder muß sich fragen: Wie kann die Lebenserhaltung des Ganzen und seiner Teile gesichert und die Lebensentfaltung des Ganzen und seiner Teile gefördert werden? Wie ist im Staatsleben eine Vervollkommnung durch Entfaltung möglich? Und wie kann ich selbst als Staatsbürger an dieser großen gemeinsamen Aufgabe aller mitarbeiten?

Der Gesichtspunkt der Vervollkommnung schärft den Blick für die Gegenwart und für die historische Entwicklungsreihe. Wir suchen Rat und Aufschluß in der Geschichte der Vergangenheit, um die Fragen beantworten zu können: wie kam der heutige politische Zustand zustande, welche Ziele wollten die Schöpfer der Regelung, die heute als geltende Staatsrechtsordnung vor uns steht, und inwieweit ist es ihnen gelungen, ihre politischen Gedanken zur Durchführung zu bringen? Und dann suchen wir das Problem noch tiefer zu erfassen zur Ergründung des letzten Wertes dieses Seins. Wir fragen nicht nur nach dem subjektiv gemeinten Sinn der geltenden Ordnung, sondern nach dem objektiven Sinn ihres Gedankengehalts und nach dem objektiven Wert der gegebenen Ordnung sowohl als des ihr sinnhaft innewohnenden Ideals. Die letzte Beantwortung aller dieser Fragen gibt die Weltanschauung. Daß sie aber überhaupt aufgeworfen werden, ist eine Forderung rationalen Denkens.

Erst die grundsätzliche Ordnung des politischen Denkens bringt die Klarheit, deren der politische Wille bedarf. Erst die Abwägung der möglichen Zielvorstellungen und Zielwerte gestattet Zielklarheit, Zielsicherheit und Folgerichtigkeit. Das politische Ziel muß durchdacht, der Weg zum Ziel zu Ende gedacht werden. Eine vitalistische Politik nimmt dabei zur Grundlage, zum Ausgangspunkt der Erwägung die Lebensbedürfnisse, die Lebensnotwendigkeiten der organischen Gemeinschaft.

Es liegt in der Idee grundsätzlicher Richtigkeit des Rechts und der Politik, daß die Einzelinteressen den Gemeinschaftsinteressen untergeordnet werden, daß der einzelne sich in die organische Ganzheit einfüge. Die Wirklichkeit ist freilich von solchem Ziel weit entfernt! Hier kämpfen die einzelnen gegeneinander ohne Verständnis für ihre Verknüpftheit, Verbundenheit, gegenseitige Abhängigkeit. Sie sind sich nicht bewußt, Glieder einer Gemeinschaft zu sein, Bürger eines Staates, von dessen Wohl und Wehe ihr eigenes Schicksal abhängt, fremd und teilnahmslos stehen sie sich gegenüber, Vielheit und Widerspruch zeigt sich statt organischer Einheit und Ganzheit.

Im Staatsrecht aber ist die nationale Schicksalsgemeinschaft zusammengeschlossen zum Staat. Das Staatsrecht als Ordnung des Staatslebens bezeichnet den Weg, auf dem der nationale Wille zum Ausdruck kommt. Nach Staatsrecht bemißt sich die Frage, inwieweit das Volk unmittelbar seine Geschicke lenken, inwieweit die anderen Staatsorgane vom Willen des Volkes abhängig sind oder die Möglichkeit haben, eigene Bahnen zu wandeln. Nach Staatsrecht bemißt sich schließlich die Frage, inwieweit der Wille engerer Bevölkerungskreise innerhalb des großen nationalen Gesamtorganismus berücksichtigt wird, das Staatsrecht bestimmt die Mittel der Willensäußerung.

So hängt das Staatsrecht mit dem Staatsleben aufs engste zusammen. Selbst eine Schöpfung des staatlichen Lebens, herausgewachsen aus dem politischen Wollen einer Epoche, ist das Staatsrecht seinerseits Richtschnur und Schranke für alle staatliche Lebensbetätigung. Darum kann es auch nur aus der Anschauung der politischen Wirklichkeit heraus begriffen werden. In keinem Teilgebiet des ganzen Rechts tritt der Zusammenhang zwischen Recht und Leben, Recht und Politik so deutlich zutage wie gerade beim Staatsrecht. Hier sehen wir täglich, wie das Recht in die Lebensverhältnisse nicht nur des einzelnen Volksgenossen, sondern der Gemeinschaft als solcher eingreift. Wir erleben, wie das Staatsrecht nicht nur die Formen für jede politische Wirkungsmöglichkeit umschreibt, sondern auch den Inhalt der politischen Ideen gestaltet. Und eben darum ist es selbst Gegenstand des politischen Kampfes. Die Verfassungspolitik will dem Verfassungsrecht, das heute gilt, ein Verfassungsrecht gegenüberstellen, das sein soll. Wie das Staatsrecht der Vergangenheit dem Staatsrecht der Gegenwart weichen mußte, als der politische Wille, die politische Macht es niederrang, so ist auch das Staatsrecht der Gegenwart nur eine Ausdrucksform für den staatlichen Lebensinhalt seiner eigenen Zeit. Denn als Lebensnorm, die aus dem Leben selbst ihren Daseinsgrund und ihren Sinn herleitet, hat das Recht in sich selbst das Zielstreben, sich dem Leben anzupassen. Da ist es Aufgabe der Politik, bei der Gestaltung des Staatsrechts dem Fortschreiten des Staatslebens Rechnung zu tragen. Aber eben darin, daß wir die rechtspolitische Forderung einer Anpassung des Rechts an das Leben erheben, liegt zugleich die Anerkennung des Rechts in seinem jeweiligen Bestande bis zu dem jeweiligen Zeitpunkt der Änderung des Rechts. Rechtsschöpfung, Rechtsfortbildung auf der einen und Rechtsbruch auf der anderen Seite sind in ihrem Sinne streng geschieden. Die Revolution setzt sich über die Schranken des geltenden Rechts hinweg, um ihre Zwecke durch den Sieg der Macht über das Recht zu erreichen. Ihre Voraussetzung ist Rechtsverachtung. Ganz anders handelt, wer Mängel des geltenden Rechts erkennt und ihre Beseitigung auf dem Weg des Rechts anstrebt. Denn er will damit der Rechtsidee dienen. Tiefste Achtung vor dem Recht ist ihm eigen, auch wenn er es in unvollkommener Gestalt erblickt. Er dient der Idee des Rechts und der Idee des Lebens, indem er an der Vervollkommnung der Rechtsordnung mitarbeitet. Organische Rechtsfortbildung ist die Aufgabe der Rechtspolitik. Dies gilt in ganz besonderer Weise von der Verfassungspolitik, deren Gegenstand das geltende Staatsrecht ist. Hier ist der allgemeine Maßstab der Vervollkommnung und das allgemeine Wertprinzip des vitalistisch erfaßten Lebenssinnes auf die geltende Ordnung des Staatswesens anzuwenden und aus dem so gewonnenen Werturteil die verfassungspolitische Forderung aufzustellen, welche eine Anpassung des Rechts an das Leben zum Inhalt hat. Für solche rechtspolitische Arbeit ist ein klar eindringendes Verstehen des Gedankengehaltes der geltenden Regelung unerläßlich. Die leitenden Ideen, die der Verfassung zugrundeliegen, wollen aus ihren eigenen Tendenzen heraus erkannt und vorurteilsfrei gewürdigt werden. Erst wenn wir so ermessen, was die Schöpfer der Verfassung gewollt haben, von welchen Ideen sie und ihre Zeit beherrscht waren und wie diese Ideen selbst wiederum überkommenes Erbgut des staatsphilosophischen Denkens einer vergangenen Epoche sind und sich als lebendige politische Forderungen im Kampf der Meinungen durchgesetzt haben, erst dann gelangen wir zu einem wissenschaftlich fundierten Werturteil. Die Voraussetzung für ein solches Werturteil ist ein vorsichtiges Vergleichen dessen, was früher war und was gewollt ist, mit dem, was sich nun als staatliche Rechtsordnung heute darbietet. Eine Erkenntnis der staatspolitischen Grundlagen des Staates ist so die Voraussetzung für sachliche Arbeit zu jedem Weiterbau auf diesen Grundlagen, aber auch für jede verfassungspolitische Reform, die auf eine Änderung jener Grundlagen selbst abzielt.

Die Grundsätze der Volkssouveränität, der parlamentarischen Regierungsweise und der bundesstaatlichen Gliederung beherrschen heute als Rechtsgrundsätze unser Verfassungsleben. Durch die Staatspolitik sind sie geformt und in rechtliche Formen geprägt worden. So bestimmen sie heute die Staatspolitik. Jeder, der staatspolitisch wirken will, muß diese Formen und Grenzen staatspolitischer Wirksamkeit, wie sie im geltenden Verfassungsrecht begründet sind, kennen — und als Rechtsgrundsätze achten.

Wer sie nicht kennt, dessen „Politik“ erschöpft sich in nutzlosem Meinen und Reden, das über müßiges „Politisieren“ nicht hinauskommt.

Wer sie nicht achtet, der beweist damit, daß er über den Sinn des Rechts überhaupt noch nicht nachgedacht hat. Auch das Recht ist Menschenwerk, es ist nie vollkommen, aber es ebnet den Weg zum Ziele der Vollkommenheit und es ist selbst vervollkommnungsfähig.

Gerechtigkeit wird vom Recht gefordert, aber nicht selten wird diese Forderung vom Recht nicht erfüllt. Trotzdem muß Recht als Recht geachtet werden: Recht muß Recht bleiben!

Es gibt unrichtiges, es gibt ungerechtes Recht. Wie wollen wir uns ihm gegenüber verhalten? Dazu müssen wir vorher fragen: Was bedeutet die Existenz „unrichtigen" Rechts?

Hier ist vorab festzustellen, daß dem Recht als der Ordnung des Gemeinschaftslebens ein selbständiger Wert innewohnt, der vom Inhalt des Rechts unabhängig ist. Oft ist es gleichgültig, wie das Recht inhaltlich gestaltet ist (man denke etwa an die Verkehrsvorschrift des Rechtsfahrens, es könnte ebensogut Linksfahren angeordnet sein und es läßt sich in keiner Weise begründen, daß die eine Vorschrift hier besser wäre als die andere), es handelt sich vielmehr nur darum, daß überhaupt eine Regelung getroffen ist. Aber es gibt auch Fälle, in denen an der inhaltlichen Gerechtigkeit und Billigkeit eines Rechtssatzes begründete Zweifel bestehen, denen vielleicht sogar die Gerechtigkeit und Billigkeit zweifellos abgesprochen werden muß, trotzdem wohnt auch solchen Rechtssätzen der davon unabhängige Wert inne, der in der Rechtssicherheit besteht.

Um eben diese Rechtssicherheit aufrechterhalten zu können, auf der die Existenz der staatlichen Ordnung überhaupt beruht, müssen auch solche Rechtssätze vom Rechtsunterworfenen, vom Staatsbürger befolgt werden, die inhaltlich ungerechtfertigt erscheinen.

Die Erkenntnis der inhaltlichen Anfechtbarkeit eines Rechtssatzes macht also den Staatsbürger, wenn er sich über den Sinn der Rechtssicherheit klar geworden ist, im Befolgen des Rechtssatzes nicht wankend, aber jene Erkenntnis drängt ihn zugleich zu verantwortungsbewußter Änderung des bestehenden Rechts. Jeder hat — heute mehr als je zuvor — nicht nur das Recht, sondern die Pflicht, zu seinem Teil auf die Vervollkommnung der geltenden Rechtsordnung hinzuarbeiten.

So erwächst aus der geltenden Ordnung des Staatswesens, aus dem Staatsrecht dem Staatsbürger eine staatspolitische Aufgabe. Diese Aufgabe kann nicht sein, dem nun einmal geltenden Recht die Gefolgschaft zu versagen, mit dem Individualwillen gegen den Gemeinschaftswillen anzukämpfen, die staatliche Ordnung und mit ihr die Lebensgrundlage individueller Entwicklung zu zerstören, sondern aufbauend mit Hand anzulegen an dem Werk der Gestaltung der

Zukunft. Denn Politik ist Gestaltung der Zukunft. Politik ist bewußte Gestaltung des Schicksals, des eigenen sowohl als des Geschickes der Unseren, unseres Volkes.

Die Politik aber wirkt durch das Mittel des Rechts. Gar viele Staatsbürger sind nur allzu leicht geneigt, das Recht und seine Handhabung den „Juristen" zu überlassen, ja viele meinen richtig zu handeln, wenn sie nur bemüht sind, mit dem Recht möglichst wenig in Berührung zu kommen — sie vergessen dabei, daß Gestaltung des Rechts Gestaltung des Lebens bedeutet, da unser ganzes Leben, mögen wir wollen oder nicht, sich im Wirkungsbereiche der Rechtsordnung abspielt. Ich brauche nicht an das Strafrecht zu erinnern, auf dessen Ausgestaltung es ankommt, wenn es sich um den Schutz des Lebens, der Ehre, des Vermögens handelt; ich brauche das bürgerliche und das Handelsrecht, das Steuerrecht, das Prozeßrecht, das Recht der Polizei nicht zu erwähnen. Wir brauchen den Blick gar nicht auszudehnen über den Bereich des Staatsrechts hinaus.

Denn wir wissen, daß die Grundsätze des Staatsrechts nicht nur dem Einzelnen etwa das geben, was man als die „bürgerlichen Ehrenrechte" zusammenfaßt, sie treten an den einzelnen nicht nur alle paar Jahre einmal heran, wenn es gilt, die Zusammensetzung der Volksvertretung verantwortlich mitzubestimmen oder wenn sonst eine Volksabstimmung den Staatsbürger an die Urne ruft. Wir wissen, daß das Staatsrecht auch nicht nur die „Grundrechte" des Individuums im Staat abgrenzt. Dies alles ist von untergeordneter Bedeutung gegenüber dem Hauptinhalt des Staatsrechts, der Regelung der Organisation des Staatsganzen.

Es kommt darauf an, wer die Gesetze erläßt und welche Faktoren beim Weg der Gesetzgebung beteiligt sind. Die Kenntnis dieser Regelung verschafft dem einzelnen die Möglichkeit in den Gang der Gesetzgebung einzugreifen, durch seine Partei, seine Berufsorganisation oder auf irgendwelchen anderen politischen Wegen. Es hängt das Schicksal des einzelnen und des Volkes nicht minder von der Zusammensetzung der Regierung ab, von der Frage, wessen Wille den Vollzug der Gesetze maßgeblich bestimmt. Ganz zu schweigen von den noch ungleich wichtigeren Entscheidungen, die in der Gestaltung der auswärtigen Verwaltung, also der Außenpolitik zu fällen sind. Es handelt sich da nicht nur um die Frage, welche Staatsorgane über Krieg und Frieden zu bestimmen haben — diese Entscheidung ist ja oftmals durch die Lage der Dinge zwangsläufig gegeben — es handelt sich, da letztlich um die Richtung, in der die Außenpolitik überhaupt betrieben wird.

Diese Richtung aber ist abhängig von der Art der Willensbildung im Staat, wie sie in der Verfassung geregelt ist.

So bestimmt sich tatsächlich die Staatspolitik nach dem Staatsrecht. Das Staatsrecht gibt den leitenden und treibenden Kräften der Politik die Mittel politischer Wirksamkeit in die Hand.

Denn das Staatsrecht regelt die Organisation des Staates, den Aufbau der Zentralgewalt, die Zuständigkeit der leitenden Organe; es umgrenzt aber auch die rechtliche Machtstellung der politischen Parteien, indem es Volksabstimmungen regelt und den Einfluß des Parlaments umschreibt; das Staatsrecht ordnet die parlamentarische Willensbildung, indem es bestimmt, zu welchen Staatsakten des Parlaments einfache und zu welchen qualifizierte Mehrheit erforderlich ist und indem es die Rechte der Minderheit schützt.

Selbst aus dem Ringen der politischen Mächte im Staat herausgewachsen, steht das Staatsrecht in seinem geltenden Bestand über dem politischen Ringen, wenn es auch freilich in seinen einzelnen Bestimmungen Gegenstand des politischen Kampfes sein kann.

Aber wer auch immer am Staatsrecht Kritik übt, wer die Staatsform zu ändern wünscht oder eine Umschichtung der politischen Machtverhältnisse innerhalb der vorhandenen Staatsorgane herbeizuführen strebt, der muß sich bewußt bleiben, daß der Bestand des Staatsrechts selbst eine der Grundlagen eines jeden Staates ist. Zerschlagung des Staatsrechts bedeutet Zertrümmerung des Staates überhaupt. Darum gilt es Staatspolitik zu treiben auf der Grundlage des jeweils geltenden Staatsrechts!

Doch wer politisch wirken will, muß sich auch über die Mittel und Wege seiner politischen Arbeit im klaren sein, er muß wissen, daß Grundlage aller Politik das Staatsrecht ist, er muß aber darüber hinaus erkennen, daß das Recht überhaupt als die jeweilige Gestaltung des Gemeinschaftslebens zu den Realien der Politik gehört und daß eine Änderung in der Gestaltung des Gemeinschaftslebens eine Änderung des Rechts bedeutet. Fast alle Politik ist Rechtspolitik. Sie mündet also letztlich ein in Forderungen, welche die Umgestaltung des geltenden Rechts zum Gegenstand haben. Wer eine Änderung der sozialen Gestaltung anstrebt, kann dies — soferne es überhaupt mit den Mitteln der Politik erreicht werden soll — nur durch eine Umgestaltung des privaten und des öffentlichen Rechts erreichen. Die unmittelbare Einflußnahme der öffentlichen Gewalt auf das Wirtschaftsleben vollzieht sich durch Rechtsnormen und Rechtszwang. Im Vordergrund des Interesses steht hier das Verwaltungsrecht, das hinter jedem Verwaltungsakt steht um ihm staatliche Autorität zu verbürgen. Die Verwaltung aber umfaßt alle staatlichen Lebensbetätigungen nach Abzug der Justiz und der Gesetzgebung, also fast alle Beziehungen, in denen der einzelne mit der öffentlichen Gewalt in Berührung kommt. Aber nicht nur die innere Politik ist Rechtspolitik, auch die internationalen Beziehungen stehen unter Rechtssätzen und wer die Außenpolitik gestalten will, muß sich ebenfalls des Mittels der Rechtssetzung bedienen. Gerade in unseren Tagen bemühen sich die Staatsmänner der kulturell führenden Nationen, in den Beziehungen der Staaten untereinander an die Stelle der Gewalt mehr und mehr das Recht zu setzen. Die Gestaltung des Völkerbundes und das Vertragswerk von Locarno werden als Anfang einer solchen Entwicklung angesehen, die dem Rechtsgedanken im internationalen Leben dieselbe Bedeutung geben will, die er bis jetzt nur im Innern der Staaten hat.

Freilich, ob jemals das Recht die Gewalt ganz verdrängen wird, das erscheint uns nicht nur fraglich, sondern geradezu unmöglich — es müßte eine Änderung der menschlichen Natur vorangehen. Solange es Menschen gibt, hat es Mörder gegeben, solange es Menschen gibt, wird es auch Friedensbrecher geben. Aber die Anerkennung des Rechts als Grundlage eines jeden Gemeinwesens wird es zuwege bringen, daß dem Friedensbrecher wie dem Mörder das Kainszeichen aufgeprägt wird.

Vollkommenheit ist dem Menschen nicht gegeben sondern aufgegeben. Vervollkommnung ist darum seine ewige Aufgabe. Vervollkommnung der Gemeinschaft ist der Sinn der Politik.

Ergebnisse für die Grundlegung einer richtigen Politik.

Die Aufgabe der Vervollkommnung bezeichnet den Weg der richtigen Politik. Wenn Vervollkommnung der Gemeinschaft der Sinn aller Politik ist, dann verdient nur diejenige Politik das Prädikat der Sinnhaftigkeit, welche geeignet ist, in ihren Maßnahmen eine Vervollkommnung der Gemeinschaft herbeizuführen. Objektiv sinnhaft ist eine Politik, welche tatsächlich auf Vervollkommnung gerichtet ist, subjektiv sinnhaft eine Politik, die zielstrebend am Vervollkommnungsgedanken orientiert ist. Der objektive und der subjektive Sinn der Politik verknüpfen sich in der Idee des Lebens. Denn nach vitalistischer Auffassung bedeutet politisches Handeln allemal eine Verwirklichung des Lebenssinnes, herauswachsend aus dem Lebensdrange. Aber bald ist diese Sinnverwirklichung nur unvollkommen, unklar, unbewußt, umwegig; bald rational, bewußt, zielsicher, unmittelbar. Nur im letzteren Falle können wir von einer „richtigen Politik" sprechen. Denn nur dann haben wir einerseits inhaltlich das wahre Ziel aller Politik klar vor Augen: die Erhaltung und Entfaltung des Gemeinschaftslebens als einer organischen Gegebenheit mit immanentem Entwicklungssinn; anderseits die wahre Methode aller Politik: nüchtern-verstandesmäßige Erkenntnis des objektiv Erkennbaren und sachliche Bewertung auf wissenschaftlich fundierter Bewertungsgrundlage in Abkehr von rein gefühlsmäßiger Entscheidung ohne rationalen Unterbau.

Diese Umschreibung des Wesens einer richtigen Politik zeigt uns, daß eine Einführung in die Politik auf vitalistischer Grundlage mit Notwendigkeit die Elemente einer richtigen Politik in sich schließt und auf die Grundlegung einer richtigen Politik hindrängt. Wer sich Klarheit verschafft hat über die inneren Zusammenhänge des Gemeinschaftslebens, seine organische Struktur, seinen sinnvollen Aufbau, seine lebendige Zielsetzung, dem ist die politische Aufgabe nach Inhalt und Form vorgezeichnet.

Erhaltung und Entfaltung des organischen Lebens der Gemeinschaft nach dem Lebenssinn, der in der Entelechie dem Organismus gegeben ist, ist das allgemeinste Ziel einer richtigen Politik, planmäßig rationelle Verwirklichung dieses Zieles der Weg einer richtigen Politik. Die vitalistische Idee bestimmt das Ziel, der Vervollkommnungsgedanke den Weg.

Darüber hinaus enthält indessen der Gedanke einer richtigen Politik noch ein Begriffselement, das gesonderter Hervorhebung bedarf. Es ist die Frage der grundsätzlichen Richtigkeit politischer Entscheidungen. Die planmäßig rationale Zielverwirklichung setzt ein planmäßiges Durchdenken, ein Zuendedenken aller politischen Gedanken voraus: nicht nur ein Bedenken der „Konsequenzen" sondern vor allem auch ein Bedenken der geistigen Grundlagen, des weltanschaulichen Ausgangspunktes. Die grundsätzliche Richtigkeit einer politischen Entscheidung bedeutet eine Sinnbeziehung zwischen der Einzelentscheidung und der allgemeinen weltanschaulichen Einstellung zur Politik überhaupt.

Die Frage nach der grundsätzlichen Richtigkeit als formales Denkprinzip, wie sie von Stammler für die Bewertung des Rechts in grundlegender Weise aufgeworfen worden ist, hat zweifellos auch für die Politik eine prinzipielle Bedeutung als heuristisches Prinzip: sie ergänzt den Vervollkommnungsgedanken. Es wird im Einzelfall nicht nur gefragt: bedeutet die vorgeschlagene Reform eine Vervollkommnung des gegebenen Zustandes, sondern es wird zugleich Vorsorge getroffen für eine umfassende Beantwortung dieser Frage, für eine Vertiefung der Problemlösung. Scheingründe werden so durchschaut, engbegrenzte Vorteile ihres bestechenden Reizes entkleidet. Das Einzelne verliert seine individuelle Bedeutung in der organischen Eingliederung und enthält eben aus solcher Eingliederung wieder eine allgemeine Weihe. Die Einzelentscheidung ist grundsätzlich orientiert an der Weltanschauung, das Einzelproblem wird gemessen an den Lebensnotwendigkeiten der Gemeinschaft. Ein solches Denkprinzip erscheint als notwendige Aufgabe jedes theoretischen Nachdenkens über politische Probleme und jeder praktischen Stellungnahme in einer politischen Entscheidung.

Der Wert solcher Gedankenarbeit soll gewiß nicht überschätzt werden. Denn einmal ist uns absolute Richtigkeit unerreichbar, da alles Menschenwerk unvollkommen ist, aber auch objektive Richtigkeit ist uns niemals gegeben sondern nur aufgegeben. Trotzdem ist der Vorzug einer wissenschaftlichen Politik unverkennbar: Methodische Arbeit nach den Grundsätzen formaler Richtigkeit, aufbauend auf der Grundlage abschließender weltanschaulicher Stellungnahme steht in Arbeitsgang und Arbeitserfolg hoch über blindem Tasten in einer durch das Gefühl regierten Willkür.

„Richtige Politik" bedeutet ein einheitlich geordnetes Wollen der Gestaltung des Gemeinschaftslebens. Es handelt sich also dabei um die formale Kategorie der Richtigkeit, angewandt auf den speziellen Begriff der Politik. Sie enthält darum selbst keinerlei praktisch-politische Postulate. Sie will über eine politische Forderung bestimmten konkreten Inhalts nur jeweils aussagen, daß diese grundsätzlich berechtigt sei, insoferne sie vom Gemeinschaftsgedanken geleitet werde.

Der Gedanke der Gemeinschaft als politische Idee ist zunächst frei von stofflich bedingter Eigenart und kann eben deshalb für alle denkbaren politischen Begehrungen den richtenden Blickpunkt abgeben. Er bedeutet also insoferne nichts anderes als die formale Idee der Ganzheit im soziologischen Sinne, wie sie von O. Spann der Staatslehre und Politik zugrundegelegt wird. Eine inhaltliche Bestimmtheit gewinnen wir für das Kriterium politischen Wollens erst durch die vitalistische Auffassung der Gemeinschaft, durch die Annahme einer organisch aufgebauten und von immanenter Entelechie beseelten Gesamtheit individueller Lebensträger.

Der Gedanke der richtigen Politik für sich allein ist nur eine Methode politischen Denkens, kein selbständiges politisches Ziel und eben deshalb begegnet seine Anwendung auf die praktische Politik einerseits den größten praktischen Schwierigkeiten, während anderseits der Anwendbarkeit theoretisch überhaupt keine Grenzen gezogen sind. Denn er kann und will ja nichts aussagen über den Wert eines konkreten politischen Postulats, er will der Bewertung nur die Richtung weisen, eine Methode sinnvoller Bewertung aufzeigen. Die Bewertung selbst aber ist Gegenstand intuitiver Schau.

In seinem weitesten Sinne betrachtet ist der Gedanke der richtigen Politik geeignet uns im Getriebe der Tagespolitik zu eigenem gesichertem Standpunkt zu führen, uns ein eigenes selbständiges Urteil zu ermöglichen. Wir messen zunächst die Methode der zu beurteilenden Politik an der formalen Kategorie grundsätzlicher Richtigkeit und beurteilen dann den Inhalt der Zielsetzung nach dem organischen Prinzip des Gemeinschaftslebens. Wenn wir versucht haben eine politische Einzelforderung einzuordnen in das grundsätzliche Gedankengefüge, dem sie entspricht, aus dem heraus allein sie gerechtfertigt werden kann, treten wir heran an die Frage, ob und inwieweit jene grundsätzliche Orientierung anerkannt werden kann. Wir müssen ihr dann die Anerkennung versagen, wenn sie dem Lebensprinzip der Gemeinschaft zuwiderläuft, wenn sie die Erhaltung des Gemeinschaftslebens gefährdet, seine Entfaltung behindert.

Die Richtung unserer Entscheidung ist uns so vorgezeichnet durch den Rhythmus des Lebens, der zwischen Erhaltung und Entfaltung als den Lebensprinzipien, zwischen Ordnung und Freiheit als den Rechtsprinzipien schwingt. Aus dem geheimnisvollen Wirken alles Lebens, aus seiner Entelechie tut sich dieser Rhythmus kund — gläubig und freudig stehen wir in seinem Dienst! So führt uns jede politische Frage, wenn wir sie zu Ende denken, zu einem letzten Geheimnis — und zu einer letzten Gewißheit: zu Gott!

Von demselben Verfasser ist erschienen:

Das Recht des Militärs zum administrativen Waffengebrauch. München 1888.

Die strafrechtliche Verantwortlichkeit für auf Befehl begangene Handlungen. München 1891.

Die Delikte gegen das Urheberrecht. Halle 1894.

Kritische Bemerkungen zum Entwurf eines Gesetzes betr. das Urheberrecht. 1895.

Strafrecht und Ethik. Leipzig 1897.

Vergeltungsidee und Zweckgedanke im System der Freiheitsstrafen. Heidelberg 1898. (Vergriffen.)

Politik als Wissenschaft. Akademische Rede. Straßburg 1899. (Vergriffen.)

Ethische Werte im Strafrecht. Berlin 1904.

Frauenheilkunde und Strafrecht. Straßburg 1908. (Vergriffen.)

Gesetzgebungspolitik und Rechtsvergleichung (aus der Festgabe der Straßburger rechts- und staatswissenschaftlichen Fakultät für Paul Laband). Tübingen 1908.

Vervollkommnungsidee und Entwicklungsgedanke im Strafrecht (aus der Festgabe für Franz von Liszt, Zeitschrift für die gesamte Strafrechtswissenschaft B. 32).

Strafrecht (Grundriß zu Vorlesungen und Leitfaden zum Studium). 1. Aufl., München 1916; 2. neubearb. Aufl., München 1924. 3. durchgearbeitete Aufl. erscheint im Laufe Frühjahrs 1927.

Recht und Weltanschauung. Mannheim 1924.

Bismarcks Verfassungspolitik. Akademische Rede. München 1924.

Grundzüge des Deutschen Staatsrechts (Vorlesungsgrundriß). München 1925.

Grundzüge des Deutschen Verwaltungsrechts (Vorlesungsgrundriß). München 1925.

Das Problem der richtigen Politik (S.-A. aus der Festschrift für R. Stammler). Berlin 1926.

FSC
www.fsc.org
MIX
Papier | Fördert gute Waldnutzung
FSC® C083411

Kolibri 360 GmbH
Ferdinand-Jühlke-Straße 7
99095 Erfurt, Deutschland
produktsicherheit@kolibri360.de